모던 테크

Modern Tech

EBS CLASS ⓔ

자전거부터 인공지능까지 우리 삶을 바꾼 기술

모던 테크

| 홍성욱 지음 |

EBS
BOOKS

살면서 세 번의 신기한 경험을 했다.

첫 번째는 중학생 때 전자시계를 선물로 받았을 때였다. 나는 그때 시간이 초 단위로 가는 것을 처음 보았다. 그전에 내가 갖고 있던 시계에는 초침이 없고 시침과 분침만 있었다. 가끔 친구들과 분침이 움직이는 것을 관찰하기 위해 눈을 깜박이지 않은 채로 뚫어지게 분침을 보곤 했다. 그래도 분침이 움직이는 걸 보기 힘들었는데, 매초 시간이 바뀌는 전자시계를 보니 시간이 너무 급하게 가고 있었다. 시간이 후다닥 달음박질하는 것처럼 느껴졌다. 이렇게 시간이 빨리 가면, 하루도 한 달도 1년도 금방 가고, 내가 늙어서 죽는 시간도 곧 올 것 같아 무서웠다. 시간을 허투루 쓰면 안 될 것 같았다.

두 번째는 물리학에서 전공을 바꿔 과학사를 공부하던 대학원 시절의 경험이다. 컴퓨터가 나오기 전에는, 글재주가 신통치 않아서 글을 쓰는 게 고역이었다. 보고서 용지에 논문 초고를 쓰고 여러 번 고쳐야 그나마 읽을 수 있는 글이 나왔다. 펜으로 글을 쓰면 고칠 때마다 처음부터 끝까지 전부 다시 써야 했다. 몇십 쪽짜리 보고서의 초고를 쓰고, 이를 고치고, 또다시 쓰고, 또 고치기를 반복했다. 글재주의 부족이 마치 무거운 족쇄처럼 내 발목에 칭칭 감겨 있는 기분이었다. 일필휘지로 좋은 글을 쓰는 친구들이 몹시 부러웠다. 그러다 박사과정 때 '혼글' 워드프로세서를 이용해 글을 쓰기 시작했다. 타자가 익숙하지 않아서 원고를 입력하는 데 오랜 시간이 걸렸지만, 원고를 고치는 과정이 너무 편했다. 족쇄가 풀려 하늘로 날아올라갈 듯 몸이 가벼워지는 기분이었다.

세 번째는 인터넷을 처음 접했던 순간이다. 그전에도 인터넷을 통해 다른 학교나 도서관에 접속하기도 하고, 친구들과 이메일을 주고 받기도 했다. 외국에 있으면서 한국의 PC통신망인 천리안과 나우누리에 접속해 글을 쓰기도 했다. 그런데 1994년에 친구가 컴퓨터에 모자이크라는 웹브라우저를 깔아주면서, 그걸 통해 월드와이드웹에 접속해보라고 했다. 웹사이트 주소를 치자 웹페이지가 열리는데, 그걸 보는 순간 내 몸과 마음이 모두 컴퓨터의 모니터가 열어준 세상으로 빨려 들어가는 느낌을 받았다. 지금 내가 존재하는 3차원 세상이 아니라 다른 4차원, 5차원의 세상이 화려하게 눈앞에 펼쳐졌다. 현실 같은 가상, 가상 같은 현실! 이렇게 경이롭고 새로운 '가상현실'의 세상이라니!

세 번의 신기한 경험은 모두 기술의 매개로 이루어졌다. 시계는 내 시간관념을 바꿔버렸다. 전자시계를 차면서 나는 시간의 흐름을 무서워하는, 그래서 시간을 잘 쓰는 것이 중요하다고 믿는 사람으로 변해갔던 것 같다. 컴퓨터의 워드프로세서는 내 단점을 보완해주면 서 내 족쇄를 부숴버렸지만, 내가 글을 쓰는 방식에 변화를 가져왔다. 펜으로 글을 쓸 때는 최대한 좋은 초고를 쓰기 위해 노력했다. 글을 고치는 게 힘들었기 때문이다. 반면에 워드프로세서를 사용한 뒤로 는 초고를 쓰는 부담이 줄었다. 글을 쉽게 고칠 수 있으니 빨리 초고 를 쓰고 여러 번 고치는 식으로 글쓰기 방식이 변했다. 마지막으로 인 터넷을 통해 나는 유용한 정보와 지식을 찾았고 더 많은 사람을 알게 되었다. '가상현실'에 푹 빠져들어갔다. 그런데 그에 비례해 내가 내 주변의 실제 세상과 가까운 관계에 쏟는 관심은 줄어들었다. 이를 이 해하게 된 것은 몇 년이 지나서였다.

이런 경험을 반추하면서 나는 인터넷 혁명에 대한 책을 썼고, 이 책 제목에 기술의 "열림과 닫힘"이라는 표현을 사용했다(『네트워크 혁 명, 그 열림과 닫힘』, 2002). 기술이 새롭게 열어주는 가능성이 있고, 기 술을 통해 새롭게 만들어지는 관계들이 있다. 나라는 존재는 이런 가 능성과 관계들의 총합이기에, 기술은 나를 더 풍성하고 유능하게 만 든다. 이것이 기술의 '열림'이다. 그렇지만 내 역량이 확장되고 나라 는 존재가 더 풍성해지는 와중에 잃어버리는 것도 있다. 스마트폰에 더 많은 전화번호가 저장될수록 내가 외우는 번호는 더 적어진다. 망원경을 이용하여 더 멀리 볼수록 시야는 훨씬 좁아진다. 이것이 기술의 '닫힘'이다. 내가 새로운 기술을 이용해 어떤 일을 잘하게 되면, 내가 잘하던 일의 범위는 좁아져버리는 경우가 있다. 개인도 그렇고 사회도 마찬가지다. 그런데 우리는 기술이 열어주는 신세계에만 주목하고 기술이 닫아버리는 세상에는 여간해서 주목하지 않는다.

이 책에 등장하는 기술들은 인간과 상호작용하면서 인간을 변화시키고 동시에 스스로도 변화한다. 기술이 어떤 가능성을 열어젖히고 다른 가능성을 닫아버리는 일은 동시다발적으로 일어난다. 그리고 그 변화의 방향은 인간 사회의 다양한 행위자의 역학 관계에 따라 부분적으로 결정되기 때문에 예측하기 힘들다. 이에 대해서는 역사적, 철학적, 사회과학적인 분석이 필요하다. 그래서 나와 같은 과학기술학자들은 기술과 사회의 상호작용에 관심을 가진다. 나는 기술과 인간이 서로를 만드는 과정에 대한 이해가, 인간과 인간 세상을 더 깊이 파악하고 싶어 하는 인문학자와 사회과학자, 좋은 기술을 설계하고 싶어 하는 엔지니어, 그리고 급변하는 기술 세상에서 주체적으로 살고 싶어 하는 시민들 모두에게 필수적이라고 믿는다.

이 책에는 모두 열여섯 가지의 기술이 등장한다. 이중 자전거, 카메라, 타자기, 전화, 전기, 인터넷, 자동차, 컴퓨터, 아이폰 같은 기술들은 내가 어렸을 때, 혹은 성인일 때 내 호기심을 자극한 기술이다. 나는 이 과정에서 나 자신과 내 주변의 세상이 변하는 것을 경험했고, 이런 경험을 이 책에 녹여내려고 했다. 총, 증기기관, 자동인형, 인쇄술, 전신, 비행기, 인공지능 같은 기술들은 우리가 사는 21세기 세상을 만드는 데 크게 기여한 기술이라고 생각해 골라본 것들이다. 책에서는 이 기술들을, 우리의 존재를 만들고(1부), 필요와 발명의 수레바퀴를 끊임없이 굴리며(2부), 새로운 세상을 열어주면서(3부), 인간과 공생하는 새로운 생태계를 만들어내는(4부) 것으로 분류했다. 기술을 외부 세상에 존재하는 딱딱한 기계가 아니라 인간의 삶 속에서, 인간의 일부가 되어, 인간을 바꾸는 존재로 서술하려고 했다. 이런 의미에서 인간의 일부는 기술이며, 기술의 일부는 인간이다. 인간과 기술은 상대를 만들면서 자기를 만드는 존재들이다. 인간과 기술의 관계는 함께 만드는, 즉 심포이에시스[sympoiesis: sym(함께) poiesis(만들다)]다.

기술은 인간 존재 그 자체라고 해도 좋을 정도로 우리 삶, 우리 세상에 깊이 침투해 있지만, 정작 기술의 속성에 대한 사람들의 관심은 높지 않다. 이런 상황에서 기술을 다루는 열두 차례의 강의를 제안해주신 〈EBS 클래스 ⓔ〉의 이규대 PD님, 김형준 PD님께 깊이 감사드린다. 이 책은 〈EBS 클래스 ⓔ: 모던 테크〉를 토대로 수정·보완하고,

여기에 몇 가지 기술을 더한 것이다. 늦은 시간에 강의를 같이 보면서 강의 내용에 대해 날카로운 지적을 해준 아내와 아들에게도 고마운 마음을 전한다. 지저분한 원고를 깔끔하게 다듬어서 좋은 책으로 탈바꿈시킨 EBS 북앤렉처팀의 최재진, 박민주, 김지연 선생님, 벌써 몇 년째 원고 정리를 도와주면서 책 초고를 읽어주는 이지혜 학생에게도 감사드린다. 이 책이 기술을 빼고 인간을 이야기하는 인문학과, 인간을 빼고 기술을 설계하는 엔지니어링을 이어준다면 더 바랄 나위가 없겠다.

———

2020년 12월

인터넷에 접속해서 창 몇 개를 열어둔 채로

워드프로세서를 이용해 글을 쓰는

홍성욱

차례

3부 새로움의 조건

4부 인간과 기술의 동고동락

기술의 두 얼굴

— 기술을 통해 진짜 보아야 할 것들

요즘은 망원경의 성능이 굉장히 좋아졌다. 성능이 우수하다는 건 점점 멀리 볼 수 있어서 우주의 더 먼 곳이 우리 눈에 들어온다는 것을 의미한다. 전문 천문학자들은 실제 렌즈 달린 망원경을 쓰지 않는 경우도 많지만 렌즈 달린 망원경도 성능이 꽤 우수하다. 그런데 이런 성능 좋은 망원경은 대신 시야가 아주 좁다. 반대로 가까운 곳을 보는 망원경은 시야가 넓다. 그래서 망원경의 성능이 아무리 좋아져도 아직도 가까운 곳을 보는 망원경을 사용하는 아마추어 천문학자들이 우주에서 새로운 별을 발견한다든지 하는 좋은 성과를 내는 경우가 있다. 성능 좋은 망원경으로는 극히 일부밖에 볼 수 없기 때문에 넓은 영역을 보는 망원경으로 우주를 관찰하던 아마추어 천문학자들이 전문 천문학자들이 보지 못했던 것을 발견하게 되는 것이다. 이렇듯 어떤 기술을 사용하느냐에 따라 우리는 멀리 보는 대신 시야가 좁아지고, 가까운 곳밖에 못 보더라도 시야가 넓어질 수 있다.

파워포인트가 등장하면서 학교나 회사에서 발표가 확연하게 쉬워지고 어떤 면에서 재미를 더해주었다. 파일에 글만이 아니라 그림, 소리, 심지어 동영상까지 넣을 수 있어서 아주 화려한 발표를 할 수 있게 되었다. 사실 이제는 파워포인트 없이 발표하는 것을 생각하기 힘들 정도가 되었다.

그런데 파워포인트를 많이 사용하면서 이상한 현상이 나타나기 시작했다. 사람들이 시각적인 부분에 더 신경 쓰게 되면서 정작 내용을 듣는 일에는 소홀해지는 것이다. 그리고 발표에 대한 집중력 또한 떨어졌다. 내용은 그다지 충실하지 않지만 파워포인트 자료를 화려하게 만들어놓으면 좋은 내용인 듯 보인다. 그래서 최근 아마존에서는 사내에서 파워포인트 발표를 없애버렸다. 여기에는 파워포인트가 화려한 이미지와 동영상에만 관심을 기울이게 함으로써 정말 전달하고자 하는 콘텐츠가 얼마나 노력을 기울인 독창적인 콘텐츠인가에 대해 관심을 덜 갖게 하는 면이 있다는 판단이 작용한 것이다. 말하자면 기술의 이면에 무엇이 있는지를 들여다본 것이다.

___ 빼앗아가기도 하고 더해주기도 하는 기술

2001년에 처음 출시된 아이팟은 애플을 비상(飛上)하게 만든 첫 번째 기술이다. 애플은 아이팟을 출시한 후 아이폰, 아이패드를 연이어 내놓았다. 그전까지 애플은 마니아만 사용하는 매킨토시 컴퓨터를 만들어내는 회사였지만 지금은 세계 최고의 IT 회사로 등극했다. 그 계기가 된 기술이 바로 아이팟이었다.

그런데 처음에 아이팟을 개발할 때 애플의 경영진은 심하게 반대했다. 아이팟은 MP3 플레이어였는데 아이팟이 나오기 전까지 MP3 플레이어를 사용하는 방식은 자신이 소유한 CD의 음악을 MP3 파일로 만들거나 인터넷에서 MP3 파일을 컴퓨터로 다운로드해 플레이어에 옮겨서 듣는 방법이었다. 당시에는 원하기만 하면 MP3 파일을 공짜로 얻을 수 있었다. 원하는 MP3 파일을 잘 찾을 수 있도록 안내하는 프로그램도 있었다. 하지만 아이팟은 그런 방식이 아니었다. 아이팟을 사용하려면 전용 프로그램인 아이튠즈와 연결해서 MP3 파일을 구입해야 했다. 당시에 1달러 정도에 달하는 돈을 지불하고 파일을 구입해서 아이팟에 넣는 방식이었다.

애플의 경영진은, 사람들은 이미 공짜로 MP3 파일을 얻는 데 익숙해져 있기 때문에 절대로 돈을 내고 사지 않을 것이다, 사람들은 이 부분에서만큼은 결코 변하지 않을 것이므로 이 제품은 가능성이 없다고 주장했다. 그런데 스티브 잡스가 바라본 것은 사실 소비자만이 아니었다. 음악은 생산자들이 있다. 가수, 제작자, 음반 회사가 있으며 그 외에도 여러 가지 관련 직종에 종사하는 사람들이 있다. 이 사람들은 MP3 파일이 인터넷에서 공짜로 돌아다니는 것에 불만이 가득했고, 음악을 계속할 수 있을지 모르겠다는 불안감을 느끼고 있었다. 무료로 음악을 듣는 사람들은 행복할지 모르지만 시간과 돈을 투자해 음악을 만든 사람들은 절대 그렇지 않았던 것이다.

잡스는 이런 방식으로는 사람들이 음악을 즐기는 이 생태계가 지속 가능할 수 없으며, 이것을 지속 가능하게 만들 수 있는 유일한 길은 음악을 만드는 사람들에게 돈을 지불하는 방식이라고 생각했다. 그리고 사람들에게 양질의 서비스를 제공한다면 사람들은 음악 한 곡에 1달러 정도의 돈은 어렵지 않게 지불할 것이라고 믿었다.

그러니까 아이팟은 어떤 의미에서 사람들에게서 빼앗아간 것이 있었다. 공짜로 듣던 음악을 돈을 주고 사야 했기 때문이다. 그러나 한 기술이 성공하기 위해서는 사람들에게서 빼앗아가는 것보다 훨씬 더 많은 것을 주어야 한다. 아이팟은 지속 가능하고 건전하며 모두가 만족할 수 있는 관계를 만든 기술이었다는 점에서 빼앗아간 것보다 더 많은 것을 선사한 셈이다.

▨▨▨ 사람과 기술의 결합이 낳는 변화

기술의 또 다른 속성이 있다. 인간은 기술과 결합해서 새로운 존재로 거듭난다는 것이다. 과거부터 인간의 소망 중 하나는 하늘을 나는 것이었다. 그래서 많은 사람이 실제로 새처럼 하늘을 날아보려고 수없이 시도했다. 새의 날개의 원리를 이용한 기술을 만들어서 시도해보기도 했고, 글라이더 같은 기술을 만드는 노력도 해보았다. 하지만 계속 실패하다 20세기 들어 마침내 비행기에 엔진을 달아서 나는 데 성공했다.

우리는 지금 인간이 하늘을 나는 것에 대해 별반 신기해하지 않는다. 그런데 한번 생각해보자. 과연 사람이 나는 것인가? 물론 그 누구도 날 수 없고, 따라서 사람이 나는 것은 아니다. 그렇다면 비행기가 나는 것인가? 사람이 없는 비행기가 날 수 있을까? 이것도 틀린 말 같다. 그렇다면 무엇이 하늘을 나는 걸까? 하늘을 나는 존재는 사람과 기술의 결합체다. 바로 사람과 비행기가 결합함으로써 날 수 있는 것이다. 그리고 사람과 기술의 결합으로 과거에는 없었던 새로운 능력이 생기게 된다.

미국에서 끊이지 않는 논쟁 중 하나는 '총이 사람을 죽이는 것인가, 사람이 사람을 죽이는 것인가'다. 총기 규제를 강화하기를 바라는 사람들은 총이 사람을 죽인다고 생각한다. 그런데 이를 반대하는 사람들은 총이라는 것은 그저 하나의 도구일 뿐이며 결국 사람을 죽이는 건 사람인데 왜 애꿎은 총을 규제하자고 하느냐며 반론을 편다. 전미총기협회와 같은 조직이 이와 같은 반론을 기반으로 총기 규제를 강화하는 움직임에 제동을 거는 로비 단체다.

그런데 여기서 간과하고 있는 것 중 하나는 사람이 손에 총을 쥠으로써 달라진다는 것이다. 손에 총을 쥔 사람은 손에 아무것도 없는 사람과는 다른 존재다. 예를 들어 어떤 사람에게 돈을 빌려주었다. 그런데 갚지 않자 혼을 좀 내줘야겠다고 생각하고 그 사람을 찾아갔다. 손에 총을 든 채였다. 그저 조금 겁을 주려는 생각이었겠지만 총을 들었다는 것은 총을 쏠 확률이 굉장히 높아진다는 것을 의미한다. 내 손에 총이 들려 있기 때문에 내가 다른 존재로 바뀌는 것이다.

2019년에 개봉한 토드 필립스(Todd Phillips) 감독의 영화 〈조커(Joker)〉는 큰 화제를 불러일으킨 작품이다. 사회 변두리에서 사람들에게 멸시당하며 조롱거리로 살던 아서라는 청년이 배트맨의 최고 적수가 되는 악당으로 변화하는 과정이 아주 실감 나게 그려진 영화였다. 친구가 "너를 보호하라"며 준 총을 아서가 손에 쥐었을 때가 조커의 변신에 결정적인 순간으로 등장한다. 손에 총을 쥔 조커는 더 이상 과거의 아서가 아니었던 것이다. 급기야 그 총으로 사람을 쏘았을 때 자신을 어떤 대단한 힘을 가진 존재로 느끼면서 악인으로 변해가는 모습이 영화에 잘 그려져 있다. 이렇게 인간은 기술과 함께함으로써 다른 존재로 거듭난다는 것을 다시 한 번 생각해봐야 한다.

___ 기술이 가져온 의외의 결과들

기술의 또 다른 흥미로운 점이 있다. 사람은 어떤 목적을 가지고 기술을 만들어내기 때문에 기술에 대해 잘 안다고 생각하지만 실제로 그렇지 않다. 기술은 항상 의도치 않은 결과를 낳는다.

아이폰은 스마트폰의 세상을 낳았다. 이제 스마트폰을 갖지 않은 사람을 찾기가 어려울 정도다. 그렇지만 스마트폰 때문에 사망하는 사람도 늘었다. 2011년부터 2017년까지 스마트폰으로 셀카를 찍다가 250명 남짓한 사람들이 사고로 죽었다. 높은 곳에서 떨어지거나 차에 치여 사망한 것이다. 이 숫자 자체는 그렇게 많아 보이지 않는다. 그렇지만 같은 기간에 상어에 물려 죽은 사람보다 더 많은 사람이 셀카를 찍다가 죽었다고 하면 좀 더 실감이 날 것이다.

이뿐만이 아니라 스마트폰을 보다 운전 부주의로 사람을 치어 사망하게 한 경우도 늘고 있다. 2015년에 미국의 자동차 사망률이 크게 늘었는데, 전문가들은 사망률의 증가분 대부분이 스마트폰으로 전화를 하거나 문자 메시지를 보내면서 일어난 사고라고 분석한다. 스마트폰은 사람을 죽이기 위해 만들어진 것이 아닌데, 이 때문에 죽는 사람이 늘어난 것은 예상치 못했던 결과다.

제2차 세계대전 동안에 군사용 레이더를 위해 개발된 마이크로웨이브(microwave) 발생 장치는 지금 많은 가정에서 전자레인지에 사용되고 있다. 음식을 데우고 냉동 음식을 해동하는 데 없어서는 안 되는 가전제품이 바로 이 전자레인지다. 이 역시 전혀 예상치 못한 결과다.

1970년대 컴퓨터를 개발하던 엔지니어들은 컴퓨터가 사무실에 널리 도입되면 종이 서류가 사라질 것이라고 생각했다. 그런데 결과는 정반대였다. 컴퓨터가 늘어날수록 종이 서류가 더 많아졌던 것이다. 컴퓨터는 문서 파일을 복사하는 것을 매우 용이하게 만들었고, 사람들은 파일을 계속 복사하고 이를 인쇄해서 돌려 보았기 때문이다.

1970년대부터 미국과 유럽의 은행은 원가 절감을 위해 은행원과 지점의 수를 줄이는 일환으로 ATM 기계를 도입했다. 은행원이 하던 업무를 기계가 하니 처음에는 은행원과 지점의 수가 확실히 줄었다. 그런데 은행원들이 창구에서 하던 단순 업무에서 벗어나면서 더 복잡한 일을 하기 시작했고, 기존의 은행 업무가 아닌 새로운 업무를 만들어냈다. 그 결과 은행원과 지점 수가 과거보다 더 증가했다. 기술의 결과를 예측하는 것은 이렇게 쉽지 않다.

_ 정치에 관여하는 기술

또 기술은 정치적이라는 점에 대해서도 생각해볼 필요가 있다. 코로나19 바이러스 사태 속에서 검사 기술, 방역 기술, 사람의 동선을 알아내는 기술 등 여러 가지 기술이 사용되었다. 특히 사람의 동선을 파악하기 위해 기지국의 정보를 통해 그 사람이 어디에 머물렀는지 알아내기도 하는데, 이렇게 사람을 감시하는 기술을 많이 사용하는 나라 중 하나가 중국이다. 중국의 안면 인식 기술은 세계 최고라고 할 정도로 무척 발달해 있다. 중국은 최근 이런 안면 인식 기술과 중국인들이 거의 모두 사용하는 알리페이(알리바바 그룹이 개발한 전자화폐 시스템이자 온라인 결제 서비스)와 같은 휴대전화 애플리케이션 등을 총동원해 사람들의 움직임 자체를 완전히 통제했다. 사실 중국에서 코로나19 바이러스 사태가 빨리 진정된 이유 중 하나가 이처럼 강력한 통제를 가능하게 한 여러 가지 첨단 기술 덕분이라고 할 수 있다.

요즘 CCTV를 피하는 건 하늘의 별 따기다. 우리가 다니는 모든 곳에 CCTV가 있다 해도 과언이 아니다. 이런 기술에 찬성하는 사람들은 "죄를 짓지 않으면 되지 두려워할 일이 무엇이냐"고 반문한다. 범죄를 저질러 수배 중인 사람들을 잡아내기 위한 기술이라는 이야기다. 그렇지만 이런 기술의 대상이 되는 사람들로서는 찝찝함을 감출 수 없다. 자신도 모르는 사이에 어디에 가고 무엇을 했는지 같은 개인 정보들이 모두 기록되고, 나중에 누군가 그 기록을 원할 때 펼쳐 볼 수 있다고 생각하면 소름이 돋는다. 그리고 시위에 참여하지 않은 사람이 단지 그 현장을 지나가는 모습이 찍혀서 불이익을 당할 수 있는 등 여러 가지 가능성도 배제할 수 없다.

중국에서는 안면 인식 기술이 정교해지면서 홍콩에서 누가 정부에 반대하는 시위에 참여했는지 추적하는 데 이 기술이 사용되었다. 그러자 사람들은 우산을 쓰기 시작했다. 이 우산은 최루탄을 막는 데도 쓰이지만 얼굴을 가리는 용도로도 쓰인다. 안면 인식 기술도 정치적이지만 또 한편으로 우리가 일상적으로 사용하는 우산도 굉장히 정치적인 기술이 될 수 있는 것이다.

재미있게도, 안면 인식 기술이 발달하면서 안면 인식을 방해하는 기술도 등장했다. 시중에서 팔리고 있는 티셔츠 중에는 기하학적 무늬가 여기저기 그려진 제품이 있다. 사람은 이 무늬를 사람 얼굴이라고 생각하지 않는다. 그런데 컴퓨터는 사람과는 본질적으로 다른 방식으로 사람의 얼굴을 인식하기 때문에 이 티셔츠에 새겨진 문양을 여러 사람의 얼굴로 중첩하여 인지한다. 그래서 이 티셔츠를 입고 있으면 컴퓨터가 이 사람이 누구인지 특정하지 못하게 된다. 이와 같이 감시 기술이 발달하면 이 기술을 막으려는 기술 또한 함께 발달하는 경우가 드물지 않게 있다.

2019년 8월 18일에 열린 홍콩의 우산 시위.
일상적으로 사용하는 우산 같은 물건도
정치적인 기술이 될 수 있다는 것을 보여준다.

의도를 담고 있는 기술

또 한 가지, 기술은 가치중립적이지 않다는 점도 기억할 필요가 있다. 우리는 흔히 기술은 수단이자 도구라고 생각한다. 그리고 그 수단과 도구는 인간이 긍정적인 일에 사용하면 좋은 것이 되고 부정적인 일에 사용하면 나쁜 것이 될 것이라고 생각한다. 그러니까 모든 기술은 중립적이지만 결국은 이 기술을 어느 방향으로 사용하느냐에 따라 좋은 기술이 될 수도 있고 나쁜 기술이 될 수도 있다는 것이다. 하지만 기술의 활용이 그렇게 간단한 문제는 아니다. 좋은 방향으로 사용하기 힘든 기술이 있는 반면, 나쁜 방향으로 사용하기 힘든 기술이 있다. 기술은 이렇게 용도에 따른 경향성을 내포한다.

우리가 흔히 볼 수 있는 평범한 기술에도 어떤 의도가 담겨 있다. 공원에 있는 벤치는 사람이 앉을 수 있지만 눕기 힘들게 만들어져 있다. 예전에는 저녁이 되면 노숙자들이 찾아와 벤치에서 잠을 자곤 했는데 이런 벤치가 생기고부터 눕기가 불편해서 더 이상 이곳에서 잠을 잘 수 없게 되었다. 그러니까 이런 벤치에는 노숙자를 환영하지 않는다는 메시지가 담겨 있다.

또 미국의 공중화장실 중에는 푸른빛이 나는 조명을 설치해놓은 곳이 있다. 이를 고안한 사람은 푸른 불빛 아래서는 사람의 정맥을 찾기 힘들다는 점에 주목했다. 그러니까 이 화장실에는 마약 투여와 같은 행위를 하지 말라는 메시지를 담은 기술이 적용된 것이다.

건축에도 메시지가 담길 수 있다. 미국 뉴욕의 존스비치 해변가로 연결되는 한 고속도로는 로버트 모지스(Robert Moses)라는 미국의 유명한 건축가가 만든 것이다. 모지스는 현재의 뉴욕을 설계했다고 평가받는 인물이다. 그는 뉴욕이 다양한 인종의 집합체, 한마디로 샐러드 같은 도시가 되어가고 있는데 이 존스비치만은 백인들의 공간으로 남겨두고 싶다고 생각했다. 하지만 어떻게 그것이 가능할까? 그는 이 존스비치로 가는 길에 설치된 가교를 낮게 설계했다. 이 낮은 가교 아래로는 차체가 낮은 승용차는 다닐 수 있지만 버스는 다니기 어렵다. 버스는 주로 흑인을 비롯해 유색인종들이 타고 다니는 교통수단이라는 점에 착안해 그들의 접근 자체를 어렵게 만든 것이다. 얼핏 보

칸막이가 있거나
울퉁불퉁한
벤치들에는 노숙자를
환영하지 않는다는
메시지가 담겨 있다.

기에 사람들이 무심코 지나칠 수 있는 부분이지만 그는 기술 자체에
이와 같은 의도를 담았다. 우리는 기술을 중립적인 것이라고 생각하
고, 또 우리가 목적에 맞게 사용할 수 있다고 여긴다. 그렇지만 기술
은 이렇게 두 가지 속성, 두 가지 얼굴을 가지고 있다.

이렇듯 기술은 우리에게 무언가를 주기도 하고 우리로부터 무언가를 빼앗아가기도 한다. 또 인간과 기술은 결합해서 새로운 존재로 거듭나기도 하며, 기술은 우리에게 예상치 않은 결과를 가져다준다. 기술에는 정치적 속성이 있고, 또 기술은 기술을 만든 사람의 의도를 내포한 가치중립적이지 않은 속성을 가지고 있다.

우리가 보통 인문학을 공부하는 이유는 인간이 어떤 존재인지, 혹은 우리를 둘러싼 사회는 어떤지 조금 더 깊이 이해하고 싶고, 그것을 통해 더 적극적이고 주체적인 사람으로 살아가기 위해서다. 그런데 나는 우리를 둘러싼 기술에 대한 이해 또한 인간과 사회를 더 잘 이해하기 위해 꼭 필요하다고 생각한다.

공자가 살았던 시기, 소크라테스와 플라톤이 살았던 시기에는 이런 복잡한 기술들이 없었다. 아주 간단한 도구들만 있었을 뿐이다. 그래서 그들의 철학에는 기술에 대한 이야기가 거의 등장하지 않는다. 지금은 기술이 인간과 인간의 관계를 아주 복잡한 방식으로 매개하고 있다. 우리는 기술에 대한 이해 없이는 우리 자신과 타인을 이해하기 어려운 세상을 살아간다. 그리고 기술을 이해하는 가장 용이하면서 현실적인 방법이 기술의 역사를 살펴보는 것이다. 기술의 역사를 통해 우리는 기술이 인간과 어떻게 상호작용했고, 어떻게 서로를 만들어왔는지 알 수 있기 때문이다. 이제 그 역사의 장(章)을 하나씩 열어보자.

1부

어떤 기술을
손에 쥘 것인가

1.

바퀴에서 뻗어나간 진보의 흐름

자전거

미국의 기술 잡지 《와이어드(Wired)》에 "기후변화 위기 이후에도 살아남을 수 있는 기술이 무엇인가"에 대해 분석한 글이 실린 적이 있다. 여기서 사람들이 첫 번째로 꼽은 기술이 자전거였다. 자동차는 어쩌면 없어질지도 모르는 기술이지만 자전거는 미래 사회에도 계속 살아남아서 우리의 탈것으로 그 역할을 지속해나가리라는 전망이었다.

내가 자전거를 처음 탄 때가 언제인지 기억나지 않지만 세발자전거를 타는 사진이 남아 있다. 그리고 조금 더 컸을 때는 짐자전거로 자전거 타는 법을 배웠다. 시골이었기 때문에 요즘 아이들이 타는 예쁘고 날렵한 자전거는 없었다. 짐자전거는 어린아이가 타기에는 부담스러울 정도로 컸다. 페달에 발도 닿지 않아 페달이 올라와야만 발로 밟아서 누를 수 있었다. 그렇게 한쪽 페달이 올라오면 기다렸다가 이를 밟아서 누르는 식으로 자전거를 배웠다. 나뿐 아니라 당시 시골 아이들은 모두 짐자전거를 가지고 자전거를 배웠다.

초등학교 3학년 때 어린이용 자전거를 선물로 받았는데 그때 너무 기쁘고 즐거웠던 기억이 어렴풋하게 남아 있다. 왜 그렇게 즐거웠는지 생각해보니 자전거가 주는 이동성 때문이었던 것 같다. 초등학생이 걸어서 갈 수 있는 곳은 가까운 이웃으로 제한되어 있었다. 그런데 자전거를 타면 여기저기 마음껏 돌아다닐 수 있는 즐거움이 생기기 때문이 아니었을까. 많은 곳을 내 힘으로 갈 수 있다는 것, 그러니까 이런 이동성은 어떤 의미에서 자유와 흡사했다.

어린아이였지만 그런 자유가 내게 주어진 것에 대한 기쁨이 컸던 것 같다. 아마 자전거에 대한 첫 기억이 나와 비슷한 사람이 많지 않을까 싶다. 보통 아이를 낳으면 아이가 첫발을 뗄 때도 기쁘지만, 아이가 처음으로 자전거를 탈 때도 큰 기쁨을 느낀다. 이제 아이에게도 자전거를 타고 혼자서 여기저기 다닐 수 있는 힘이 생겼다는 느낌을 부모로서 갖게 되기 때문인 것 같다.

─ 일제강점기의 자전거 열풍

우리나라에 자전거가 들어온 것은 일제강점기 때다. 당시에 자전거는 꽤 비싼 물건이었다. 정확히 환산하기는 힘들지만 지금의 금액으로

1000만 원 정도였다고 한다. 그러니까 자전거 가격은 거의 지금의 경차 가격 정도였고, 당시에는 상당히 첨단 기술의 교통수단이었다.

일제강점기 때 사람들은 자전거 경주에 열광했다. 그도 그럴 것이 우리나라 선수 중에 자전거를 정말 잘 타는 선수가 있었기 때문이다. 바로 자전거 왕이라 불리던 엄복동 선수였다. 1920년에 경성 자전거 경주대회가 있었는데 엄복동 선수가 항상 우승을 하니 일본에서 자전거 고수를 데리고 왔다. 그리고 그에게 엄복동을 누르라는 지시가 내려졌다. 3·1 운동이 일어나고 다음 해의 일이었다. 엄복동 선수가 몇 바퀴나 앞서서 굉장히 빨리 달리고 있었는데 심판이 석연치 않은 이유로 경기를 중단했다. 이 상황에 화가 난 선수가 항의를 했고, 항의하는 선수를 제압하는 일이 발생했다. 그러자 이번에는 관중들이 항의에 가담해 큰 소란이 벌어졌다. 그러니까 당시에 자전거는 우리가 지금 생각하는 단순한 교통수단이 아니라 어떤 의미에서 민족의식과 상당히 밀접하게 연관되어 있던 탈것이라고 볼 수 있다.

일제강점기에는 여성들도 자전거를 이용했다. 일례로 1927년에 평양에서 열린 자전거 대회에는 남성들만이 아니라 여성 선수도 많이 참가했다. 당시 신문 기사에는 여성 자전거 선수들을 찍은 사진이 함께 실려 있다. 자전거가 귀해 지금처럼 많은 사람들이 자전거를 타며 즐길 수는 없었지만, 이미 일제강점기 때부터 여성들이 자전거를 탔다는 것을 알 수 있다. 그리고 심지어 당시 자전거 대회에 여성부가 따로 마련되어 있을 정도로 이미 여성들에게 자전거가 퍼져 있었다.

자전거는 바퀴 두 개를 적절히 이으면 만들 수 있는 것처럼 보인다. 바퀴는 사실 아주 오래된 기술이다. 분명하진 않지만 대략 5,000년 전에 이미 바퀴가 만들어졌다는 것을 짐작할 수 있는 여러 가지 기록이 있다. 아마 인간이 물건을 싣고 옮길 때 수레를 이용하면 훨씬 더 쉽게 밀 수 있으니 바퀴는 아마 초기에는 수레 같은 기술에 쓰였을 것이다. 그리고 그 후에는 말이 끌고 갈 수 있는 마차가 만들어졌다. 마차는 바퀴 두 개로 시작했지만, 이 두 개의 바퀴는 곧 네 개로 늘어났다.

바퀴 두 개를 앞뒤로 이으면 자전거가 될 텐데 어떤 이유인지 자전거는 한참이나 뒤늦은 19세기에 들어서야 유럽에서 만들어졌다. 1818년에 독일의 귀족이었던 카를 폰 드라이스(Karl von Drais)라는 사람이 선보인 드라이지네(Draisine)가 세계 최초의 자전거다.

드라이지네는 바퀴 두 개를 이어서 안장을 얹고 그 위에 사람이 올라타도록 만들어졌다. 이 첫 자전거에는 체인은 물론 페달도 없었다. 그렇다면 이 자전거는 어떻게 움직였을까? 페달 없이 직접 발로 땅을 밀어서 움직였다. 하지만 단지 발로 움직였는데도 불구하고 평지에서는 속도가 꽤 빨랐다. 아주 빠른 경우에는 말과 경주를 했을 정도였다고 하니 그 속도를 짐작할 수 있을 것이다.

물론 한계는 있었다. 문제는 바로 경사 길이었다. 사람의 발로 움직여야 했으니 오르막을 잘 오르지 못했다. 그리고 내리막에서는 사고의 위험이 너무 컸다. 속도를 제어할 수 있는 브레이크 같은 것이

세계 최초의 자전거인 드라이지네. 바퀴 두 개를 이어서 안장을 얹고 그 위에 사람이 올라타는 구조로, 체인과 페달이 없다.

없었기 때문이다. 게다가 핸들이 없어서 방향을 틀기도 힘들었다. 이 때문에 사고가 많이 일어났고 그러다 어느 순간 드라이지네는 사라졌다.

___ 진화하는 자전거

드라이지네가 사라지고 1860년대에 본 셰이커(Bone Shaker)라는 자전 거가 등장한다. 본 셰이커는 '뼈를 덜덜 흔든다'는 뜻이다. 이 자전거를 타고 달리다 보면 뼈가 흔들리는 경험을 한다는 데서 붙은 이름이다. 실제로 머리뼈가 덜덜 흔들릴 만큼 진동이 심했다고 한다. 어쨌건 첫 자전거에 비해서는 기능이 상당히 좋아졌다. 우선, 핸들이 생겨서 방향을 틀 수 있었다. 그리고 앞바퀴에 페달이 있어 앞바퀴를 직접 굴려서 동력을 얻을 수 있었다. 물론 바퀴를 굴리면서 앞바퀴를 핸들로 조절하는 것이 쉬운 일은 아니었지만 없는 것보다는 훨씬 나았다. 본 셰이커에는 브레이크도 있었다.

어떻게 보면 본 셰이커는 지금의 자전거가 갖춘 모든 것, 즉 동력을 얻을 수 있고, 방향을 틀 수 있고, 또 속도를 늦출 수 있는 기능들을 모두 갖추었다. 본 셰이커는 뒷바퀴보다 앞바퀴가 훨씬 큰데, 앞바퀴에서 동력을 얻다 보니 앞바퀴를 더 크게 만들면 한 번 돌릴 때 더 많은 거리를 달릴 수 있기 때문이다. 그래서 본 셰이커 이후 자전거의 앞바퀴가 점점 커진다. 그리고 1870년대에는 앞바퀴가 무척 큰 페니파딩(Penny-farthing)이라는 자전거가 등장한다.

페니파딩은 프랑스의 외젠 메예르(Eugène Meyer)라는 발명가와 영국의 제임스 스탈리(James Starley)라는 발명가에 의해 거의 동시에 탄생했다. 페니파딩이라는 이름은 영국의 동전에서 비롯되었다. 페니 동전은 지금으로 따지면 우리의 10원짜리 동전 크기라고 생각하면 연상하기 쉬울 것이다. 파딩 동전은 우리의 옛날 1원짜리 동전과 비슷한 것으로, 1페니의 4분의 1에 해당하는 크기였기 때문에 앞바퀴와 뒷바퀴의 크기 차이를 이 동전에 비유한 것이다. 그러니까 페니와 파딩을 붙여놓은 것과 같이 크고 작은 바퀴를 붙여놓았다는 의미에서 페니파딩이라고 불린 것이다. 말 그대로 페니파딩은 앞바퀴로부터 동력을 얻기 때문에 앞바퀴가 상당히 컸고 뒷바퀴는 중심을 잡아주는 보조적인 역할만 하면 되었으므로 상대적으로 작았다.

당시에는 많은 사람이 이 자전거를 오디너리(Ordinary)라는 이름으로 부르기도 했다. 'Ordinary'는 '통상적인', '일상적인'이라는 뜻인데, 왜 이 자전거를 오디너리로 불렀을까? 당시 이 자전거 외에 다른 것은 없었기 때문에 이와 같은 이름이 붙었다고 한다. 그냥 '자전거'라고 하면 무조건 '이것'을 말하기 때문에 오디너리라는 것이다. 그만큼 페니파딩은 널리 사용되던 자전거였다.

그런데 이 자전거 역시 타기가 쉽지는 않았다. 뒤에 있는 축을 이용해 달리면서 올라타야 하는 자전거였다. 페니파딩은 보기에도 무척 위험해 보인다. 지금 우리가 사용하는 자전거와 많이 다른 형태라 그렇게 느낄 수도 있지만, 실제로도 상당히 위험했다. 자전거를 타다가 무언가에 부딪치거나 높은 곳에서 빠른 속도로 달리다가 떨어지는 등의 사고로 사람들이 많이 다쳤다. 그런데 왜 사람들은 이렇게 위험한 자전거를 계속 탔을까? 이 자전거를 누가 탔을까?

이 자전거는 굉장히 빨랐다. 이 때문에 당시 페니파딩 자전거 경주대회가 많이 열렸다. 참가자는 모두 남성이었다. 페니파딩 자전거는 힘이 강해야만 빨리 몰 수 있었다. 그리고 위험한 데다 진동도 굉장히 심했다. 하지만 어차피 이 자전거는 운동용이었기 때문에 많은 남성이 근육을 더 키우기 위해, 또한 힘이 좋은 남성들이 그 힘을 과시하기 위해 타는 자전거였으므로, 이런 결점이 그다지 문제가 되지 않았다. 위험하고 진동 또한 심했지만 사람들은 이 모두를 감수했던 것이다. 이런 이유 때문에 페니파딩 자전거가 보편적인 자전거가 되기는 어려웠다. 재미있게도 아직 유럽에서는 페니파딩을 타는 사람이 있고 심지어 페니파딩 경주대회도 열린다. 과거에 대한 향수가 아직 남아 있기 때문일 것이다.

새로운 소비자의 탄생

현대식에 가까운 자전거가 등장한 것은 1885년이었다. 페니파딩을 만들었던 제임스 스탈리의 조카인 존 켐프 스탈리(John Kemp Starley)라는 발명가가 자전거 상점을 차리고 이런저런 고민을 하던 끝에 앞뒤 바퀴의 크기가 거의 비슷하고, 체인을 이용해서 뒷바퀴에서 동력을 얻는 방식의 자전거를 만들었다. 그리고 자전거 바퀴에는 타이어도 장착했다. 현대의 자전거와 별반 다르지 않은 것이었다. 나중에 이 자전거 프레임은 다이아몬드형 프레임으로 정착된다. 이것이 바로 우리가 잘 알고 있는 안전 자전거다. 누구나 페니파딩보다 훨씬 안전하게 탈 수 있기 때문에 안전 자전거라는 이름이 붙은 것으로 추측된다. 당시 이 자전거는 로버(Rover)라는 이름으로 세상에 등장했다.

페니파딩은 남성의 전유물이었다. 안전하지 않고, 무겁고, 높았기 때문에 여성들이 이용하기 어렵기도 했지만 가장 큰 문제 중 하나는 의상 때문에 타기가 힘들었다는 것이다. 당시 긴 치마를 입던 여성들

앞바퀴가 큰 형태의 페니파딩(왼쪽)과
앞바퀴와 뒷바퀴의 크기가 같은 로버(오른쪽).

이 이 자전거를 타는 것은 무리였다. 치마를 입고 자전거 안장에 앉아서 페달을 돌리기란 여간 어려운 일이 아니다. 그래서 여성들은 자전거를 기피하게 되었고, 만약 자전거를 타게 되더라도 무척 힘든 방식으로 탈 수밖에 없었다. 이 때문에 페니파딩 자전거를 만들어 판매하던 회사는 여성들이 탈 수 있도록 개량한 자전거를 출시하기도 했다. 그것은 두 발을 바퀴의 한쪽 방향으로 모아서 페달을 밟는 방식이었다. 하지만 이 또한 불안하고 불편한 방식이었다. 이것 말고도 여성들에게 조금 더 편리한 형태의 새로운 자전거가 등장하기도 했다. 거꾸로 앞바퀴가 작고 뒷바퀴가 큰 형태로, 바퀴는 모두 세 개인 자전거였다. 그래서 이 자전거는 트라이사이클(Tricycle)이라고 불렸는데, 뒷바퀴 두 개 사이에 사람이 편히 앉을 수 있는 안장을 놓고 페달을 밟아

어떤 기술을 손에 쥘 것인가

서 자전거의 동력을 얻었다. 그런데 대부분의 여성은 이런 형태의 자전거에 만족하지 않았다. 일반적인 자전거보다 느리고 불편했기 때문이다.

반면에 안전 자전거 로버는 애초에 여성을 주 고객으로 설정했다. 로버는 여성이 치마를 입고 타기가 편한 자전거였다. 이제 여성도 자전거를 탈 수 있다는 의미와도 같았다. 로버 광고는 혼자 자전거를 탄 여성을 전면에 내세웠다. 자전거를 처음 배우는 여성을 다른 여성이 도와주는 장면을 보여주기도 했다. 그리고 또 다른 광고는 남성과 여성이 다정하게 자전거를 타고 가는 모습을 담았다. 자전거를 타고 가는 여성에게 남성이 모자를 벗고 인사하는 장면도 있다. 자전거를 통해 일종의 로맨스를 불러일으킬 수도 있다는 것이다.

페니파딩은 여성이 타기 힘든 자전거였지만, 두 바퀴의 크기가 같아지고 페달을 밟아서 체인을 통해 뒷바퀴가 돌아가는 형태의 로버가 등장하면서 여성들이 자전거를 타는 것이 용이해졌다. 어떤 의미에서는 안전 자전거 로버가 페니파딩을 누르고 넓게 확산되면서 표준이 된 것은 여성이라는 소비자가 이것을 더 선호했기 때문에, 즉 여성 소비자의 필요를 충족시켰기 때문이다. 자전거의 앞바퀴가 점점 커지던 흐름에서 앞뒤 바퀴가 비슷해지는 흐름으로 변한 것은 여성이 소비자로서 활발히 개입했다는 이야기로 해석할 수 있다.

혼자 자전거를 탄 여성을 전면에 내세운 로버 광고.
로버는 여성이 치마를 입고 타기가 편한 자전거였다.

바지를 입은 여성들

19세기 프랑스에서 열린 자전거 경주대회 그림에는 여성들이 자전거
를 타기 위해 치마 속에 속바지를 입은 모습이 등장한다. 당시에는 여
성이 바지를 입는다는 것은 정말로 놀라운 일이었고, 한마디로 파격
적인 의상이었다. 실제로 많은 사람이 여성들의 자전거 경주를 보기
위해 몰려들었는데, 그중 상당수는 바로 이 같은 의상을 보기 위해 모
인 것이었다. 이 시점에 여성의 새로운 의상이 탄생했다고 볼 수 있는

어떤 기술을 손에 쥘 것인가

데, 바로 자전거가 이와 같은 계기를 만든 것이다.

여성과 자전거의 관련성을 분석한 수 메이시(Sue Macy)의 『휠스 오브 체인지(Wheels of Change)』는 1896년에 출판된 잡지 《먼시(Munsey's Magazine)》에 다음과 같은 구절이 실려 있음을 보여준다.

남성들에게 자전거는 시작부터 단지 장난감에 불과했다. 그러나 여성들에게 자전거는 새로운 세상으로 나아가기 위해 탔던 군마(軍馬)였다.

남성들은 운동용으로 자전거를 탔지만 여성들은 자전거를 타기 시작하면서 이동의 자유를 누리기 시작했다. 자전거를 이용해 혼자서도 멀리 갈 수 있었고, 가보지 못했던 곳도 갈 수 있게 되었다. 따라서 자전거는 여성들이 독립적인 심성을 키우는 데 기여한 이동 수단이라고 할 수 있다.

남성의 도움을 받지 않아도 자전거만 있으면 어디든지 갈 수 있다는 것, 그리고 그것을 이루기 위해서는 힘을 기를 필요가 있다는 것은 여성이 사회에 나가서 여러 가지 역할을 하는 데도 그 힘이 꽤나 중요한 동력이 될 수 있다는 것을 의미했다. 물론 자전거가 이런 모든 변화를 만들었다고 볼 수는 없다. 여성해방운동과 같은 일련의 물결들이 이미 그 이전부터 넘실거리고 있었기 때문이다. 그런데 자전거가 기존의 사회운동을 강화하고 확산시켜 더 많은 이들을 움직이게 하는 데 도움을 준 것만은 분명하다. 사실 자전거는 19세기 후반부터 굉장한 바람을 일으켰던 여성 참정권 운동, 즉 여성의 투표권을 확대

남성만의 선거권을 주장하는 것은 앞바퀴가
큰 페니파딩처럼 구시대적 유물임을 풍자하는 1907년의 카툰.
자전거의 앞바퀴와 뒷바퀴의 크기가 같은 것처럼 여성과
남성의 선거권도 동등하게 주어져야 함을 보여주고 있다.

할 것을 요구하는 운동에 강력한 무기가 되기도 했다.

　　당시 참정권 운동가들을 찍은 사진을 보면 놀랍게도 상당히 많은
여성이 자전거를 가지고 있다. 이들은 자전거를 타고 가서 멀리 떨어
져 사는 사람들을 만나기도 하고, 집회를 할 때 자전거를 타고 참여하
기도 했으며, 경찰이 쫓아오면 자전거를 타고 다른 곳으로 이동하기
도 했다. 심지어는 참정권 운동을 반대하는 남성 정치인들의 행렬을
자전거로 가로막고 시위를 벌이기도 했다. 이들에게 자전거는 자신
들의 주장을 관철시키는 데 매우 효과적인 정치적 기술이었다.

19세기 말에 발간된 여성 월간지 《고데이(Godey's)》에는 "자전거를 가짐으로써, 19세기의 딸들은 그녀의 독립이 이미 선언된 것처럼 느꼈다"라는 내용의 기사가 실렸다. 아직 여성의 독립과 해방, 그리고 참정권이 완전히 이루어지지는 않았지만 자전거를 가짐으로써 힘을 가진 것처럼 느끼게 되었다는 것이다.

당시 참정권 운동가였던 수전 앤서니(Susan Brownell Anthony)는 "자전거는 세상의 어떤 것들보다 여성의 해방을 위해 중요한 역할을 했다"고 이야기했다. 지금 우리는 운동의 도구로 사용하기도 하고, 동네에 장을 보러 갈 때 이용하기도 하는 자전거가 그 당시에는 여성들에게 새로운 각성의 계기가 되었고, 그리고 그 새로운 각성을 정치적으로 표현하는 효과적인 수단으로 작동했다는 이야기다.

자전거에서 뻗어나간 여성의 권리

일제강점기 때 자전거는 몹시 비싼 물건이었지만 해방 이후에도 자전거의 가격은 꽤 비쌌던 것으로 알려져 있다. 가격을 비교해보면 1950년대에 자전거는 공무원들의 근 석 달 치 월급에 달하는 가격이었다. 쌀 한 가마니보다 더 비쌌다는 기록도 남아 있다.

1946년 10월 17일자 당시 《경향신문》에는 「씩씩한 우리 여성들: 자전거를 달리는 건각미(建脚美)」라는 기사가 실렸다. 그리고 "우리나라와 같은 민주주의 사회에서도 여성들이 자전거를 탈 때가 왔다"라

1913년 영국의 전국여성참정권연합(NUWSS).
맨 앞 줄에 자전거를 가진 여성들의 모습이 보인다.

는 내용의 해설이 달려 있다. 여성들이 자전거를 탐으로써 더 건강해
지고, 더 독립적이 되며, 사회에서 더 많은 일을 할 수 있다는 개념이
자리 잡는 분위기가 조성되고 있었다는 것을 알 수 있다. 신문에는 젊
은 여성들이 자전거를 타며 즐거워하는 사진도 게재되어 있다.

여성들의 운동복이라고 소개하는 자전거 의복 선전도 등장했다.
이것은 1958년에 신문에 게재된 것인데, 그렇다면 한국전쟁이 끝난
지 5년밖에 되지 않았던 때였다. 우리가 전쟁의 상처를 모두 극복했
다고 이야기하기 힘든 시점임에도 여성들이 밝은 표정으로 자전거를
타고 있는 모습을 선전하고 있다. 한편으로는 우리 사회의 밝은 미래

를 제시하고 싶었던 언론사의 의도가 담긴 것이 아닌가 생각한다.

지금은 남성들뿐만 아니라 여성들도 일상에서 자전거를 즐기는 시대다. 자전거는 현대 여성의 정체성을 만드는 데 결정적인 역할을 한 기술이라고 할 수 있을 것이다. 앞바퀴가 크며 타기 힘들고 위험한 페니파딩이라는 자전거 대신 지금 우리가 사용하고 있는 안전 자전거를 만들어내는 데는 여성의 역할이 컸다. 또 그런 안전 자전거가 여성의 정체성을 새롭게 형성하는 데 중요한 역할을 했다. 이렇게 인간과 기술은 서로가 서로를 만들어내는 상호 관계 속에서 새롭게 거듭난다. 어떤 기술을 손에 쥐고 또 그 기술을 어떤 방향으로 발전시켜나가느냐에 따라 기술의 미래는 물론 우리의 미래 또한 바뀔 수 있을 것이다.

1946년 10월 17일자 《경향신문》 기사, 「씩씩한 우리 여성들: 자전거를 타고 달리는 건각미」에 실린 삽화.

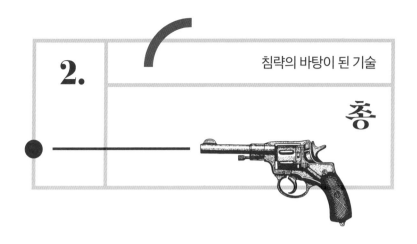

2. 침략의 바탕이 된 기술

총

"총이 사람을 죽이는 게 아니다. 사람이 사람을 죽인다(Guns don't kill people. People do)." 이것은 총기 자유를 옹호하는 미국인들이 좋아하는 구절이다. 이들은 심지어 총이 사람을 구하기도 한다고 주장한다. 학교에서 총기 사고가 나면 총기 반대론자들은 총기에 대한 강력한 규제나 금지를 주장하지만, 옹호론자들은 교사가 총기를 소지할 수 있게 법을 바꿔야 한다고 주장한다. 권총을 발명한 사람은 미국인 새뮤얼 콜트(Samuel Colt)인데, 미국에서는 "신은 인간을 만들었다. 새뮤얼 콜트는 인간을 평등하게 했다"라는 표현도 널리 회자된다. 권총이 발명된 이후에는 힘이 세거나 권력을 가지고 있다고 약해 보이는 사람을 함부로 건드리지 못하게 됐다는 얘기다. 이렇듯 총이 힘센 사람이

나 권력자로부터 약자를 보호하는 역할을 수행하기도 한다는 것이 총기 옹호론자들의 주장이다.

_ 총기가 바꾸는 인간

반면 총기에 반대하는 사람들은 "총이 사람을 죽인다"고 주장한다. 총기 자살, 사고, 살인, 총기에 의한 폭력성 증대 등의 현상을 보면 총이 사람을 죽인다는 것을 증명하는 듯하다. 미국은 강력 범죄 비율로는 선진국 중에서 중간 정도에 위치하지만, 강력 범죄로 목숨을 잃는 사람의 순위로는 단연 1등이다. 예를 들어 강력 범죄 비율은 영국의 3분의 1이지만, 죽는 사람은 영국의 세 배다. 미국에 총기가 많다는 사실 말고는 다른 이유를 찾기 힘들다.

이처럼 사람을 죽이는 것이 총인가 사람인가에 대한 문제는 답하기가 쉽지 않다. 그러나 확실한 것은 총기라는 기술을 손에 쥠으로써 인간이 달라진다는 것이다. 자동차 운전대만 잡으면 난폭해지는 사람이 있는 것처럼, 총기를 소유한 사람은 사람을 죽일 수도 있다. 인간의 육체를 훨씬 뛰어넘는 강력한 기술을 소유할 때 그 기술의 힘을 빌려 숨어 있던 폭력성이 발현되는 것이다.

실제로 최근의 연구는 이런 인식을 뒷받침한다. 한 연구는 지난 30년의 데이터를 바탕으로 총을 가지고 있는 집이 그렇지 않은 집에 비해 총기와 관련된 자살이나 살인이 일어날 가능성이 높음을 보여준다. 이 사건의 대부분은 강도에 의한 것이 아니라 가족 사이에 일어나는 일이다. 정신의학 연구는 심리 테스트를 할 때 총기를 방에 두는 것만으로도 사람들의 공격성이 증가한다고 보고한다. 일례로 앞에서 주행 중인 트럭의 뒤칸에 총이 보이면 뒤에서 운전하는 사람이 더 난폭해진다. 논리적으로 따지면 더 조심스러워져야 하는 것이 당연할 텐데, 그렇지 않다는 것이다. 아마 총은 인간이 오랜 기간 동안 진화하면서 키워왔던 적에 대한 두려움과 공격성을 동시에 소환하는 기술인지도 모른다.

총기의 발명

총은 화약을 터트려 그 힘으로 총알을 발사하는 단순한 원리로 작동한다. 중국에서 처음 만들어진 화약은 초석, 유황, 숯을 섞은 것으로, 9세기에 한 연단술사(중국의 연금술사)가 우연히 여러 재료를 섞다가 폭발이 일어나 다쳤다는 기록이 있다. 역사학자들은 이 시기에 중국에서 화약이 만들어졌다고 본다.

10세기에는 중국에서 첫 번째 총이 만들어졌다. 창에 속이 빈 대나무를 달고, 이 대나무 속에 화약과 화살촉을 넣은 뒤에 화약에 불을 붙여 근접 거리에서 발사하는 화창(火槍)이 발명되었는데, 이것이 최초의 총기다. 13세기에 몽고인들은 화창의 대나무를 짧은 쇠통으로 대체해 사용했다. 그리고 몽고인들이 유럽을 침략할 때 몽고의 화창

17세기 초엽의 머스킷 총수.

이 유럽에 전파되었다. 유럽에서는 화창이 작아져서 손에 들고 다니면서 발사하는 작은 '대포'가 되었다. 이것이 핸드 캐넌(Hand-cannon)이라고 불린 유럽 최초의 개인 화기였다.

당시 핸드 캐넌은 화약에 불을 붙이기가 힘들었다. 심지에 불을 붙이면 심지가 다 타들어갈 때까지 기다려야 했다. 이에 15세기 유럽에서 미리 불을 붙인 화승(도화선)을 이용하는 화승총이 개발되었다. 화승총은 지금의 총처럼 격발을 위한 방아쇠가 있었고, 화약과 총알을 앞쪽의 총구멍에 넣고 방아쇠를 당겨 불붙은 도화선을 화약에 닿게 함으로써 이를 점화했다. 총알은 주로 동그란 형태의 납 구슬을 사용했다.

화승총에는 긴 총인 머스킷(Musket)과 짧은 총인 아퀴버스(Arque-bus)가 있었는데, 머스킷은 너무 크고 무거워 한 사람이 들고 쏠 수가 없어서 총병은 총 받침대를 들고 다니다 여기에 총을 고정하고 쏘아야 했다. 이런 총들은 이미 16세기에 유럽인들이 멕시코와 에티오피아 등 비유럽 국가를 침략할 때 유용하게 사용했다. 그리고 포르투갈인에 의해서 일본으로 건너간 화승총은 일본에서 조총이 되었고, 임진왜란 때 한반도에서 사용되었다. 전쟁이 끝나고 조선에서도 일본의 조총을 입수해 독자적으로 화승총을 발전시켰다. 영조 때는 일본의 조총보다 몇 배 더 멀리 나가는 '천보총'을 만들었다는 기록도 있다.

그렇지만 이 총들이 아직 활이나 창에 비해 결정적인 우위에 있지는 않았다. 화약과 총알을 넣고 점화하는 데 시간이 너무 오래 걸렸고, 정확도도 많이 떨어졌기 때문이다. 화약의 한계도 있었다. 당시에

위
아쿼버스가 사용된
1470년 유럽의 전투.

아래
유럽의 아쿼버스를
바탕으로 만든
일본의 조총.

는 검은빛이 나는 흑색 화약을 사용했는데, 흑색 화약은 몇 번만 총을 쏘면 그 찌꺼기가 총의 내부에 잔뜩 달라붙어서 총기를 자주 청소해야 했다. 그리고 연기가 많이 나서, 총을 한 번 발사한 뒤에는 시야가 가려져 조준 사격이 불가능했다. 따라서 발명가들과 장인들은 16세기 이후에 주로 화약과 화약을 점화하는 방식을 계속해서 개선해나갔다.

17세기 초에는 도화선 대신에 부싯돌을 사용하는 수발총(燧發銃, flint lock) 혹은 수석총(燧石銃)이 발명되었고, 이 총은 18세기 말엽의 나폴레옹 전쟁까지도 표준적인 총으로 널리 사용되었다. 수발총은 방아쇠를 당기면 부싯돌을 물고 있는 공이치기가 움직여서 부싯돌을 쇠뭉치에 때려 불꽃을 만들고 이 불꽃으로 화약을 폭발시키는 원리로 작동했다. 나폴레옹 전쟁 이후에는 부싯돌 대신 원통형 구리에 화약을 담은 뇌관이 발명되었다. 병사들은 뇌관과 총알을 같은 숫자로 가지고 다니면서 뇌관을 넣고 총알을 넣은 뒤에 방아쇠를 당기기만 하면 됐다. 총의 공이치기가 뇌관을 때려서 화약을 폭발시키고, 이 힘으로 납 구슬이 발사되었다. 화약이 구리 통에 담겨 있기 때문에 비가 오는 날에도 총을 사용할 수 있었다. 하지만 이때까지도 뇌관과 총알을 모두 총구에서 꼬챙이로 쑤셔 넣어야 했다. 이를 전장식 총이라고 불렀다.

비슷한 시기에 총열에 강선을 파서 정확도를 높인 라이플(Rifle)이 발명되었다. 강선은 총포 내부에 나사 모양으로 판 홈으로, 탄환이 목표물에 깊이 박히도록 돌면서 나가게 한다. 총열에 강선을 팔 경우에 정확도가 증가한다는 사실은 이미 알려져 있었는데, 강선을 만드는 작업이 무척 어려워 강선이 있는 총은 거의 사용되지 않았다. 그런데 18세기 후반부터 기술이 발전해서 강선이 있는 라이플이 만들어졌고, 사격의 정확도가 증가했다. 라이플이 생기면서 목표에 조준해서 맞추는 것으로 총기의 개념이 바뀌었다. 라이플에는 납 구슬이 사용되기도 했지만, 원추형 총알이 훨씬 더 정확했기 때문에 원추형 총알이 대세가 되었다.

19세기 전반부에 이르러서는 미국의 발명가 콜트가 권총을 발명했다. 권총과 라이플은 미국인들이 서부를 개척할 때 원주민이나 동물을 살해하는 데 널리 사용되었다. 서부 영화에서 보안관이나 무법자들이 들고 다니던 라이플과 권총이 19세기 중반 이후 미국의 개척시대를 상징했던 기술이다. 19세기 후반에는 연기가 거의 나지 않는 무연 화약이 개발되었고, 이를 통해 정확한 조준 사격이 가능해졌다. 이 시점이 되면 활이나 창은 총의 상대가 되지 못했다. 본격적인 총의 시대가 열린 것이다.

─ 기관총과 제국주의

1860년대 이후 총의 역사에서 가장 중요한 기술 혁신이 이루어졌다. 그것은 총알을 총열 뒤쪽에서 장전하는 후장식 총기의 발명이었다. 후장식 총은 총탄 장전 속도를 증가시켰다. 그렇지만 더 중요한 것은 후장식 총에서 총알과 화약이 하나로 합쳐질 수 있었다는 것이다. 총탄만 장전하면 화약을 따로 갈아 넣어줄 필요가 없었다. 1분에 한 발 정도 발사하던 전장식 총은 이제 1분에 몇 발을 발사할 수 있는 후장식 총에 상대가 되지 못했다. 1860년대에 프로이센의 비스마르크는 후장식 총으로 무장한 군대를 이끌고 전장식 총기를 사용하던 오스트리아군을 대파했다. 독일 통일의 과업 뒤에 후장식 소총이라는 기술이 있었던 것이다.

화약과 총알이 합쳐진 총탄은 장전이 자동화될 수 있는 길을 열어주었다. 1860년대 중반에 미국의 발명가 리처드 개틀링(Richard Jordan Gatling)은 개틀링 기관총(machine gun)을 발명했다. 이것은 여러 개의 총열을 하나의 축에 묶고 총열 위에 카트리지를 장착해 그 속에 총알을 넣어둔 상태에서, 카트리지에 연결된 크랭크를 돌리면 카트리지에 들어 있는 총알이 회전하는 총열로 떨어지면서 격발되어 발사되는 총이었다. 개틀링 기관총은 1분에 200발을 발사할 수 있었다. 그렇지만 크랭크를 수동으로 돌려야 하고, 이를 잘못 돌리면 총알이 총열에 엉켜버린다는 단점이 있었다. 이에 미국 출생의 영국 발명가 하이럼 맥심(Hiram Maxim)은 이보다 개선된 맥심 기관총을 발명했다. 맥심 기관총은 개틀링 기관총을 완전 자동화하여, 1초에 11발을 발사할 수 있었다. 이 기관총은 영국을 비롯한 유럽 국가들이 아프리카를 정복하는 데 사용되었다. 아프리카 원주민들에게 맥심 기관총은 공포의 대상이었다.

19세기 후반에 총기로 무장한 유럽인들이 유럽에서 가까운 아프

맥심과 그가 개발한 기관총. 이 기관총은 영국을 비롯한
유럽 국가들이 아프리카를 정복하는 데 사용되었다.

리카를 점령하기 시작했다. 아프리카는 유럽의 신제국주의가 격돌하
는 장이 되었다. 기관총은 '도덕적 효과'가 있다고 간주되었는데, 몇
명의 군인이 수백 명의 원주민과 대적하면서, 아군의 희생을 최소화
할 수 있었기 때문이다. 유럽인들에게는 유럽인들이 덜 죽는 것이 절
대 도덕이었고, 아프리카 '야만인'의 희생은 염두에 없었다. 1890년
브뤼셀조약을 통해서 그렇지 않아도 화력이 낙후된 아프리카에 후장
식 총기를 판매하는 것이 금지되었다. 아프리카인들은 오래된 머스
킷만을 구입할 수 있었기에 무기의 열세가 너무 분명해졌다. 1898년
에 영국 허레이쇼 키치너(Horatio Kitchener) 장군이 수단을 정복할 때

수단 옴두르만 전투에서
사용된 맥심 기관총.

영국군은 후장식 연발 라이플과 맥심 기관총으로 무장했다. 이 옴두
르만 전투에서 영국과 이집트 연합군의 군사는 40명이 사망한 반면,
수단 군대는 무려 1만 1,000명이 사망했다. 맥심 기관총에 대항할 수
있는 상대는 없었던 것이다. 이 전쟁은 영국 정부에 의해 "과학적인
무기로 야만인을 누른 전투"라고 선전되었다.

　나중에 영국의 수상이 되어 제2차 세계대전을 치른 윈스턴 처칠
은 젊었을 때 수단의 전투에 참여했고, 이 전 과정을 『강의 전쟁(The
River War)』이라는 책에 담았다. 그는 옴두르만 전투에서 맥심 기관총
이 보인 효능을 이렇게 기술했다.

결정적인 순간에 라이플을 실은 배가 전장에 도착했고 맥심 기관총과 속사 총기, 그리고 라이플이 불과 화염을 뿜었다. 거리가 짧았고, 효과는 엄청났다. 물결을 따라 우아하게 움직이는 그 무서운 기계, 그 아름다운 흰 악마를 포연이 감쌌다. 다가오는 수천 명의 적군으로 붐볐던 케레리 언덕은 파괴되어 먼지가 구름처럼 피어오르고, 바위는 모래 가루가 되었다. 공격하던 탁발승들은 얽힌 더미들이 되어 강에 빠졌다. 뒤에서 오던 무리는 어쩔 줄 몰라 멈춰 섰다. 그날은 원주민들에게조차 무척 더운 날이었다. 총을 가득 실은 또 한 대의 배가 이들의 당혹스러움을 더 키웠다.

소총은 다가오는 적 한 명 한 명을 조준해서 방아쇠를 당겨야 했다. 적군의 병사가 총을 맞은 경우 그는 보이는 거리에서 피를 뿜으며 쓰러졌다. 아무리 전쟁이지만 병사는 자신이 조준하고 방아쇠를 당겨 사람을 죽였다는 죄책감에 사로잡혔다. 반면에 기관총을 사용할 때는 조준을 하지 않았다. 몰려오는 적을 향해 그냥 방아쇠만 누르고 있으면 되었다. 내가 사람을 죽인 것이 아니라 이 악마 같은 총이 사람을 죽인 것이었다. 1분 동안 600발이 발사되는 기관총은 병사의 죄책감을 증폭시킨 게 아니라 오히려 경감했다.

살인이 기계적으로 이루어지면서 전쟁은 더 비인간적이 되었다. 영국의 시인이자 자유당 정치인이었던 힐레어 벨록(Hilaire Belloc)의 긴 서사시 「현대의 여행자(Modern Traveller)」에는 맥심 기관총을 가지고 있느냐가 영국인과 아프리카인의 결정적 차이임을 보여주는 구절이 있다.

블러드(Blood: 사람 이름이자 피를 의미하는 중의적 표현)는 원주민의 마음을 안다고 생각했다.

"당신들은 확고해야 하지만 친절해야 한다"고 했다.

반란이 일어났다.

나는 결코 잊지 못할 것이다.

그 끔찍한 날 뿌려진 피가

우리 모두를 죽음으로부터 지켜준 방식을.

그는 흙더미 위에 서서

몽롱한 눈을 굴리면서

숨소리보다도 더 낮게 말했다.

"무슨 일이 일어나도 우리는

맥심 기관총을 가졌고, 그들은 이게 없다."

당시 풍자 잡지 《펀치(Punch)》(1897년 9월 4일자)에 실린 글에는 맥심 기관총을 가지고 아프리카를 점령하는 것을 비판적으로 풍자한 다음과 같은 구절도 있었다.

문명의 격언들(maxims)? 그건 당신의 농담이고

유일한 격언—그것은 맥심 기관총이다.

그리고 냉소적으로 웃으며 말하는 "문명화"는

검둥이들을 지구에서 전부 쓸어버리는 걸 의미하지.

신제국주의적 갈망으로 가득 찬 유럽인들은 후장식 소총과 기관총을 등에 업고 아프리카를 조금씩 점령해갔다. 그렇다면 총기가 신제국주의를 낳았는가? 총기를 제국주의의 유일한 원인으로 지목하기는 힘들다. 총기가 처음부터 아프리카를 침략하기 위해 발명된 것은 아니었다. 소총은 수백 년의 역사를 가지고 있었고, 첫 기관총인 개틀링 총은 미국의 남북전쟁을 겪으면서 병사들이 너무 많이 죽는 것을 본 개틀링이 미국 병사의 사망을 최소화하기 위해 발명한 것이었다. 그리고 아마 후장식 라이플이나 기관총이 없었더라도 유럽은 아프리카를 침략했을 것이다.

　그렇지만 성능 좋은 총기가 없었다면 그 침략은 훨씬 더 어려웠을 것이다. 즉 총기가 19세기 말 유럽의 제국주의를 낳은 것은 아니지만, 아프리카에서 유럽 제국주의의 승리를 확실히 하는 데 큰 역할을 하면서 제국주의의 의도와 목적을 관철시키는 주역이 된 것은 분명하다. 총기의 발달과 함께 아프리카는 강한 화력으로 무장한 유럽 국가들이 식민지를 놓고 경쟁하는 화약고가 되었다.

　그 후 20세기 초에 발발한 제1차 세계대전에서는 유럽의 각 나라들이 서로를 향해 총부리를 겨누었다. 이때 후장식 라이플과 맥심 기관총은 유럽의 병사들이 서로를 죽이는 데 효과적으로 사용되었다. 제1차 세계대전 동안 700만~1000만 명의 군인이 전장에서 사망했고, 몇 배 더 많은 군인이 부상을 입었다. 사망자 중 상당수는 기관총을 맞고 사망한 것이었다. 유럽인들은 맥심 기관총을 만들었고 이를 가지고 아프리카 원주민을 살육했지만, 막상 자신들끼리 전쟁을 하

1892년 영국의 아프리카 식민지 정치가인
세실 로즈(Cecil Rhodes)가 케이프타운에서 카이로까지
잇는 전신 회선 계획을 발표하자 《펀치》에 실린 풍자 그림.

게 되자 그 총부리가 자신들에게 돌아왔다. 나이 든 장군들은 병사들에게 총알을 쏟아내는 기관총을 향해 "돌격! 앞으로"를 외쳤다. 명령을 어기지 못한 젊은 병사들은 기관총 앞에 추풍낙엽처럼 쓰러졌다. 새로운 무기 앞에 과거의 전술은 무용지물이었다.

아프리카 국가들은 제2차 세계대전 이후에 하나씩 유럽의 지배에서 해방되었지만, 19세기 말엽부터 유럽 제국주의는 아프리카에 회복되기 힘든 상처를 안겨주었다. 원래 아프리카는 하나의 대륙 안에서 여러 부족이 여기저기서 나뉘어 살아가고 있었는데, 독일, 영국, 프랑스가 아프리카를 갈라 통치하면서 자신들이 지배하는 땅덩어리에 국경을 그려놓았다. 여러 부족이 하나의 나라에 속하게 됐고, 이후 지배와 피지배의 갈등과 심지어 인종 간의 학살이 드물지 않은 일이 되었다.

이런 갈등을 폭력적인 내전으로 악화시킨 것이 유럽인들이 남겨두고 간 총기였다. 아프리카 국가들에서는 총기를 구하는 게 음식을 구하는 것보다 더 쉬워졌고, 이는 아직도 아프리카 곳곳에서 전쟁과 폭력을 낳고 있다. 아프리카 대륙에서는 3500만 정의 불법 총기가 유통되고 있으며, 1만 원 정도만 주면 수제 총을 구입할 수 있을 정도로 총기가 일상에 가까이 있다. 가장 가난한 대륙 아프리카의 저개발과 끊이지 않는 전쟁을 이해하기 위해서는 이렇게 피로 점철된 아프리카 역사의 바탕에 총이라는 살상 무기가 있었다는 것을 이해해야 한다.

3. 산업혁명이 낳은 빛과 그림자

증기기관

증기기관은 증기의 힘을 이용해 동력을 얻거나 바퀴를 돌리는 기술이다. 증기기관은 일반적으로 근대사회의 문을 연 산업혁명의 시초가 된 기술이라고 평가받는다. 물론 지금도 증기기관이 사용되지만 우리 주변에서 흔히 볼 수 있는 기술은 아니다.

30대 초반 무렵으로 기억한다. 런던을 방문할 기회가 있어 런던 과학박물관에 들렀다. 유명한 박물관이라는 이야기를 많이 들어 꼭 한번 가봐야겠다고 생각하고 있던 참이었다. 문을 열고 들어가니 처음에 나를 반긴 전시물이 증기기관이었다. 나는 기술의 역사를 공부했으니 제임스 와트(James Watt)라는 공학기술자에 대해 잘 알고 있고, 증기기관에 대해 충분히 이해하고 있다고 생각했다. 그런데 내 눈앞에서 실제로 돌아가는 그 기관을 보자 숨이 턱 멎었다. 정확한 무게는 모르겠지만 적어도 수 톤은 될 것으로 보이는 쇠로 만든 바퀴를 증기기관이 빠르게 돌리고 있었다. 충격 그 자체였다.

　나중에 알고 보니 사실은 런던과학박물관에서 일부러 그 기관을 입구에 설치해놓은 것이었다. 지금은 작동하는 증기기관을 일상에서 보기 힘들지만 어쨌건 이 증기기관으로부터 우리가 사는 이 세상이 시작됐다는 것을 인지하고 기관의 엄청난 힘을 실감할 수 있도록 이를 입구에 설치해놓은 것이다. 이 증기기관이 지금의 산업사회를 열면서 인류의 삶에 지대한 영향을 끼친 기술이다.

런던과학박물관에
전시된 증기기관.

많은 사람이 증기기관을 만든 사람을 제임스 와트로 알고 있다. 그런데 이는 사실과 조금 다르다. 그 이전에도 증기기관은 있었고, 와트는 엄밀한 의미에서 증기기관을 개량한 사람이다.

와트에 대해 널리 알려진 이야기가 하나 있다. 호기심 많은 소년 와트는 주전자의 물이 끓으면서 수증기가 주전자의 뚜껑을 마구 밀어 올리는 것을 보고 증기의 힘이 이렇게 세니 이 힘을 잘 이용하면 좋겠다고 생각했다는 것이다. 그리고 결국 나중에 발명가가 되어 증기기관을 만들고 개량했다는 이야기다.

이는 와트에 대한 위인전을 읽다 보면 항상 나오는 이야기다. 그런데 이 이야기는 실제 일화는 아닌 것으로 보인다. 와트가 사망한 후 와트의 전기를 쓰기 위해 프랑스의 프랑수아 아라고(Francois Arago)라는 과학자가 와트에 대한 이야기를 모으던 중에, 와트의 아들에게 아버지에 대해서 해줄 이야기가 있는지 묻자 아들이 이 일화를 들려주었다고 한다. 그전에는 알려져 있던 이야기가 아니었다. 그러니까 이 일화는 소년 와트가 실제로 겪었던 일이 아니라 아버지를 추모하는 아들에 의해 만들어진 이야기일 가능성이 높다.

제임스 와트가 기관을 발명하기 이전에 존재했던 기관은 바로 뉴커먼 증기기관이다. 1712년에 뉴커먼 증기기관을 만들었다고 알려진 토머스 뉴커먼(Thomas Newcomen)은 철공업에 종사하던 사람이었다. 철공업의 장인으로 불리던 그는 기계를 가지고 여러 가지 작업을

뉴커먼의 증기기관. 끓인 물이 뜨거운 증기로 올라오면
이 압력이 피스톤을 위로 올려붙여 펌프가 밑으로 떨어지고,
반대로 피스톤을 떨어뜨리면 펌프가 올라가는 방식으로 움직였다.

하던 끝에 증기기관을 만들었다. 뉴커먼 증기기관의 원리는 간단하
다. 기관 아래 보일러가 장착되어 있는데, 이 보일러에서 끓인 물이
뜨거운 증기로 올라오면 이 압력이 수직 실린더에 장착된 피스톤을
위로 올려붙이고, 이를 통해 반대쪽 펌프가 밑으로 떨어졌다. 역으로
피스톤을 떨어뜨리면 펌프가 올라갔다. 뉴커먼 기관은 이렇게 간단
한 반복 운동을 하는 기관이었다.

이 증기기관은 광산에서 주로 사용되었다. 광산에서 땅을 점점 더 깊숙이 파다 보면 발생하는 문제 한 가지는 갱도에서 물이 나온다는 것이었다. 그리고 그 물은 갱도 맨 밑바닥에 고이는데, 그렇게 되면 더 이상 땅을 파 내려가는 일이 힘들어진다. 결국 고인 물을 퍼 올려야 하는데 이미 꽤 깊숙이 땅을 파 내려갔기 때문에 그 물을 퍼 올리기가 쉽지 않았다. 그때 이 증기기관을 이용해 물을 퍼 올렸다.

그렇지만 뉴커먼 증기기관에는 문제가 있었다. 지금 관점에서 보면 효율이 매우 낮았던 것이다. 예를 들어 100의 연료를 넣었을 때 30의 에너지를 얻으면 효율을 30퍼센트로 측정한다. 뉴커먼 증기기관은 사람이 할 수 없는 무척 깊숙한 갱도에 고인 물을 퍼내는 일에 사용됐지만 효율은 굉장히 낮았다. 지금 이 기관이 남아 있지 않기 때문에 효율을 정확하게 계산하기는 힘들지만 대략 추정해보면 1퍼센트가 채 안 되었다. 지금 기준으로 보면 사실 열기관으로서 거의 쓸모없는 기계에 불과했던 것이다.

그런데 이 증기기관은 왜 이렇게 효율이 낮았을까? 물론 당시 기술로 최선을 다해 만들었겠지만 지금의 기준으로 보면 여러 군데가 엉성하게 만들어져서 효율이 낮은 측면이 있었을 것이다. 그런데 더 근본적인 이유는 다른 곳에 있었다. 이 기관이 어떻게 작동하는지 생각해보면 이해가 될 것이다. 물이 끓으면서 생기는 증기로 인해 피스톤이 올라가게 된다. 그렇다면 이렇게 올라간 피스톤을 어떻게 다시 내려오게 했을까? 바로 기관에 찬물을 붓는 방법을 택했다. 뜨거워진 기관을 다시 떨어뜨릴 수 있는 다른 방법이 마땅히 없었던 것이다. 뉴커먼이 발명한 방법은 이렇게 기관을 갑자기 차갑게 식혀버려 피스톤을 뚝 떨어지게 하고, 다시 한참 동안 기관을 덥혀 생성한 증기로 피스톤을 위로 올려붙이는 것을 반복하는 방법이다. 그런데 문제는 한번 식힌 기관을 다시 뜨겁게 덥히는 데는 많은 에너지가 필요하다는 것이었다. 이러니 효율이 낮을 수밖에 없었다.

수리공 와트와 괴짜 엔지니어 스미턴

제임스 와트는 스코틀랜드의 중산층 집안에서 태어났다. 학교를 다녔지만 어릴 때부터 몸이 약해 학교를 여러 번 쉬기도 했다. 당시 학교에서는 보통 고전이나 라틴어 같은 공부를 시켰는데 와트는 공부에 별로 취미를 느끼지 못했다. 하지만 과학이나 기술 분야에는 흥미를 보였다. 그래서 학교를 졸업한 뒤 이 분야를 본격적으로 공부하기 위해 런던으로 가서 기계 장인의 공방에 취직했다. 와트는 그곳에서 기계에 대한 여러 가지 일을 배운 후 다시 스코틀랜드로 돌아와 글래스고대학에 기계공으로 취직했다.

그 당시 옥스퍼드나 케임브리지 등 잉글랜드의 대학은 주로 전통적인 방식으로 학생들을 교육했다. 예를 들어 고전이라든지 라틴어, 희랍어, 신학, 철학 위주의 과목이었다. 반면에 스코틀랜드의 대학은 상당히 실용적인 학문을 많이 가르쳤다. 학생들에게 과학과 기술을 가르치기도 했으며, 의학의 경우 스코틀랜드의 대학에서 많은 발전

을 이루었다. 마찬가지로 스코틀랜드의 글래스고대학도 과학이나 기술 교육을 하기 위한 실험 장비를 많이 갖추고 있었다. 대학생들이 그 장비를 가지고 실험을 하다 장비가 망가지면 그것을 고쳐줄 사람이 필요했는데, 와트가 바로 그 일을 했던 것이다.

당시 글래스고대학의 교수로는 상당히 명성이 높았던 조지프 블랙(Joseph Black)이라는 화학자도 있었고, 또 우리가 잘 알고 있는 『국부론』을 쓴 경제학자 애덤 스미스(Adam Smith)도 있었다. 와트는 일을 하면서 자연스럽게 이들과 친분을 맺을 수 있었다.

어느 날 한 친구가 와트에게 증기기관에 대해 연구해보라는 제안을 했고, 와트는 이 제안에 귀가 솔깃해져 작은 증기기관 모형을 만들게 되었다. 하지만 아쉽게도 와트의 첫 기관은 작동을 하지 않았다. 의아함을 느낀 와트는 증기기관에 대한 책과 논문들을 구해 읽으며 독학을 해나가기 시작했다.

당시 글래스고대학에는 뉴커먼 엔진이 있었다. 학생들에게 증기기관의 원리를 가르치기 위한 것이었는데 이 모형이 망가지면서 와트가 이것을 수리하는 일을 맡게 되었다. 1763년 무렵의 일이었다. 뉴커먼 엔진 모형을 수리하면서 와트는 이 기관의 효율이 상당히 낮다는 것을 발견했다. 그리고 효율이 낮은 이유가 기관을 뜨겁게 덥혀야만 피스톤이 올라가는데, 피스톤을 떨어뜨리기 위해서는 기관을 완전히 차갑게 식혀야 하고, 또다시 이를 뜨겁게 하는 데까지 쓸데없는 에너지가 상당히 많이 들어가기 때문이라는 것을 깨달았다. 와트는 기관을 식히지 않는 방법에 대해 골몰하기 시작했다. 기관을 차갑게 하지 않는다면 에너지를 많이 쓰지 않고도 기관이 작동할 수 있을 것이기 때문이었다.

와트는 계속 실험을 했지만 뜻대로 되지 않았다. 그런데 이때 그와 비슷한 고민을 하던 사람이 있었다. 그는 존 스미턴(John Smeaton)이라는 엔지니어였다. 스미턴은 당시 영국 최고의 엔지니어로 칭송받던 사람이었다. 스미턴의 초상화에는 인물 뒤로 등대 하나가 그려져 있는데, 이것은 에디스톤 등대(Eddystone Lighthouse)라고 불리는 것으로, 이 등대가 바로 스미턴의 업적 중 하나다.

이 등대에는 역사적인 의미가 있다. 이 등대는 바다 한가운데, 등

엔지니어링을
과학의 수준으로
끌어올린
존 스미턴. 초상화
뒤쪽으로 에디스톤
등대가 보인다.

대의 크기에 딱 맞아떨어지는 바위 위에 세워졌다. 당시 많은 엔지니어가 이 바위 위에 등대를 세우는 일에 도전했지만 모두 실패했다. 보통은 등대를 짓기 위해 더 큰 땅이 필요했을 터였지만, 스미턴은 등대의 밑동 크기만 한 바위 위에 그대로 등대를 쌓아올리는 데 성공했다.

또 당시에는 동력원으로 물레방아를 많이 사용했는데, 스미턴은 물레방아의 모형을 만들어서 이 수차(水車)의 날개 각도가 얼마일 때 가장 효율적인지, 물이 밑으로 떨어지는 하향식과 물이 위로 떨어지는 상향식 중 어떤 것이 더 효율적인지 등을 알아내기 위해 다양한 실험을 했다. 그는 이 실험을 통해 가장 최적의 디자인을 구현하려고 했다. 그리고 이 같은 실험을 하는 동안에 우리가 효율(Efficiency)이라고 이야기하는 개념을 창안해낸다. 이 때문에 스미턴은 엔지니어링을 과학의 수준으로 끌어올린 사람으로 일컬어지며, 이런 업적을 높이 평가받아 엔지니어로서는 무척 예외적으로 왕립학회(Royal Society) 회원으로 선출되기도 했다.

스미턴 또한 뉴커먼 증기기관의 효율을 높이기 위한 작업에 도전했다. 스미턴은 여러 가지 실험을 했는데, 예를 들어 이 뉴커먼 증기기관의 보일러의 모양이 어땠을 때 가장 효율이 높아지는지, 실린더의 굵기가 어느 정도일 때 가장 효율이 높아지는지, 아니면 피스톤의 모양이 어떻게 생겼을 때, 피스톤의 재질은 어땠을 때 가장 효율이 높아지는지 다양한 경우를 염두에 두었다. 그리고 실험 끝에 가장 최적의 조건을 만들어내고, 결국 뉴커먼 증기기관의 효율을 두 배 정도로 끌어올리는 데 성공한다. 이것만 해도 사실 엄청난 업적이었다. 그런데 와트는 스미턴의 성공에 만족하지 못했다. 사실 스미턴 또한 본질적인 문제는 건드리지 않았던 것이다.

앞서 이야기했지만 본질적인 문제란, 기관이 뜨겁게 달구어져야 피스톤이 위로 올라가는데 이것을 다시 내려가게 하려면 완전히 차갑게 식혀야 한다는 것이었다. 그렇게 다시 데우고 또 식히는 것이 이 기관의 효율을 떨어뜨리는 가장 큰 문제였다. 와트는 이를 해결하기 위해 머리를 싸매기 시작했다. 그는 이 문제를 가지고 2년이나 고민을 하던 끝에 어느 순간 분리 콘덴서라는 아이디어를 창안해낸다. 쉽게 설명하자면, 뜨거워진 실린더 자체를 식히지 않고 이 증기를 실린더 밖으로 빼내 분리된 콘덴서에서 식히는 방식이었다. 그러니까 피스톤이 왔다 갔다 하는 기관은 항상 뜨겁게 유지하고, 식혀야 하는 증기는 항상 차갑게 유지되는 분리 컨덴서로 빼내는 식이었다.

분리 콘덴서의 발명

뉴커먼 증기기관의 문제에 대해 오랫동안 고민하던 와트는 1765년, 어느 일요일에 산책을 하다가 글래스고 공원을 지나치는 순간 이 아이디어를 떠올렸다고 한다. 와트는 산책을 멈추고 바로 집으로 돌아가서 모형을 만들어 실험을 하기 시작했다. 그리고 이 실험에서 상당히 만족스러운 결과를 얻었다.

와트가 영감을 얻은 글래스고 공원에는 와트가 분리 콘덴서에 한쪽 팔을 괴고 있는 동상이 있고, 와트 기념석도 있다. 기념석에는 "1765년 이 근처에서 제임스 와트는 증기기관의 분리 콘덴서 아이디어를 생각해냈다. 특허는 1769년에 인가되었다"라는 글귀가 새겨져 있다. 사실 와트의 아이디어가 하루아침에 떠오른 것은 아니다. 무려 2년 동안 고민하며 이 문제를 풀어보려던 노력 끝에 결국 성공적인 아이디어를 창안해낼 수 있었다.

와트가 발명한 분리 콘덴서는 보통 커다란 수조 속에 넣어두었다. 이 분리 콘덴서 덕분에 기관을 식히고 덥히는 일을 반복할 필요가 없

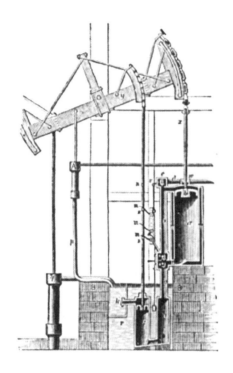

분리 콘덴서의 발명으로 기관을 식히고 덥히는 일을 반복할 필요가 없었기 때문에 열효율이 굉장히 좋아졌다. 그림의 하단 중앙에 그려진 수조 속에 잠겨 있는 부분이 분리 콘덴서다.

어졌고, 결과적으로 열효율이 굉장히 좋아졌다. 와트의 개량으로 뉴커먼 증기기관의 열효율은 세 배 정도 뛰어올랐다.

이제 증기기관을 더 개량할 수 있는 여러 가지 가능성이 열렸다. 와트는 이후 기관을 더 개량하는 실험을 해서 성공을 거두었다. 뉴커먼 증기기관은 증기를 실린더의 아래쪽에서 보냈지만, 와트는 실린더의 위쪽과 아래쪽 모두 증기가 들어갈 수 있게 함으로써 위아래가 교대로 압력을 받는 방식의 복동 엔진을 만들었다. 이는 기존 기관에 비해 무려 두 배 정도의 에너지 효율을 끌어냈다.

처음에 증기기관은 위아래로 왕복하는 수직 운동만 했지만 와트는 이것을 회전 운동으로 바꾸는 방식을 발명하기도 했다. 그리고 그 후에는 조속기라는 기계를 발명했다. 조속기는 속도를 자동으로 조절해주는 것이다. 기관의 속도가 빨라지면 조속기가 작동해 기관의 속도를 늦추고, 기관의 속도가 느리면 반대로 기관의 속도를 빠르게 하는 것이다. 그러니까 일정한 속도로 이 기관이 움직이도록 하는 것이 바로 조속기 장치다.

이런 일련의 성과를 낸 와트는 존 로벅(John Roebuck)이라는 기업가와 동업을 하기 시작한다. 그런데 로벅의 자금으로 힘들게 만든 실물 증기기관은 생각했던 것처럼 작동하지 않았고 효율도 그다지 좋지 않았다. 와트는 수많은 실험 끝에 실린더가 정교하게 깎이지 않은 것이 문제라는 것을 발견한다. 하지만 실린더를 정교하게 깎으려고 아무리 노력해도 뜻대로 되지 않았다.

이 같은 상황에서 동업을 하던 로벅이 사업에 실패해 파산하고 만다. 와트는 친구를 통해 인연을 맺은 매슈 볼턴(Matthew Boulton)이라는 사업가에게 로벅의 회사를 인수할 것을 부탁한다. 이렇게 볼턴이 로벅의 회사를 인수하면서 와트의 특허까지 함께 인수하게 되었다. 와트는 볼턴의 철물 공장에서 다시 증기기관을 만들기 시작했다. 하지만 실린더는 여전히 정교하게 깎이지 않는 상황이었다. 증기기관을 움직이는 실린더의 아랫부분과 윗부분의 크기가 똑같아야 하는데 그 오차는 무려 1밀리미터의 100분의 1 이하여야 했다.

와트가 좌절하고 있던 그때 존 윌킨슨(John Wilkinson)이라는 영국의 엔지니어가 실린더 깎는 기계를 발명했다. 이것이 바로 윌킨슨의 보링 머신(boring machine)이다. 와트는 윌킨슨이 발명한 보링 머신으로 실린더를 깎기 시작했다. 실린더 아랫부분과 윗부분의 오차가 비로소 1밀리미터의 100분의 1에 도달했다. 와트는 이 실린더로 증기기관을 만들어 실험했고, 결국 자신이 생각했던 뛰어난 효율을 내는 기관을 만드는 데 성공했다. 이제 공장에서 증기기관이 생산되면서 와트는 정치인들을 만나기 위해 런던으로 떠났다.

특허가 낳은 한계

1775년 와트는 런던 의회에 가서 자신이 만든 증기기관의 특허가 인가된 지 벌써 6년이라는 시간이 지났다고 호소했다. 당시 영국의 특허 기간은 14년이었으며, 이 기간 동안 특허 소유자의 권리를 보장해주었다. 와트는 이 기관을 가지고 실험을 하는 동안 6년의 시간이 흘러버려 이 특허로 충분한 이익을 얻을 수 있는 시간이 얼마 남지 않았으며, 이것은 무척이나 중요한 특허라는 것을 의원들을대상으로 설득하기 시작했다. 이 같은 설득 끝에 의회는 특별히 와트의 특허를 1800년까지, 즉 31년 동안 보장하는 조건으로 연장해주었다. 이는 무척이나 이례적인 조치였다.

그런데 이 조치는 다른 발명가들이 크게 반발할 소지가 있었다.

와트의 특허는 분리 콘덴서를 포함하는 동시에 증기기관이라는 기관 전체를 포괄하는 것처럼 쓰여 있었다. 실제로 이는 조금 이상한 부분 이기도 했다. 왜냐하면 증기기관은 이미 존재해 있었고, 와트가 한 일 은 분리 콘덴서를 발명한 것이기 때문이다. 게다가 1800년까지 특허 의 만료 기간이 연장된 상황이었다.

실제로 논란이 생겼다. 조너선 혼블로어(Jonathan Hornblower)라는 엔지니어가 복식기관이라는 기계를 발명했다. 복식기관은 실린더의 뜨거운 김을 한 번 더 이용하는 방식이었다. 그러니까 동시에 두 개의 기관을 작동하는 방식으로 더 효율적인 기관을 만든 것이다. 혼블로 어는 이에 대한 특허를 신청했다. 그런데 와트와 볼턴이 혼블로어에 게 특허권 침해 소송을 걸었다. 와트와 볼턴은 혼블로어가 자신들의 특허를 침해했다고 주장했고, 혼블로어는 자신의 발명품은 그와 전 혀 다른 독창적인 기계라고 반박하는 상황이 된 것이다. 와트와 볼턴 은 영국에서 가장 능력 있는 변호사와 변리사들을 고용해 혼블로어 를 압박하기 시작했다. 결국 혼블로어는 자신의 특허를 취하하고 말 았다.

이 같은 일이 벌어진 후에 다른 발명가들은 증기기관과 관련된 특 허를 아예 낼 생각도 하지 못하게 되었다. 문제는 이때부터 시작되었 다. 와트의 증기기관은 저압(Low Pressure)이었는데, 고압(High Pressure) 증기기관도 만들어질 수 있는 가능성이 있었다. 고압 기관은 한마디 로 분리 콘덴서 없이 계속 뜨거운 김으로만 작동하는 기관이었다. 와 트는 이것이 매우 위험한 방식이라고 생각했다. 기관이 터지거나 폭발할 가능성이 높아지기 때문이었다. 그래서 와트는 고압 증기기관 개발을 결사적으로 반대했다.

그런데 고압 증기기관을 만들면 분리 콘덴서가 있는 수조가 필요 없기 때문에 기관의 크기가 훨씬 작아질 수 있다. 그렇다면 열차와 같은 운송 수단에도 증기기관을 사용할 수 있는 길이 열리게 되는 것이다. 이 때문에 많은 사람이 고압 증기기관을 개발하려 했지만 와트의 특허 때문에 선뜻 나서지 못했다. 와트의 특허는 1800년까지 보장되었고, 이미 혼블로어 같은 사람이 아주 호되게 당했던 사례가 있었다. 결국 와트의 특허가 만료되기 전에는 어떤 증기기관의 특허도 신청되지 않았고, 와트의 특허가 만료된 1800년에 리처드 트레비식

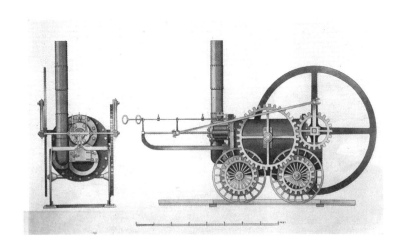

트레비식의 고압 엔진을
이용한 기관차.

(Richard Trevithick)이라는 발명가가 고압 증기기관에 대한 특허를 신청한다. 나중에 열차나 기선에 사용된 증기기관은 모두 와트의 저압 증기기관이 아닌 고압 증기기관이다.

\#\#\#\#\# 와트의 증기기관이 남긴 것

와트와 볼턴의 증기기관은 당시 사회에 산업혁명이라는 엄청난 지각변동을 일으켰다. 산업사회는 이전까지의 농경사회와는 완전히 다른 세상이었다. 대도시에 가면 제일 먼저 눈에 띄는 것이 공장들이었다. 당시 산업사회를 그린 그림을 보면 공장들이 늘어서 있고, 공장의 높은 굴뚝에서는 시커먼 연기가 뿜어 나오고 있으며, 수백 명의 노동자가 시간에 맞춰 공장으로 출근하는 광경이 묘사되어 있다. 공장에서는 와트의 증기기관이 돌아가면서 이 벨트로 동력을 얻은 수백 대의 기계가 사람의 노동을 대신했다. 이제 완전히 새로운 세상이 열리기 시작한 것이다.

이때부터 사람들은 화석연료 중 하나인 석탄을 본격적으로 사용하기 시작했다. 석탄이 가져온 에너지의 혁명은 어마어마한 것이었다. 그전까지는 노동력, 동물, 그리고 물, 바람 정도의 에너지원을 사용하고 있었는데, 석탄을 쓰기 시작하면서 에너지의 수요가 하늘로 치솟았다. 그리고 그 뒤에는 석유를 쓰기 시작했다. 그리고 지금은 이렇게 에너지를 풍성하게 쓰는 세상이 도래했다.

산업혁명은 당시 사회에 지각변동을 가져왔다.
그중에서 에너지의 혁명은 어마어마한 것이었고, 그 결과 생겨난
환경오염은 지금도 우리가 안고 있는 심각한 문제다.

얼마만큼의 에너지를 더 사용하고 있을까? 1800년과 2000년을 비교하면 지구 전체가 사용하는 에너지는 25배 이상 증가했다. 대부분은 석탄과 석유 같은 화석연료 때문이다. 인구의 증가를 고려해 1인당 에너지를 계산해도 한 사람이 쓰는 에너지가 4배 이상 증가한 셈이다. 우리는 산업혁명기에 살았던 사람보다 4배의 에너지를 쓰면서 먼 거리를 출퇴근하고, 밤을 낮처럼 밝히고, 여름에는 시원하게, 겨울에는 따뜻하게 살아간다.

그렇지만 석탄을 사용하면서 이산화탄소가 공기 중으로 배출되

기 시작했다. 19세기 중엽부터 사용한 석유는 이를 가속화했다. 산업혁명 때부터 지구의 온도는 점차 오르기 시작해 지금 지구의 평균온도는 0.85도 정도 상승했다고 추산된다. 많은 사람이 2도가 오르면 지구 전체에 큰 영향을 미쳐 우리가 살기 힘든 재난이 닥칠 것이라고 예상한다. 지금처럼 에너지를 쓰다가는 2060년 정도에 이르렀을 때 실제 우려하던 상황이 도래할 수 있다고도 경고한다. 인간은 농경사회가 안고 있던 여러 족쇄와 한계에서 해방되었지만 이와 함께 화석연료가 품고 있던 이산화탄소도 해방되었고, 이는 지구의 온도를 계속 올리고 있다. 와트의 증기기관은 우리가 지금 살고 있는 산업사회를 열었지만, 우리 사회가 안고 있는 심각한 문제 또한 동시에 만들어 내기 시작했다. 기술에는 밝은 면만이 아니라 항상 어두운 이면이 존재하는 것이다.

4.

자동인형

자동인형은 영어로 오토마타(Automata)라고 한다. 조금 낯선 단어, 낯선 개념이지만 나는 이 오토마타가 기술사와 과학사에서 굉장히 중요하다고 생각한다. 이 오토마타와 연관된 인물이 서양 과학의 역사에서 주목해야 할 사람인 르네 데카르트(René Descartes)다. 대부분 그를 철학자로 알고 있지만 데카르트는 사실 과학 분야에서도 중요한 업적을 많이 남겼다. 광학이나 기상학, 특히 기하학, 수학과 같은 분야에서 핵심적인 역할을 한 인물로 평가받는다.

데카르트에 대해 공부할 때 아주 기이한 이야기 하나를 접하게 되었다. 다섯 살 때 열병에 걸려서 죽은 데카르트의 딸에 대한 이야기였다. 말년의 데카르트는 스웨덴 왕실의 요청을 받고 여왕의 철학 교사가 되기 위해 스웨덴행 배에 탑승했다. 데카르트는 탑승 인원을 기록하는 승무원에게 딸과 함께 배에 오르겠다고 이야기했다고 한다. 데카르트가 유명한 철학자였으니 승무원들은 이를 의심하지 않았다. 그런데 항해를 하던 도중 승무원들은 데카르트의 딸을 한 번도 보지 못했고, 이들 중에는 이를 이상하게 생각하는 사람들도 생겨났다.

폭풍이 아주 많이 치고 파도가 높아지던 날, 선장이 데카르트에게 방에 있는 것이 안전할 거라는 당부를 하려고 찾아갔는데 방에는 아무도 없었다. 그런데 데카르트가 묵던 방에 큰 가방 하나가 보였다. 데카르트가 이 가방을 들고 다니는 것을 본 적이 없어 의아한 생각에 가방을 열어보니 그 안에는 사람과 똑같이 생긴 인형, 바로 오토마타가 있었다는 것이다. 선장이 깜짝 놀라 뒷걸음질하는데 그 인형이 선장을 향해 다가오기 시작했고, 스스로 움직이고 눈을 돌리는 모습에 너무나 놀란 선장이 그 인형을 바다에 던져버리고 말았다고 한다.

후에 알고 보니 데카르트가 딸이라고 했던 그 아이가 실제 사람이 아니라 스스로 움직이는 자동인형이었다는 이야기다. 그런데 그 인형을 바다에 던졌더니 거센 파도가 잠잠해져 안전하게 스웨덴까지 갈 수 있었다는 이야기도 있다. 이 외에도 여러 가지 형태의 비슷한 이야기들이 있는데, 사람인 줄 알았던 그 딸이 자동인형이었고, 데카르트는 딸을 잃은 상심 때문에 결국 인간과 똑같은 인형을 만들어 그것을 스스로 움직이게 했다는 큰 줄기는 비슷하다.

처음 이 이야기를 접했을 때 무척이나 재미있고 신기해서 그때부터 이 자동인형에 대해 연구해봐야겠다는 생각을 하게 되었다. 그런데 자동인형과 관련된 이런 이야기에 등장하는 철학자가 왜 하필 데카르트일까를 생각해보면 이유가 있다.

___ 데카르트를 충격에 빠뜨린 움직이는 조각상

17세기 프랑스 왕실의 생제르맹 정원은 외부에 공개되어 사람들이 찾아와 구경하고 즐기는 소위 관광 명소였다. 생제르맹 정원 동굴에는 포세이돈이나 디아나 여신, 그리고 상상의 동물인 용까지, 신화에 등장하는 다양한 인물이나 동물의 조각상들이 있었다. 사람들이 걸어 다니면 바닥의 타일을 밟을 수밖에 없었는데 어떤 타일을 밟으면 조각상들이 움직였다. 그래서 사람들이 깜짝깜짝 놀라곤 했는데 움직이는 조각상들의 이면에는 큰 기계장치들이 복잡하게 설치되어 있었다고 한다. 물론 이 기계들은 숨겨져 있었기 때문에 사람들에게 보이지 않았다. 이렇게 그 당시 사람들에게 재미있는 경험을 주었던 그 정원은 토마소 프랑시니(Tommaso Francini)와 알레산드로 프랑시니(Alessandro Francini)라는 형제 엔지니어가 만든 것이었다. 데카르트는 학생이었을 때 이 정원을 방문하고 엄청나게 강한 충격을 받은 것으로 알려져 있다. 그 후 데카르트는 자신의 저서 『인간론』에 자신이 옛날에 방문했던 이 정원에 대한 기록을 남겼다.

분수 정원의 동굴 앞에 선 방문객은 자신 앞에 놓인 타일을 밟지 않고는 거기에 들어설 수 없는데, 이 타일을 밟고 들어간 뒤에 목욕하는 디아나에게 접근하면 그녀가 갈대 뒤로 숨어버리고, 그녀를 쫓아서 더 앞으로 나가면 포세이돈이 등장해서 삼지창을 휘두르며 그를 겁주어 쫓아버린다. 다른 방향으로 걸어가면 바다 괴물이 등장해서 그의 얼굴에 물을 뿜어버린다.

데카르트의 기록으로는 이것들이 상당히 정교한 기계장치였던 것 같다. 물론 요즘 놀이공원에 가면 이와 비슷한 것들을 많이 볼 수 있다. 기차를 타고 컴컴한 동굴을 지날 때 귀신이 나오는 공포 체험 같은 것과 비슷한 느낌이었을 거라고 짐작된다.

철학자가 된 데카르트는 학생 때의 이 경험에 대해 생각하기 시작했다. 그는 이 조각상들이 진짜 생명체가 아닌 사람이 만든 것임에도 불구하고 마치 진짜 살아 움직이는 것처럼 느껴져서 충격을 받은 것이다. 대체 이런 경험은 무엇을 의미하는 것일까?

만약 왕실 정원 동굴의 자동인형을 만든 프랑시니 형제보다 천 배, 만 배 더 뛰어난 재능을 가진 사람이 있다면? 그리고 그 사람이 스스로 움직이는 대단히 정교한 기계장치를 만들었다면? 데카르트는 그렇다면 그 기계장치와 실제 살아 있는 생명체를 구별하는 일이 불가능할 것이라고 생각했다. 프랑시니 형제보다 천 배, 만 배 더 뛰어난 능력을 가진 존재는 사람이 아니라 신일 것이었다. 이렇게 보면 우리가 생명체라고 부르는 것들은 사실 신이 만든 기계라는 결론이 나온다. 이런 철학적인 사유를 통해 그는 강아지, 염소, 돼지와 같은 동물은 아주 복잡한 기계이고, 이것을 만든 엔지니어는 신이라고 해석했다.

그다음 물음은 '사람은 무엇인가?' 하는 것이었다. 그런데 데카르트는 사람은 기계가 아니라고 생각했다. 사람은 동물에는 없는 영혼이 있기 때문에 기계가 아니라는 것이다. 그렇지만 인간의 몸, 즉 인간 육체는 기계라고 생각했다. 영혼은 물질적인 것이 아니기 때문에 육체와는 별개로 존재했다. 따라서 인간의 육체는 기계지만 인간 전체는 기계가 아니었다.

── 보캉송의 플루트를 부는 자동인형

"나는 생각한다, 고로 존재한다(Cogito, ergo sum)"라는 명언을 남긴 데카르트는 동물과 인간의 몸은 기계라는 결론을 자신의 철학 체계 안에서 이끌어냈다. 그다음부터 데카르트의 추종자는 물론이고 많은 지식인이 그와 비슷한 생각을 하기 시작했다. 사람들은 엉성한 기계와 생명체를 분명히 구별할 수가 있지만 기계가 복잡해지고 정교해지고 스스로 움직이기 시작하면서 기계와 생명체를 구별할 수 없을 것이라고 생각했다. 신이 만든 기계는 우리가 생명이라고 부르는 바로 그것이었다.

데카르트는 이미 우주, 자연이 거대한 기계와 비슷하다고 생각했던 사람이다. 우주와 자연에는 물질과 운동만이 존재하기 때문이다.

이렇게 생각하면 우리가 기계를 이해하듯이 우주와 자연을 이해할 수 있다. 기계를 이해하는 방법은 기계를 뜯어서 부품을 관찰하는 것이다. 이렇게 데카르트는 우주도 부분들을 이해하면 전체를 이해할 수 있고, 수학, 물리학, 생물학과 같은 학문을 통해 자연을 쪼개서 이해할 수 있다고 생각했다.

이런 데카르트의 생각을 받아들였던 사람 중 한 명이 프랑스의 자크 드 보캉송(Jacques de Vaucanson)이라는 엔지니어였다. 자크 드 보캉송은 어렸을 때부터 기계 다루는 일을 좋아했다. 그는 재능이 아주 뛰어나 열여덟 살에 공방을 차리고 정교한 기계를 만드는 기계공으로 명성을 날리고 있었다.

어느 날 한 귀족이 보캉송에게 자신을 위해 기계를 하나 만들어달라고 부탁했는데 보캉송은 귀족의 식탁에 음식을 나르는 인형을 만들어주겠다고 제안했다. 그런데 그 귀족은 이런 제안을 아주 불경하다고 생각했다. 그런 생명체 비슷한 기계를 만드는 일은 신의 고유한 영역인데, 그렇다면 보캉송이 하려는 일은 바로 신의 영역에 도전하는 일이 아니냐며 보캉송에게 그 일을 맡기지 않은 것은 물론 부하들에게 보캉송의 공방을 불태워버리라고 명령했다. 그렇게 해서 보캉송의 공방은 모조리 불에 타버렸다. 그 일이 있은 후 보캉송의 행방에 대해서는 알려진 바가 없다. 그리고 그가 다시 등장한 것은 그로부터 약 10년 뒤였다.

보캉송은 1738년에 프랑스 과학아카데미에 세 개의 자동인형을 가지고 나타났다. 당시 보캉송이 만든 자동인형은 북 치는 사람, 플루트 부는 사람, 그리고 오리였다. 이 세 개의 자동인형은 엄청난 화제를 불러일으켰다. 보캉송은 당시 이 자동인형들을 가지고 각 지역을 순회했고, 프랑스 왕실에서도 이 자동인형이 작동하는 것을 직접 시연했다. 왕실 가족들이 모두 와서 보캉송이 만든 자동인형의 움직임을 구경하며 놀라움을 금치 못했다.

그중에서도 사람들에게 놀라움을 안겨준 인형은 플루트 부는 사람이었다. 하지만 이 인형이 어떻게 작동하는지, 내부는 어떻게 이루어져 있는지에 대해서는 간단한 설명만 있을 뿐 자세히 알려진 바는 없다. 후대의 엔지니어들이 그 대략적인 설명을 가지고 인형이 플루트를 불 수 있었다면 이러저러한 구조로 되어 있었을 것이라는 추측을 통해 그 내부 메커니즘을 그림으로 복원했다. 그림에는 몹시 정교한 장치들이 그려져 있는데, 엔지니어들은 추를 동력원으로 사용해서 이 자동인형이 작동되었을 것이라고 추측한다.

그런데 보캉송은 왜 플루트 부는 인형을 만들었던 것일까? 당시 플루트 연주자들은, 이 악기는 자신들처럼 숙련된 사람들만 연주할 수 있다고 자랑하곤 했다. 실제로 플루트를 배우지 않은 사람은 플루트에 입을 대고 아무리 힘껏 불어도 소리가 나지 않는다. 플루트는 소리를 내는 데만 꽤 많은 연습 시간이 필요한 악기다. 이 이야기를 들은 보캉송이 기계도 플루트를 연주할 수 있다는 것을 보여주기 위해 플루트 부는 자동인형을 만들었다. 하지만 처음에는 뜻대로 잘 안 되었다. 특히 플루트의 구멍을 정교하게 막는 것이 힘들었다고 한다. 결국 손가락 끝에 가죽을 씌우는 방식을 이용해 플루트 연주자만큼 멋

보캉송의 자동인형.
왼쪽부터 북 치는 사람, 오리,
플루트 부는 사람이다.

진 소리를 내는 인형을 만들 수 있었다.

내부 구조는 어땠을까? 자동인형의 내부는 실린더 모양의 드럼이 돌아가고, 실린더에 돌출된 부분과 손가락과 연결된 바가 맞물리면서 바의 높낮이가 변하는 구조로 되어 있었고, 이 과정을 통해 자동인형의 손가락이 플루트 구멍을 열었다 막았다를 반복하게 된다. 인형의 호흡은 풀무를 이용해서 불어넣는 방식을 택했다. 오랜 시행착오 끝에 만들어진 이 자동인형은, 기계가 숙련된 연주자의 기예를 모방할 수 있음을 만천하에 드러냈다.

먹고 소화하고 똥 싸는 오리 인형

그런데 당시에 플루트 부는 인형보다 더 큰 화제를 불러일으켰던 것이 있었다. 바로 오리 인형이었다. 이 오리는 두 가지 이름으로 불렸는데 하나는 "소화하는 오리"였고, 또 하나는 "똥 싸는 오리"였다. 이 오리는 날갯짓을 하고 자맥질을 할 뿐 아니라 음식을 앞에 던져주면 이 음식을 먹고 실제로 소화하는 듯한 기능을 하다가 배변을 했기 때문이다.

보캉송은 이 오리를 만들면서 오리의 움직임만을 흉내 내고 싶었던 것이 아니라 이 오리의 소화 기능, 즉 오리의 생리, 이 안에 있는 장기의 기능까지 흉내 내고 싶었다고 이야기했다. 그래서 사람들이 소화 기능을 어떻게 만들었는지 궁금해하자 보캉송은 "나는 이 속에 화학 실험실을 설치했다"고 대답했다.

오리 인형 내부의 정확한 구조는 남아 있지 않다. 그 후에 사람들이 만약에 오리가 음식을 먹고 소화를 해서 배변을 했다면 그 안은 이러저러한 메커니즘으로 되어 있을 것이라는 추측을 토대로 그린 그림이 남아 있을 뿐이다. 어쨌건 이렇게 오리의 움직임만이 아니라 생리작용까지 흉내 내고자 했던 것은 당시에는 정말로 놀라운 시도였던 것만은 분명하다.

사실 오리 인형이 탄생하게 된 데는 그 배경이 있었다. 그 당시에 마이야르(Maillard)라는 엔지니어가 백조를 제작했는데 이것이 큰 화제를 불러일으켰다. 백조의 목 부분에 복잡한 톱니바퀴를 채워 넣어 자유자재로 목을 움직이게 했고, 백조가 물에 뜨게 하기 위해 뒷부분에 고무와 같은 가벼운 물질을 달아 물에서 실제로 움직이게 했다. 이 마이야르의 움직이는 백조가 자극제가 되어 보캉송의 오리가 탄생한 것이다.

그런데 보캉송의 오리는 움직임도 중요했지만 실제 그 몸 안에서 일어나는 생리작용까지 기계로 만들 수 있다는 것을 보여주었다는 점에서 마이야르보다 한 발짝 더 나아간 것이었다. 이 오리의 구조는 놀랍게 정교했던 것으로 알려져 있는데 오리의 한쪽 날개에만 400개

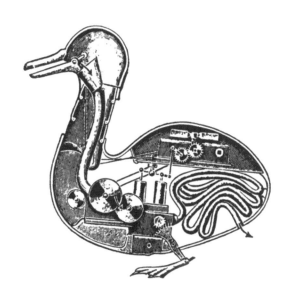

보캉송의 오리 상상도.
보캉송은 이 자동인형으로 오리의 움직임만이
아니라 생리작용까지 흉내 내고자 했다.

의 부품이 쓰였다. 그래서 진짜 오리의 날개와 구별할 수 없을 정도였다고 한다. 심지어 보캉송은 "내가 만든 오리를 잘 연구한다면 살아 있는 오리를 더 깊이 이해할 수 있을 것"이라고도 했다.

그렇다면 보캉송이나 마이야르 같은 당시 사람들은 왜 이런 장치들을 만들었을까? 물론 한 가지 목적은 돈이 많거나 권력을 가진 사람을 즐겁게 해주기 위해서였다. 실제로 부유층 사람들이 이런 자동인형을 구입하고 구경했다. 그렇지만 다른 이유도 있었다. 데카르트가 이야기했듯, 이들은 세상이 기계라고 생각했던 사람들이다. 세상이 기계라는 것을 증명할 수 있는 방법은 정교한 기계장치로 실제 생명체와 비슷한 것들을 만드는 것이었다. 자신이 만든 기계가 실제로 살아 있는 생명체와 구별하기 힘들다는 사실이, 조금은 불완전하지만 생명체가 기계라는 것을 증명할 수 있는 한 방법이 될 수 있다는 얘기다. 다시 말하면 이와 같은 자동인형들은 이 기계 세상에 대한 일종의 시뮬레이션과 같은 역할을 했던 것이다. 자동인형들은 이렇게 어떤 실용적인 목적만이 아니라 세상을 바라보는 철학적이고 과학적인 근거를 바탕으로 제작되었다.

1769년에는 로버트 리처드(Robert Richard)라는 사람이 만든 세 개의 자동인형이 프랑스 왕궁에서 시연되었다. 이 세 개의 인형은 모두 음악을 연주하는 사람들의 모습이었다. 하프시코드를 연주하는 사람, 바이올린을 연주하는 사람, 그리고 첼로를 연주하는 사람이었다. 이 세 인형이 삼중주를 펼치는 모습이 왕궁에서 시연되자 큰 화제를 불러일으켰다.

또 거의 비슷한 시기에 스위스의 자동인형 제작자인 피에르 자케 드로(Pierre Jaquet Droz)가 세 개의 자동인형을 만들었다. 그림을 그리는 화가, 음악을 연주하는 음악가, 그리고 글을 쓰는 작가였다. 그림을 그리는 자동인형에 사용된 부품은 2,000개였고, 음악가는 2,500개, 그리고 가장 복잡한 것이 글을 쓰는 자동인형이었는데 여기에는 6,000개의 부품이 사용되었다. 이 자동인형은 지금도 작동한다. 이 인형들을 소장하고 있는 박물관에서는 정해진 시간에 인형을 작동시키는데, 인터넷을 통해 동영상도 찾아볼 수 있다.

그림을 그리는 화가 인형은 연필로 그림을 그리다가 지우개로 지우고는 지우개 가루가 생기면 사람이 하듯 입으로 후후 불기도 한다. 그렇게 지우개 가루를 치우고 다시 그림을 그린다. 또한 음악가 인형은 피아노를 치면서 음악에 취한 것 같은 표정을 짓기도 한다. 자신이 연주하는 음악을 듣고 느끼는 감정을 얼굴에 표현하도록 제작한 것이다. 그리고 글을 쓰는 작가 인형은 대략 40자 정도의 긴 글까지 쓴다고 한다. 그런데 이 글을 쓰는 자동인형이 종종 즐겨 쓰던 글귀 중 하나가 바로 "Cogito, ergo sum(나는 생각한다, 고로 존재한다)"이라는 데카르트의 명언이었다.

자케 드로의 가문은 원래 시계를 만드는 장인 집안이었다. 그는 시계를 만들 때 습득한 정교한 기술을 자동인형에 응용한 것이다. 그리고 그 후로도 시계 만드는 일을 계속했는데 지금도 자동인형을 집어넣은 자케 드로 상표의 시계가 있다. 손목 시계 속에서 움직이는 어미 새가 아기 새들에게 먹이를 주면 아기 새들이 그걸 받아먹는 장면

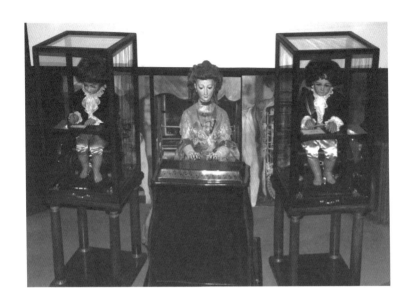

자케 드로의 자동인형.
왼쪽부터 그림을 그리는 화가,
음악을 연주하는 음악가, 글을 쓰는 작가다.

도 연출된다. 어느 순간에는 가운데 놓인 알이 탁 깨져버리고 깨진 알
에서 새끼가 나오기도 한다. 소리와 움직임이 탑재된 이 기계식 시계
는 지금도 고가에 판매되고 있다.

인간의 노동과 기계의 노동

보캉송은 자동인형을 만들어 명성을 얻은 후 왕실로부터도 인정받았

고, 왕의 명으로 큰 관직까지 맡았다. 당시 프랑스의 유명한 산업 중 하나는 비단 산업이었다. 뛰어난 기술을 가진 장인들이 직접 짜는 고급 비단이 프랑스의 자랑이었다. 비단 산업의 중심지는 리옹이었는데 보캉송은 그 리옹의 비단 산업을 총괄하는 감독관이라는 높은 직위를 맡게 되었다. 보캉송이 리옹으로 가서 사람들이 비단을 생산하는 현장을 살펴보니 장인들은 모두 수공으로 옷감을 짜고 있었다. 당시에는 그 방법밖에 없었던 것이다.

리옹의 장인들은 이처럼 아름다운 비단을 짜는 일은 세상에서 자신들만이 할 수 있는 일이라며 한껏 자부심을 뽐냈다. 이렇듯 장인들의 기예가 중요하던 곳에서 비단 산업을 개혁하기 위한 감독관으로 일하게 된 보캉송은 장인들과 곧잘 부딪치곤 했다. 장인들만이 비단을 짤 수 있는 것이 아니라는 점을 보여주고 싶어 했던 보캉송은 장인들과 똑같이 옷감을 짤 수 있는 기계를 만들겠다고 선언하고 나귀와 노새의 동력으로 작동하는 방직기를 제작했다.

보캉송이 제작한 이 방직기의 놀라운 점은 여기저기 볼록볼록 튀어나온 실린더 통을 이용해서 무늬를 넣은 옷감을 짰다는 것이다. 그저 평범한 하얀색 옷이 아니라 정교한 무늬를 넣은 옷감을 기계로 짜기 시작한 것이다. 이 광경을 본 리옹의 장인들은 이 기계로 인해 자신들이 설 자리를 잃게 될까 봐 보캉송을 위협하기 시작했다. 실제로 그들은 보캉송을 살해하려고 했고, 보캉송의 집을 습격하려고 모의하기에 이르렀다. 이런 정보를 듣게 된 보캉송은 한밤중 변장을 하고 도망쳤지만 보캉송의 집은 불에 타버리고 말았다.

그 후 보캉송의 방직기는 잊혔다. 그리고 50년도 더 흐른 뒤 조제프 마리 자카르(Joseph Marie Jacquard)라는 프랑스의 엔지니어가 보캉송의 방직기에 대한 기록을 찾아보게 되었다. 그중에서도 기계로 무늬가 들어간 옷감을 짰다는 부분을 발견한 자카르는 과연 어떤 원리가 적용되었는지 고민하다가 마침내 무늬가 들어간 옷감을 짜는 방직기를 발명했다. 그런데 자카르는 무늬를 넣기 위해 보캉송처럼 실린더 통을 이용하지 않았다. 그는 구멍이 뚫린 카드의 구멍으로 바늘이 지나갈 때와 그렇지 못할 때의 차이를 이용해서 무늬의 유무를 조절하는 방식의 방직기를 완성했다. 자카르의 방직기는 단지 평범한 옷감만이 아니라 정교한 무늬가 있는 옷감도 만들 수 있었다. 그래서 그전까지 정교한 무늬가 새겨진 옷감을 짜던 숙련 노동자들은 갑작스러운 기계의 등장으로 생계가 위협받는 상황에 맞닥뜨렸다.

자동인형은 '세상은 기계다. 동물도 기계이며 인간의 몸도 기계다. 그러니까 인간이 할 수 있는 많은 일을 기계가 대신할 수 있다'는 믿음을 구현한 기술이었다. 그리고 결국 이러한 믿음을 가진 사람들은 인간의 숙련 노동을 대체하는 기계를 만들어내는 데까지 이르게 되었다.

19세기에 카를 마르크스(Karl Marx)는 이 같은 상황에 대해 이제는 인간이 더 이상 기계의 주인이 아니며, 인간이 기계에 종속되어 인간이 주체적으로 수행하던 노동에서 점차 소외되고 있다며 자본주의를 비판하기도 했다. 과거에는 인간이 노동을 위해 기계(도구)를 이용했지만, 산업혁명 이후에는 기계의 움직임에 인간의 노동을 맞추기 시

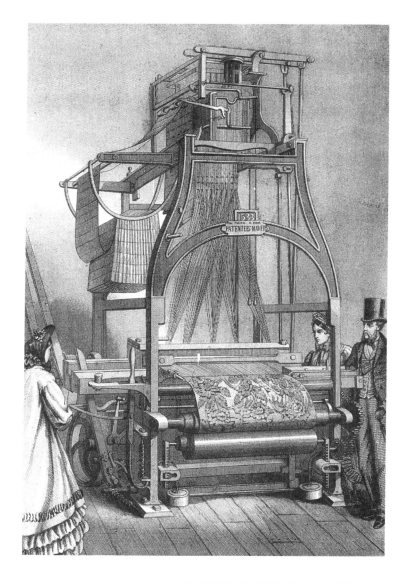

자카르의 방직기. 구멍이 뚫린 천공 카드를 이용한 것으로
정교한 무늬가 있는 옷감도 만들 수 있었다.
왼쪽 상단에 수천 장의 천공 카드가 보인다.

자카르의 방직기로
짠 자카르의 초상화.
이 초상화를
제작하는 데
2만 4,000개의
천공 카드가
필요했다고 한다.

작했다는 것이다. 인간의 고유한 영역에 속하던 활동이 기계로 이전
되기 시작했으며, 이런 전이는 사상적으로는 17세기의 기계적 철학
에, 기술적으로는 18세기의 자동인형에 빚시고 있다. 지금 이 순간에
도 인간이 하던 지적, 육체적 활동은 컴퓨터에 의해, ATM 기계에 의
해, 키오스크(kiosk)에 의해, 무인 계산대에 의해, 인공지능에 의해 대
체되고 있다.

  이런 과정을 어떻게 이해해야 할까? 우리는 기술이 인간의 숙련
을 대체해야 하며 또 대체할 수 있다는 보캉송의 신념과 이에 저항하

고 보캉송의 집을 불태운 리옹 노동자의 분노 중 어느 것 하나만을 택할 수도, 이중 어느 하나만이 옳다고도 할 수 없다. 노동을 기계로 대체하는 일은 엔지니어나 노동자들만의 문제가 아니라 우리 사회 전체의 문제다. 기술의 발전은 작업장에서 노동자를 몰아내기도 하지만, 이런 기술을 만들고 다루는 새로운 직업을 창출한다. 우리는 엔지니어나 노동자만이 아니라 더 많은 사회 구성원이 참여하는 토론을 통해, 보캉송의 신념과 노동자들의 분노 사이의 적절한 지점에서 산업 기술과 인간의 노동이 서로 호혜적인 관계를 맺는 '제3의 길'을 만들어나가야 할 것이다.

2부

필요와 발명의
수레바퀴

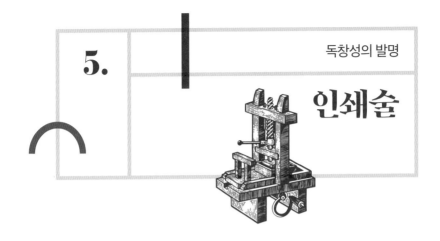

금속활자는 우리가 자랑하는 전통 기술이다. 1377년 고려 시대에 인쇄한 『직지심체요절(直指心體要節)』은 현존하는 책 중에서 금속활자를 이용해 찍은 가장 오래된 책으로 꼽힌다. 문헌에는 이보다 더 오래전에 금속활자를 이용해서 책을 찍었다는 기록도 있다. 목판인쇄는 더 일찍 행해졌다. 8세기 전반기인 신라 시대에 인쇄된 『무구정광대다라니경(無垢淨光大陀羅尼經)』은 세계에서 가장 오래된 목판인쇄물로 알려져 있다. 우리보다 조금 늦었지만 중국에서도 목판, 금속활자를 이용한 인쇄술이 서양보다 앞서서 발전했다.

유럽에서 금속활자를 이용한 인쇄기(printing press)를 발명한 요하네스 구텐베르크(Johannes Gutenberg)는 1448년에 첫 인쇄를 한 것으로 기록되어 있다. 그가 1452~1454년에 인쇄한 42줄 성경(42-line Bible)은 아직도 잘 보존되어 있다. 인쇄가 시작된 시기와 관련해서는 서양이 동양보다 확실히 뒤졌다.

그런데 서양에서 15세기 중엽에 만들어진 인쇄기는 책의 대량생산을 통한 지식의 보급을 가져오며 계몽된 근대사회의 초석을 닦았다. 반면에 한국과 중국의 인쇄술은 이런 사회 변화를 이끌어내지 못했다.

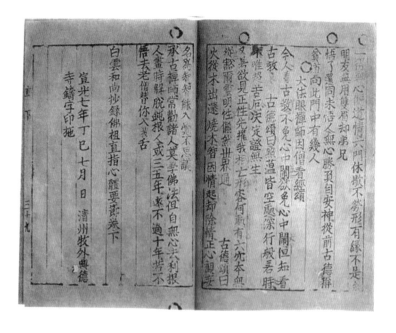

현존하는 책 중에서 금속활자를 이용해 찍은 가장 오래된 책인 『직지심체요절』.

왜 그랬을까? 이를 이해하기 위해서는 인쇄술이라는 기술과 사회의 상호작용을 살펴봐야 하는데, 인쇄술의 사례는 비슷한 기술이 서로 상이한 기술적, 사회적, 문화적 환경 속에서 서로 다른 사회 변화를 낳는다는 것을 극명하게 보여준다.

___ 인쇄술을 이루는 요소들

인쇄를 할 때 가장 먼저 필요한 것은 종이다. 종이는 중국의 채륜이 기원후 105년에 발명한 것으로 알려져 있다. 그는 꾸지(뽕)나무와 마, 옷감 넝마 등을 사용하여 종이를 만들었다. 서양에는 오랫동안 종이가 없었다. 고대 이집트와 그리스, 로마 등에서는 식물의 껍질인 파피루스에 글자를 적었고, 중세 유럽에서는 소가죽으로 만든 소피지(vellum)와 양가죽으로 만든 양피지(parchment)가 쓰였다. 파피루스는 쉽게 변질되었지만 소피지나 양피지는 제본을 잘하면 꽤 오랫동안 내용을 보존할 수 있었다.

중국의 종이는 아랍을 거쳐 12세기에 스페인에 전래되었다. 그리하여 14세기에는 독일 뉘른베르크에 제지 공장이 세워졌고, 15세기에는 목판을 통해 게임용 카드와 성화가 종이에 인쇄되었다. 이런 배경이 금속 활판 인쇄술의 발전은 물론 책의 대량 인쇄에 큰 영향을 미쳤다.

왜 중국에서는 종이가 발명되어 널리 사용되었는데 유럽에서는 그러지 못했을까? 한 가지 설명은, 중국에서는 종이 대신 쓸 수 있는 비단이 비쌌던 반면, 유럽에서는 종이의 원료가 귀했고 양피지가 상대적으로 값이 쌌다는 것이 중요한 요인이었다. 물론 이는 상대적인 가격을 말하는 것인데, 종이를 일찍 발명한 중국에서도 종이는 비쌌기 때문에 관청에서 이면지 사용을 권장했고, 중세 시대의 유럽에서 양피지로 된 책 한 권은 지금의 돈으로 수백만 원을 호가했다.

목판인쇄술은 동양에서는 대략 8세기에 발명되었고, 유럽에서는 15세기 초에나 게임용 카드와 성화 인쇄를 위해 비로소 사용되기 시작했다. 뉘른베르크 도미니크 수도회의 수도승 콘라트 포스터(Konrad Forster)가 도장과 비슷하게 목판에 내용을 새겨서 1431년에 인쇄를 시작했는데, 이것이 유럽 최초의 목판인쇄다. 목판인쇄술이 동양에서 일찍 발전한 한 가지 원인은 동서양의 도장 차이에서 찾을 수 있다. 동양에서는 음각 도장을 쓰고 비문을 뜨는 탁본 전통이 있어 일찍이 목판인쇄가 발전했던 반면, 서양에서는 실(seal)의 형태로 양각 도장을 사용했기에 이런 도장이 목판인쇄로 발전할 여지가 적었던 것이다. 실제 중국에서는 책 한 쪽 정도의 크기에 해당하는 도장도 사용되었다. 음각 도장은 바로 목판인쇄로 바뀔 수 있었다.

요하네스 구텐베르크는 스트라스부르와 마인츠의 대장장이었다. 그는 활자와 눌러서 종이에 잉크를 묻히는 프레스(press)를 발명했다. 구텐베르크는 1448년경에 요한 푸스트(Johann Fust)라는 사람에게 자금을 빌려서 인쇄소를 차렸는데, 푸스트는 구텐베르크의 비밀을 알아낸 다음 계약을 파기하고 자기 사업을 시작했다.

구텐베르크의 인쇄기를 이용하여
찍어낸 42줄 성경.

    이 외에도 구텐베르크의 인쇄기 발명에 얽힌 일화는 많다. 그중에
는 그가 네덜란드 하를럼에 살았던 라우렌스 코스터르(Laurens Coster)라
는 사람이 발명한 인쇄 기술을 훔쳤다는 이야기도 있고, 대장장이 출
신이었던 구텐베르크가 포도를 짜서 즙을 내는 프레스에서 힌트를
얻어 인쇄기를 발명했다는 이야기도 있다.

    구텐베르크는 1452~1454년에 인쇄기를 이용하여 42줄 성경을
인쇄했다. 총 1,282쪽 분량으로 180부를 인쇄했는데, 이를 위해 열두
명이 3년간 작업했다. 그 이전에는 한 사람이 3년에 걸쳐 성경 한 부

를 필사했으니, 속도의 측면에서 엄청난 발전이 이루어진 것이다. 필사를 하는 것보다 인쇄를 하는 게 최소한 열다섯 배는 더 빠르고, 또 그만큼 효율적이었던 것이다.

─ 인쇄술의 혁명성과 보수성

모든 '혁명적' 변화에는 혁명성은 물론 동시에 보수성이 존재한다. 인쇄기를 발명한 구텐베르크 자신은 결코 혁명적인 인물이 아니었다. 그가 시작한 인쇄술 혁명의 보수성은 인쇄한 책이 필사한 책과 비슷해 보이도록 노력했다는 점에서 찾을 수 있다. 구텐베르크 인쇄본은 두 글자를 합쳐서 활자를 만든 합자(ligature)를 많이 사용했는데, 가령 fi를 쓸 때 f와 i의 활자를 따로따로 사용하면 활자 사이가 멀어져 손으로 쓴 것과 확연히 구별되었기 때문에 fi라는 붙은 활자를 만드는 식이었다. 이런 합자는 총 290개 정도가 있었다. 또 글씨체를 달라 보이게 하기 위해 한 글자당 여러 가지 모양의 활자를 만들었고, 손으로 쓴 것처럼 책을 꾸미기 위해 추가적인 노력을 들였다. 이렇게 하여 그가 인쇄한 성경 180부는 서로 조금씩 달라서 똑같은 책은 한 권도 없었다. 인쇄를 해놓고 인쇄된 책으로 보이지 않게 만들기 위해 온갖 노력을 다했던 것이다.

그러나 구텐베르크의 보수성에도 불구하고 인쇄술의 발전은 혁명적이었다. 인쇄술 발명 이후 출판이 폭발적으로 증가하여, 1450~1500년

초기의 인쇄기(위)와
인쇄소(아래).
인쇄술의 혁명으로
출판이 폭발적으로
증가했다.

사이에는 3만 종의 책이 출판되었고, 인쇄물의 총량은 2000만 부에 달했다. 이는 그 이전 1,000년간 유럽에서 나온 책을 다 합친 것보다 많은 양이었다. 1,000년 동안 축적된 지식에 버금가는 지식이 불과 50년 사이에 만들어진 것이다.

또 책 형식에서 새로운 변화들이 나타났다. 다양한 글자체와 각주, 목차, 상호 참조와 색인은 물론, 판화를 삽입한 속표지와 저자 얼굴이 있는 표지가 등장했고, 책 속에 그림과 글을 함께 집어넣게 되었다. 책 시장도 급격히 팽창했다. 최초로 책 광고가 등장하고 서적 판매를 위한 시장 조사가 시행되었다. 인쇄 공방 주인은 책을 팔아서 돈을 벌기 위해 시장 조사, 도서전 참가, 인쇄소의 출판물을 소개하는 팸플릿 제작에 공을 들이는 것은 물론 잠재적 구매자를 찾기 위해 유럽의 도시들을 돌아다녔다. 이들은 자본가의 초기 모델이라고 해도 과언이 아니다. 또 이런 노력만큼이나 인쇄기도 무척 빠른 속도로 확산하여 발명된 지 100년이 안 된 1539년에는 멕시코에 인쇄기가 설치되었고, 1638년에는 미국 보스턴에서 인쇄기가 책을 찍어내기 시작했다.

그렇지만 인쇄술 혁명과 관련된 '신화'도 존재한다. 인쇄술 혁명이 문맹을 퇴치하고 '지식의 민주화'를 이루었다는 것이 이런 신화다. 이러한 해석은 논란의 여지가 있는데, 무엇보다 유럽 사회에서 문맹률이 줄어드는 속도가 그리 빠르지 않았기 때문이다. 인쇄술이 발명되던 15세기 중엽의 문맹률은 90퍼센트였는데, 17세기 중엽에는 80퍼센트, 18세기 초에는 65~70퍼센트로 감소했을 뿐이다. 이렇게 문맹률이 감소하는 속도가 느렸던 이유 중 하나는 종이가 무척 비싸고 귀했던 터라, 평민들에게 책의 구매가 하늘의 별 따기처럼 어려운 일이었기 때문이다. 19세기까지 종이의 재료가 되는 넝마는 가정과 사회에서 신성시되었을 정도였다.

인쇄술 혁명의 사회적 영향

인쇄술 혁명의 사회문화적 영향에 대한 전통적인 해석은 인쇄술이 지식의 전달을 획기적으로 가속화하여, 르네상스, 종교개혁, 과학혁명 등의 커다란 변화를 가져다주었다는 것이다. 이는 다소 기술결정론적인 성향을 띤 해석인데, 이러한 해석에는 몇 가지 문제점이 있다. 먼저 르네상스는 인쇄술이 발명되기 이전부터 이미 진행 중이었고, 종교개혁은 인쇄술과 무관하게 시작했으며, 대부분의 평민은 인쇄술 발명 이후에도 문맹이어서 신교의 교리를 담은 인쇄물을 읽을 수 없었다. 또 16~17세기 과학혁명의 요체인 수학적 방법과 실험적 방법의 도입과 인쇄술의 연관을 찾기도 쉽지 않다. 따라서 인쇄술이 르네상스, 종교개혁, 과학혁명을 낳았다고는 보기 힘들다.

그렇다 하더라도 인쇄술 혁명이 사회에 아무런 영향을 미치지 않았다고 한다면 이 역시 상식적으로 납득이 되지 않을 것이다. 미국의 역사가 엘리자베스 아이젠슈타인(Elizabeth Eisenstein)은 이에 대해 대안적인 설명을 내놓았다. 그녀는 인쇄술 혁명이 르네상스, 종교개혁,

개신교에서 배포한
인쇄 팸플릿에
등장하던 그림들.
제자들의 발을 씻겨주는
예수와 사람들 위에
군림하는 교황을
비교하고 있다.

과학혁명을 낳은 것은 아니지만, 이에 영향을 미쳤다고 보았다. 르네상스가 인쇄술 혁명 이전에 이미 진행되고 있었던 것은 맞지만, 인쇄술을 통해 르네상스 인문주의자들의 글이 놀라운 속도로 확산되었다는 것이다. 역사적으로 다른 시기의 부흥 운동은 등장했다가 큰 영향력 없이 소멸하였지만, 14세기 르네상스는 달랐다. 인쇄술이 이탈리아에 국한되었던 인문주의 부흥 운동을 전 유럽적인 현상으로 만들었기 때문이다. 즉 인쇄술이 (하나의) 'a renaissance'를 우리가 아는 (바로 그) 'The Renaissance'로 바꾼 것이다.

인쇄술은 종교개혁에도 영향을 미쳤다. 로마 가톨릭은 성경의 출판을 통제하였으나, 가톨릭에 반기를 든 개신교는 인쇄술의 중요성을 일찍이 간파했다. 개신교는 글을 읽지 못하는 사람들에게는 그림으로 성경의 메시지를 전파했다. 특히 개신교는 교회의 권력과 재산을 가지고 호의호식하는 로마 교황청의 신부들과 예수의 뜻을 따르는 검소한 목회자를 비교하는 그림을 인쇄해서 사람들에게 배포했고, 이런 인쇄물들이 평민들을 개신교로 개종시키는 데 큰 역할을 했다. 또 개신교는 라틴어가 아닌 자국어로 성경을 찍어냈는데, 독일어 성경의 인쇄 부수가 50만 부에 달했다. 이렇게 출판된 성경이 식자층에 퍼져서 로마 교황청의 권위를 현저히 약화시키고 종교개혁에 큰 영향을 미쳤다.

과학혁명의 경우에는 인쇄술의 영향이 뜻하지 않은 곳에서 나타났다. 과학자들은 고전을 필사하고 고전에 포함된 복잡한 천문도 같은 그림을 따라서 그리는 데 상당한 시간을 써야 했는데, 인쇄술이 보

109

급되고 인쇄된 책들이 쏟아져 나오면서 천문학 책에 등장하는 복잡한 그림이나 생물학, 지리학 분야의 그림들을 그릴 필요가 없어졌던 것이다. 인쇄된 그림이나 표의 축적이 놀라운 속도로 진행되어 과학자들이 연구에 투자할 시간이 많아졌다. 과학자들은 책을 필사하고 그림을 그릴 시간에 다른 사람들의 주장을 비판적으로 검토하게 되었고, 특히 고전에 대해서 비판적인 생각을 개진할 시간적 여유를 갖게 되었다.

___ 독창성의 토대를 형성한 인쇄술

그렇다면 인쇄술의 사회문화적 영향은 르네상스, 종교개혁, 과학혁명에 도움을 주었다는 정도에 그치는 것이었을까? 아이젠슈타인은 인쇄술의 영향이 이보다 훨씬 더 크고, 더 근본적이었다고 주장한다. 르네상스나 과학혁명처럼 눈에 확연히 띄었던 역사적 사건은 아니었지만, 인쇄술이 지식 혁명에 심원한 영향을 주었다는 것이다.

미술사가 에르빈 파노프스키(Erwin Panofsky)는 르네상스 시기의 근대인들이 갑자기 자신과 고대 사이에 천년의 거리감을 느끼게 되었다고 지적했다. 과거에 대한 지식이 고정되면서 과거로부터 떨어져, 과거를 객관적으로 보게 되었다는 것이다. 그는 이러한 고정성(fixity)이 원근법에서 영향을 받았다고 해석했다. 원근법을 통해 화가가 관찰자와 물체 사이의 거리를 확실하게 정하고 이를 기하학을 통

하늘에서 내려오는 인쇄기.
1740년 『인쇄술의 기원과 초기 발전의 역사
(Histoire de l'origine et des premiers
progrès de l'imprimerie)』에 실린 그림.

해 사실적으로 그랬듯이, 비슷한 일이 르네상스인들이 과거를 볼 때도 일어났다는 것이다.

그렇지만 아이젠슈타인은 이러한 고정성의 원인이 원근법이 아니라 인쇄술이었다고 해석한다. 인쇄술이 과거의 책을 정확하게 찍어내면서 과거가 모두 알려지고, 결과적으로 과거가 고정되었다는 것이다. 더 중요한 사실은 이러한 인쇄술의 활자적 고정성(typographical fixity)이 '독창성'의 새 기준을 만들었다는 것이다. 수많은 책이 인쇄되면서 책을 수백 권씩 가진 학자들이 많아졌다. 인쇄술의 발명 이전에 영국 케임브리지대학 도서관의 장서가 300권에 불과했음을 보면, 책을 수백 권 가진다는 것이 얼마나 놀라운 일이었는지 알 수 있다. 이런 학자들은 같은 주제에 대해 다른 저자들이 쓴 책을 쉽게 비교하고 조합하여 새로운 지식을 만들기 시작했다.

또 같은 책이 수천 권씩 인쇄되면서 여러 학자가 동일한 책을 읽고 그 타당성을 논하는 일이 용이해졌다. 이로써 지식의 표준 혹은 지적 기반이 생겨났다. 지적 기반이 공유되면서 이미 알려진 이야기를 하는 것은 높은 평가를 받지 못하게 되었다. 따라서 새로운 지식이 우대되고 독창성이 높게 평가되는 기반이 닦였다. 인쇄술이 독창성과 창의성을 존중하는 새로운 세상을 만드는 데 결정적 요소였다는 것이 아이젠슈타인의 해석이다.

이러한 사실은 'original'이라는 용어의 의미가 변화했다는 점에서도 알 수 있다. 이전에 original은 origin에 대한, 즉 지식의 근원인 고전에 대한 것을 의미했다. 그렇지만 인쇄 혁명 이후에는 original이 저자의 '독창적인'이라는 뜻을 갖게 되었다. 고전에 대한 꼼꼼한 해석이 아니라 고전에는 나오지 않는 새로운 사실, 이론, 주장, 해석을 내놓거나 고전이 잘못되었음을 보인 학자가 위대한 학자로 간주되기 시작했다. 유럽의 지식은 고전을 비판하고, 새로운 과학과 철학을 발전시킴으로써 급속하게 확장되었다.

인쇄술은 철학과 정치에도 영향을 미쳤는데, 일례로 인쇄술은 근대 서구 사회의 개인주의를 고양했다. 물론 중세 시대에도 개인주의는 있었지만, 이는 자신의 인격과 재산에 대해서 독자성을 주장할 수 있는 신분이 높은 소수의 철학적 태도였다. 그렇지만 개인적인 독서가 일상화되고 개인이 쓴 책에 '저작권'이 부여되면서, 개인주의는 보통 사람도 가질 수 있는 삶의 철학으로 바뀌었으며 결국 서구 사회의 지배적인 철학적 입장이 되었다.

인쇄술은 민족주의도 고양했다. 독일어, 프랑스어 등 자국어로 된 출판물이 많아지면서 국경 지역의 혼합어가 사라지고 언어가 표준화되었다. 혼합어가 사라지면서 언어를 공유한 집단으로서의 민족이 자연스럽게 형성되었다. 게다가 지도가 정교하게 인쇄되기 시작하면서 국가 간의 경계가 정확하게 그려졌고 이는 왕권의 통치 영역을 뚜렷하게 규정하는 계기가 되었다. 뚜렷한 국경과 다른 나라의 말과 구별되는 표준화된 언어는 민족이라는 '실체'를 만들어냈다.

또 인쇄술은 새로운 지식을 위한 학자들의 '협동 연구'를 가능하게 했다. 가령 아브라함 오르텔리우스(Abraham Ortelius)의 1570년 작, 『세계의 무대(Theatrum orbis terrarum)』는 80명 이상의 지도 제작자가

오르텔리우스의 1570년 작 『세계의 무대』
80명 이상의 지도 제작자가 협동하여 만든 것이다.

협동하여 만든 것이다. 책은 여러 쇄를 거듭하면서 새로운 지식이 덧붙여지고 오류가 수정되어 점점 더 정확해졌다. 이처럼 인쇄술은 협동을 통해 덧붙이고 잘못을 고치는 것을 가능하게 했다. 이로써 과학은 한계가 없고(open-ended), 진보한다는 생각이 힘을 얻었다. 동시에 인쇄술은 계몽주의와 진보의 상징으로 묘사되기 시작했다.

반면에 동양에서는 금속활자를 이용한 활판인쇄보다 목판인쇄가 선호되었다. 특히 한자는 표의문자여서 활자를 만들기가 어려웠는데 이에 반해 목판을 깎는 것은 상대적으로 쉬웠다. 목판인쇄는 하나의 목판을 가지고 20부 이상을 찍기 힘들었지만, 어차피 인쇄가 주로 이루어진 이유도 불교 경전의 소유나 보존 용도였기 때문에 이런 한계는 큰 문제가 되지 않았다. 우리나라도 목판으로 새긴 다라니경과 대장경 모두 보관을 목적으로 제작한 것이었다.

중국 송나라 시기에는 유교의 고전도 목판으로 많이 찍어냈다. 국가적인 차원에서 유교의 고전과 역사서를 보급했고, 관리를 지망하는 청년들은 이를 공부해서 유학 시험을 준비했다. 그런데 이들이 공부한 유교 경전들은 도덕과 바람직한 인간관계를 중시했지 물질적 진보나 급격한 사회 변화 등을 선호하지 않았다. 즉 인쇄를 통한 책의 보급으로 학자들은 고전을 더 많이 연구하게 되었고, 국가는 사회의 안정을 추구하는 유교 사상이 더 확고하게 전파되고 뿌리내리면서 민심을 다스리는 효과를 얻을 수 있었다.

서양과 동양의 또 다른 차이는 유럽의 경우에 인쇄가 산업의 수준으로까지 발전했지만, 동양의 경우는 수공업의 수준에 머물렀다는 데서도 발견할 수 있다. 유럽에서는 인쇄술이 발전하면서 책의 보급이 급격하게 증가하고 이런 보급이 사회와 종교의 변화를 유도했으며, 사회의 변화가 더 많은 책의 인쇄를 가져왔다. 반면에 중국에서는 인쇄술 이전에도 이미 책이 상당히 보급되어 있었고, 인쇄술은 고전을 더 확대 보급하는 계기가 됨으로써 사회를 안정시키는 결과를 가져왔으며, 이런 상태에서 인쇄는 수공업 형태로 머물렀던 것이다. 결과적으로, 고전을 비판하면서 독창성을 높게 평가하는 문화는 동양에서 꽃피지 못했다.

여기서 볼 수 있듯이 비슷한 기술도 다른 사회문화적 환경 속에서 발달하면 다른 사회문화적 결과를 가져올 수 있다. 기술이 낳는 변화는 하나로 고정되어 있지 않다. 서양에서는 기존 지식의 권위를 해체하고 독창성을 존중하는 새로운 지적 전통을 낳은 인쇄술이, 동양에서는 전통의 권위와 사회의 안정을 가져왔던 것이다.

이런 사례는 인쇄술에 머물지 않는다. 서양에서는 총이 보급되면서 칼을 쓰던 중세의 기사가 사라졌지만, 일본의 지배계급인 사무라이는 총이 도입된 이후에 총을 사용한 병사와 달리 그들의 문화적 상징인 일본도를 고수했다. 유럽에서 산업혁명을 낳은 증기기관은 남미에서는 별반 중요한 역할을 하지 못했다. 우리가 김치를 저장하는 김치냉장고를 외국인들은 고기와 포도주를 저장하는 데 사용한다.

이렇게 기술은 그 기술이 발달한 맥락, 그리고 그 기술을 이용하는 사람들이 가진 의도와 목표에 따라 다른 궤적을 그리며, 상이한 결과를 만들어내면서 발전한다. 기술은 세상을 바꾸지만 사람들의 노력에 따라 그 방식과 궤적은 달라질 수 있다.

6.

발명은 필요의 어머니다

카메라

요즘 거의 모든 휴대전화에는 카메라가 장착되어 있다. 그래서 어디서든 휴대전화로 사진을 찍는 모습을 흔하게 볼 수 있다. 그런데 내가 어릴 때는 카메라가 원체 귀한 물건이었다. 우리 집에 있던 아버지의 카메라는 망가질까 봐 쉽게 만질 수도 없는 물건이었다. 사진은 소위 특별한 기념일에만 찍었고, 찍은 다음에는 필름을 인화해야 사진을 볼 수 있었다. 또 인화된 사진은 앨범에 끼워 두고 꺼내 보곤 했다. 지금은 사진 찍는 일이 무척 일상적인 활동이 되었지만 앨범을 만들어 그 안에 사진을 넣어두는 일은 부쩍 드물어졌다.

　기억을 돌이켜보면 내가 카메라를 처음 갖게 된 건 고등학교 1학년 때였다. 작은 카메라를 하나 선물 받았는데, 롤필름을 카메라에 넣고 사진을 찍은 다음에 다시 필름을 돌돌 감아 사진관에 인화를 맡겨 사진을 받곤 했다. 예전 앨범을 펼쳐 내가 처음 갖게 된 카메라로 찍은 사진들을 찾아보았다. 그중에서도 가장 오래된 사진을 골라보니 귀를 쫑긋 세운 강아지 한 마리가 담겨 있다. 사람을 찍고 싶었는데 아무도 모델이 되어주지 않아 집에 있던 강아지를 모델로 사진을 찍었던 기억이 난다. 나로서는 무척이나 신기한 경험이었는데, 당시에 카메라가 귀했던 만큼 이런저런 사진을 찍어봤던 기억이 좋은 추억으로 남아 있다.

___ 최초의 카메라

카메라는 19세기 초에 유럽에서 발명되었다. 조제프 니엡스(Joseph Niepce)라는 프랑스의 발명가는 여러 화학 약품을 처리한 판에 이미지를 고정하는 연구를 하고 있었다. 그러던 중 납과 주석을 섞어 만든 판에 햇볕을 오랫동안 쏘이면 그 햇볕이 쏘이지 않은 부분에 이미지가 남는 현상을 발견했다. 이것이 이미지를 판에 영구히 고정하는 방법을 최초로 개발한 사례다.

니엡스는 1827년 무렵에 자신이 만든 카메라를 창밖으로 향하게 하고 창 너머에 있는 건물을 찍었다. 니엡스가 이 사진을 찍을 때 얼마 동안 노출을 주었을지 한번 가늠해보자. 지금은 셔터 한 번만 누르면 찰나에 사진이 찍히지만 당시에는 사진 한 장을 얻기 위해 여덟 시간 동안 노출을 주어야 했다. 그만큼 사진 한 장을 얻어낸다는 건 무척 힘든 일이었다.

어쨌건 성공은 했지만 결코 실용적이라고는 볼 수 없는 카메라가 발명된 것이다. 그런데 이 발명 이후 니엡스와 함께 연구하던 루이 다게르(Louis Daguerre)라는 발명가가 카메라의 역사에 등장하게 된다. 다게르는 니엡스가 발명했던 사진을 더 개량하는 데 힘을 쏟았다. 그는 이미지를 가장 잘 고정할 수 있는 금속을 찾던 끝에 은판을 이용하게 된다. 은판을 요오드로 처리한 다음 거기에 수은 증기를 쐬는 등 여러 가지 시도 끝에 니엡스보다 노출 시간을 훨씬 더 줄이는 데 성공한다. 드디어 실용적인 카메라가 탄생한 것이다.

사진에 담긴 최초의 사람

다게르가 1838년에 찍었다고 알려진 사진은 그저 평범한 거리를 찍은 것이다. 그런데 이 사진이 역사적으로 의미가 있는 이유는 최초로 사람을 찍은 사진이기도 하기 때문이다. 물론 다게르가 처음부터 사람을 찍고자 했던 것은 아닌 듯하다. 이곳은 이동 인구가 많은 파리의 한 거리지만 사진은 마치 텅 비어 있는 것처럼 나왔다. 넓은 거리이기 때문에 오가는 사람들도 많았을 것이고, 마차도 지나갔을 것이다. 하지만 사진만 보면 거리에 사람은 없어 보인다. 그 이유는 카메라를 거리로 향하게 한 후 10분 동안 노출했기 때문에 그사이에 지나간 사람

들은 찍히지 않은 것이다.

그런데 자세히 들여다보면 사진의 왼쪽 하단에 한 사람이 서 있는 모습이 찍혔다. 이 때문에 이 사진이 최초로 사람을 찍은 사진으로 평가되는 것이다. 그렇다면 이 사람은 어떻게 찍혔을까? 사진 속의 사람은 한쪽 발을 들고 구두닦이에게 구두를 맡기고 있다. 구두를 닦기 위해 오랫동안 이 자세를 유지하며 서 있었던 것이다. 그래서 10분이라는 노출 시간에도 불구하고 사진에 찍힐 수 있었다. 자세히 보면 그 옆에 구두를 닦고 있는 소년으로 보이는 형상도 함께 찍혔다. 이 역사적인 사진은 이렇듯 사진 촬영의 어려움을 역설적으로 보여준다.

　이렇게 해서 카메라라는 기계가 세상에 등장하게 되었고, 다게르는 자신의 발명품에 특허를 신청한다. 특허 요청을 받은 프랑스 정부는 이 발명품을 살펴본 후 매우 중요한 기술로 판단하고 다게르와 협상에 나선다. 프랑스 정부는 이 발명품에 특허를 부여하지 않고 대신 발명가들에게 평생 연금을 지급하기로 하고 그 대가로 정부가 특허를 취득했다. 젊은 나이에 갑자기 사망한 니엡스 대신 그의 아들과 다게르에게 연금이 지급되었다. 프랑스 정부는 그 후 이 특허를 풀어 누구나 사용할 수 있도록 했다. 이렇게 카메라는 갑자기 세상에 나오게 되었다. 프랑스 정부가 다게르로부터 이 특허를 산 뒤로는 그 누구도 특허권에 구애받지 않고 카메라를 만들어서 사진을 찍을 수 있는 시대가 된 것이다.

　이렇게 세상에 등장한 카메라를 다게레오타이프 카메라라고 부르는데, 다게르가 만든 카메라라는 뜻이다. 이 카메라가 발명된 지 약 10년이 지난 1850년대에 접어들어 미국의 경우 1만 명 정도의 사진사가 활동했다고 한다. 그들이 사용하던 다게레오타이프 카메라는 크고 무거웠으며 그중에서도 필름을 다루기가 힘들었다. 당시에는 화학 처리가 된 금속판의 필름을 사용했는데 필름을 인화하기 위해서는 다양한 화학 처리 과정을 거쳐야만 했다. 그렇게 사진을 찍는 일은 전문성을 습득한 사진사만이 할 수 있었다. 당시 사진을 찍는 사람들은 사진 한 장을 찍고 인화하여 평생 간직하며 기념하는 것이 일반적인 관습이었다.

이제부터 주목해야 할 사람은 미국의 조지 이스트먼(George Eastman)이라는 엔지니어이자 발명가다. 이스트먼은 그다지 부유한 집에서 태어나지 못했다. 학교를 조금 다니다 그만둔 뒤에 은행에 취직해 경력을 쌓았는데, 어릴 때부터 사진에 관심이 많았다고 한다. 그는 돈을 모아 카메라를 사고 암실도 차렸으며, 사진을 찍고 현상하고 인화하는 과정을 취미로 즐기던 사람이었다.

이 당시 사진 기술에 많은 발전이 일어나기 시작했다. 가장 중요한 것은 필름이었는데 긴 노출 시간을 줄일 수 있도록 필름들이 점점 진화했다. 1850년대에는 유럽에서 콜로디온 습판이 등장한다. 콜로디온은 알코올과 에테르에 니트로셀룰로오스를 녹여 만든 점액질 용액으로, 마르면서 단단하고 투명해지는 물질이었다. 이를 유리판에 바르고 마르기 전에 사진을 찍고, 역시 마르기 전에 현상을 끝내야 했다. 이 방법을 사용하면 노출 시간을 줄이고 매우 정교한 사진을 얻을 수 있었는데, 야외 촬영을 할 때는 현상을 하는 암실 전체를 사진기 바로 옆에 설치해야 해서 몹시 번거로웠다.

그리고 뒤를 이어 1870년대에 이를 개량한 젤라틴 건판이 발명되었다. 이는 용액인 콜로이드 대신에 마른 젤라틴을 사용하는 것으로 암실을 들고 다닐 필요가 없었고, 심지어 몇 달 뒤에 현상을 해도 괜찮았다. 그리고 습판보다 노출 시간도 더 짧아져서 1초만 노출을 해도 사진을 찍을 수 있었다.

은행에서 일하던 이스트먼은 유럽에서 젤라틴 건판이 개발되었다는 소식을 듣고는 건판을 구입해보기도 하고 직접 만들어보기도 했다. 그러던 중에 상당한 개량에 성공하자 오랜 고민 끝에 직장을 그만두고 투자자를 찾아 나서기 시작한다. 갖은 노력으로 투자자를 만난 이스트먼은 곧바로 사업에 뛰어들어 이스트먼 건판 회사를 세운다. 그리고 품질이 뛰어난 젤라틴 건판을 개발하여 세상에 내놓는다. 처음에는 날개 돋친 듯 판매되어 이스트먼은 꽤 많은 돈을 손에 쥘 수 있었다. 하지만 모든 사업이 그렇듯, 이윤 높은 사업에 사람들이 몰리기 시작했다. 건판 회사들이 속속 생겨나기 시작한 것이다.

많은 건판 회사가 생겨나자 이스트먼 건판 회사의 이윤은 부쩍 줄어들었다. 사업을 계속하기 위해서는 새로운 해결책을 찾아야만 하는 위기를 맞은 것이다. 이스트먼은 두 가지 전략을 생각해냈다. 한 가지는 경영적인 전략이었다. 너무 많은 회사가 달라붙어 과다 경쟁에 휩쓸린다면 가격이 떨어질 것은 물론 그 회사들이 공멸할 상황이 될 것이 뻔했다. 그는 회사들끼리 연합체를 만들어 가격을 절대 떨어뜨려서는 안 된다는 협의를 맺는 일종의 담합을 생각해냈고 적정선으로 가격을 유지하기로 했다. 하지만 이 해결책만으로는 장기전에서 살아남기는 어려웠다. 이스트먼은 새로운 필름 개발을 위한 본격적인 연구를 시작했다.

유리나 셀룰로이드에 젤라틴을 입힌 건판은 다루기도 힘들 뿐 아니라 사용 또한 어려웠다. 무엇보다 가장 번거로운 부분은 한 장의 사진을 찍은 후에는 건판을 빼내고 또 한 장의 건판을 끼워 넣어야 다음 사진을 찍을 수 있다는 것이었다. 이스트먼은 여러 가지 생각에 빠져들었다. '단번에 여러 장의 사진을 찍을 수 있는 방법은 없을까?' '어떻게 만들어야 할까?' 그렇게 해서 생각해낸 것이 휘어지는 건판이었다. 유연하게 휘어져 뱅글뱅글 감기는 롤필름 형태라면 여러 장의 사진을 찍는 것이 가능하리라는 판단이 들었다. 그리고는 이 분야의 전문가를 고용해 함께 밤을 새우며 연구하기 시작했다. 그렇게 몇 년에 걸친 연구 끝에 드디어 롤필름을 개발하는 데 성공한다.

1884년 이스트먼이 특허를 낸 롤필름은 총 세 겹으로 이루어져 있다. 맨 아래에는 버팀판을 놓았고, 중간에는 젤라틴 층을 만들었다. 그리고 그 위에는 젤라틴은 유제 필름을 덮었다. 맨 아래에 있는 버팀판을 종이나 플라스틱 재질로 만든다면 필름을 감아둘 수 있었다. 이스트먼은 이렇게 한 번에 50장, 100장의 사진을 찍을 수 있는 필름을 세상에 내놓았다.

이스트먼은 자신이 개발한 롤필름이 시장을 석권하리라고 생각했다. 기존의 건판에 비해 가벼운 데다 다루기 쉽고, 무엇보다 여러 장의 사진을 한 번에 찍을 수 있다는 이점 때문이었다. 그는 지금까지의 사진 기술이 가진 한계를 자신이 극복했다는 자신감을 가지고 필름을 세상에 내놓았다. 과연 결과는 어땠을까?

결과는 한마디로 실패였다. 그의 필름을 접한 사진사들의 반응은 시큰둥했고, 사진의 품질이 떨어진다는 평가가 이어졌다. 여러 장의 사진을 찍을 수 있는 간편함은 있었지만 사진을 찍은 다음 필름을 간수하기가 너무 힘들다는 것도 문제였다. 게다가 인화하는 과정은 과거에 비해 더욱 까다로웠다. 당시 인물 사진을 주로 찍은 전문 사진사들에게 품질이 떨어지는 사진이란 수입원이 끊기는 것을 의미했다. 롤필름을 사용해본 사진사들은 더 이상 롤필름을 구입하지 않았다. 많은 투자와 노력을 기울여 롤필름이라는 혁신적인 제품을 만들어 내놓았지만 시장의 반응은 영 신통치 않았던 것이다.

이제 이스트먼에게 진짜 위기가 닥쳤다. 회사가 문을 닫을 수도 있는 상황이었다. 하지만 이스트먼이 창의성을 유감없이 발휘한 것도 이 시점이었다. 이스트먼은 차근차근 생각해보았다. 사진을 찍으려면 무엇이 필요한가. 첫 번째는 필름, 두 번째는 카메라, 세 번째는 찍은 사진을 현상하고 인화할 수 있는 장치가 필요했다. 지금까지는 이 세 가지가 모두 복잡했다. 그래서 사진 기술을 전문적으로 익힌 사진사만이 사진을 찍을 수 있었다. 그런데 이 세 가지 요건 중 필름은 이스트먼의 노력으로 사용이 편리해졌다. 그런데 전문 사진사들에게는 외면받고 있었다.

그렇다면 문제를 다른 각도에서 볼 수 있었다. 카메라를 쉽게 작동할 수 있게 만든다면, 그리고 사진을 현상하고 인화하는 과정을 간단히 만든다면, 사진을 찍을 수 없었던 일반 사람들도 모두 사진을 찍을 수 있게 될 것이었다. 어떤 의미로는 사진을 찍는 사람, 말하자면 전문 사진사가 아니더라도 자신의 카메라를 들고 다니며 원하는 사진을 그때그때 찍으며 즐거움을 누리는 사람들, 그런 소비자를 만들어내면 되는 일이었다.

"버튼만 누르세요, 나머지는 우리가 다 하겠습니다"

이스트먼은 그때부터 롤필름을 사용할 수 있는 카메라 개발을 시작했고, 1888년에 출시된 코닥 카메라는 이러한 위기 속에서 탄생한 발명품이었다. 코닥 카메라는 필름이 내장되어 있어 버튼만 누르면 사진이 찍혔다. 사람들은 코닥 카메라로 사진을 찍은 후 이스트먼의 코닥사로 카메라를 통째로 보내기만 하면 되었다. 그러고 나면 코닥사는 카메라에 담긴 이미지를 모두 인화하여 고객의 집으로 부쳐주었다.

'코닥(KODAK)'은 이스트먼이 직접 지은 이름이다. 대중적인 카메라에 어떤 이름을 붙일지 고민하던 이스트먼은 평소 좋아하던 알파벳 'K'를 꼭 넣기로 했다. K는 어머니 이름 '킬본(Kilbourn)'의 'K'에서 비롯되었다는 일화도 있고, 'K'가 강한 어조를 가졌기 때문이라는 이야기도 있다. 무엇보다 그가 고려한 가장 핵심적인 요소는 한번 들으면 잊히지 않아야 하며, 스펠링을 절대 틀리게 쓸 수 없는 이름이어야 한다는 것이었다. 이스트먼은 이와 같은 요건을 모두 충족할 수 있는 단어로 'KODAK'이라는 이름을 만들어냈다. 그는 과거에 한 번도 쓰이지 않았던 이름을 가진 새 카메라를 자신 있게 세상에 내놓았다.

100장의 사진을 찍을 수 있는 필름이 내장되어 있는 코닥 카메라의 가격은 25달러였다. 현재의 값어치로 환산하면 약 500달러에 달한다. 결코 저렴한 가격이라고 할 수는 없었다. 하지만 그 당시 전문 사진사에게 사진 촬영을 의뢰하는 가격과 비교했을 때 100장의 사진

을 찍을 수 있는 카메라를 단 50~60만 원에 구입할 수 있다는 것은
획기적인 일이었다. 언제든지 내 아이들의 사진을 찍을 수 있고, 여
행의 추억도 담을 수 있는 카메라를 구입하는 데 머뭇거릴 필요가 없
는 가격이었던 것이다. 사진을 찍은 후에는 카메라를 코닥사에 보내
기만 하면 사진을 받을 수 있었으니 어려울 것도 없었다. 이렇게 코닥

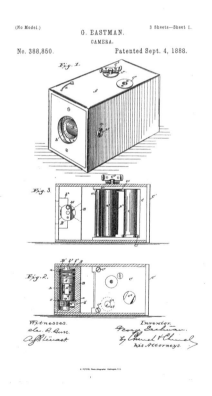

코닥 카메라의 특허.

누구나 원하면 사진을 찍을 수 있다는
점을 강조하는 코닥 카메라의 광고.

카메라는 사진의 대중화 시대를 열었다.

　롤필름이 실패했을 때 이스트먼은 위기에 직면했다. 3년 동안의
연구 개발 끝에 내놓은 제품이 시장에서 외면당한 것이다. 그런데 그
는 위기를 극복했다. 그가 위기를 극복한 방식은 사람과 사진의 새로
운 관계를 만들어내는 것, 즉 새로운 종류의 소비자를 만드는 것이었
다. 코닥 카메라의 탄생과 함께 이제 사진은 더 이상 전문가만의 영역
일 수 없었다.

You Press the Button, We Do the Rest(당신은 버튼만 누르세요. 나머지는 우리가 다 하겠습니다).

코닥사의 광고 문구는 이와 같이 누구든 원하면 사진을 찍을 수 있다는 의미를 담고 있다. 공장에서 막 생산된 첫 번째 코닥 카메라를 든 이스트먼의 사진은 역사의 한 장면과도 같다. 사진의 대중화 시대를 연 혁신적인 제품이 그것을 발명한 이스트먼의 손에 들려 있는 것이다.

이스트먼은 여기서 멈추지 않고 혁신을 이어갔다. 1901년에는 고작 1달러짜리 카메라를 내놓았다. 1달러짜리 브라우니 카메라는 아이들도 어려움 없이 찍을 수 있어 선물하기 좋은 카메라였다. 그 후 이스트먼은 컬러 필름을 만들어내기도 하고 회사에 사진과 필름을 연구하는 연구소를 설립하기도 했다.

발명은 필요의 어머니?

우리는 카메라의 발전 과정에서 조지 이스트먼이 필름을 더 개량하고, 카메라의 성능을 조금 더 높이는 데만 치중하지 않고 새로운 종류의 소비자와 사진의 관계, 새로운 문화를 만들어내는 것으로 위기를 극복했다는 점에 주목해볼 수 있을 것이다. 우리는 흔히 획기적인 과학 기술을 두고 "필요가 발명을 낳는다", 혹은 "필요는 발명의 어머니"라고 이야기한다. 필요가 있어야 발명품이 탄생한다는 뜻이다.

 그렇다면 조지 이스트먼이 코닥 카메라를 발명한 것은 그것이 필요했기 때문일까? 카메라의 발전 과정을 돌아보면 "필요는 발명의 어머니"가 아니라 "발명은 필요의 어머니"라는 말이 더 적절하게 들어맞는다. 발명을 하고 나니 필요가 생겼다. 즉 코닥 카메라를 만들고 나니 그것을 사용하는 사람이 생겨나기 시작했다. 카메라를 가지고 사진을 찍고 싶어 하는 사람이 많아서 카메라를 발명한 것이 아니라 누구나 쉽게 사진을 찍을 수 있는 카메라를 만들어서 시장에 내놓으

사진의 대중화 시대를 연 조지 이스트먼. 첫 번째 코닥 카메라를 들고 있다.

니 이것을 사용하는 사람들이 생겨났다는 것이다.

우리는 기술과 인간, 기술과 사회의 관계를 살펴볼 때, 사람이 어떤 기술을 필요로 하기에 자연스럽게 기술의 발전이 이루어진다는 생각에서 벗어날 필요가 있다. 발명품이 탄생하자 비로소 필요가 생기는 경우도 기술의 역사에서 종종 볼 수 있는 특징적인 현상이다. 에디슨이 축음기를 발명했을 때 그는 이것의 용도 열 가지의 목록을 작성했다. 이중에는 임종을 거두는 사람의 유언을 녹음하는 것, 시력을 잃은 사람에게 책을 읽어주는 것, 아이에게 글자를 가르치는 것 등이

1901년 코닥은 1달러짜리 카메라를 출시했다.

있었지만, 음악을 듣는 것은 없었다. 그는 몇 년 뒤에 자신의 축음기가 상업적으로 실패했다고 판단했다. 그런 상태에서도 그는 축음기를 돈을 넣고 음악을 듣는 '주크박스'에 사용하는 것에 반대했다. 하지만 결과는 에디슨의 예상을 벗어났다. 축음기는 음악을 듣는 데 가장 널리 사용되었다.

사람들은 휴대전화가 없을 때도 공중전화나 삐삐를 사용해 큰 불편 없이 살았고, 자동차가 없을 때도 마차나 기타 교통수단을 이용해 도시에서의 삶을 향유했다. 휴대전화가 나오니 매일 전화를 가지고 다닐 필요가 생긴 것이고, 자동차가 나오니 삶의 속도가 빨라진 것이다. 필요가 분명해서 이루어지는 발명만큼이나 발명이 이루어지고 난 뒤에 필요가 생기는 경우도 많다. "발명은 필요의 어머니다." 새로운 기술을 세상에 내놓고자 애쓰는 발명가들이 꼭 마음에 새겨야 할 격언이다.

7.

익숙함의 함정인가, 승리인가

타자기

내게는 35년 정도 된 타자기가 있다. 내가 타자기를 쓸 때만 해도 글은 대부분 손으로 썼지만 특별한 문서를 작성할 때나 외국에 편지를 보낼 때면 타자기를 사용했다. 외국에서 공부할 때 살펴보니 교수들에게 내는 보고서를 손으로 써서 내는 경우는 없었다. 타자기를 사용하거나 그때 막 등장한 컴퓨터로 글을 쓰고 인쇄해서 제출하는 것이 일반적이었다. 그런데 나는 타자를 제대로 칠 줄 몰랐기 때문에 타자를 배우는 데 시간이 걸렸다. 2주 정도 틈틈이 시간을 투자해서 영문 타자를 익혔고, 그렇게 타자를 쳐서 첫 보고서를 냈다.

그런데 한국에 편지를 보낼 때가 문제였다. 당시에는 한글 타자를 잘 치지 못할 때였고 학교에 있는 컴퓨터 자판들은 모두 영문이어서

필요와 발명의 수레바퀴

133

고민하던 끝에 랩을 펼쳐 한글 타자, 한글 부호를 적은 후 그 랩을 컴퓨터 자판 위에 씌우고 타자를 쳤다. 지금은 젊은이들이 타자를 어떻게 배우는지 모르겠지만 내가 공부할 때는 타자를 배우는 것은 마음먹고 해야 하는 큰 일 중 하나였다. 마치 운전을 배우는 것과 비슷하게 여겨질 만큼 큰 각오를 하고 시간을 투자했던 일이었다.

니체의 문체를 바꾼 타자기

타자기와 관련해 역사적으로 재미있는 에피소드가 많이 있다. 19세기 독일의 철학자인 프리드리히 니체(Friedrich Nietzsche)는 나이가 들면서 시력을 잃어갔다. 손으로 글을 써야 하는데 글을 쓰기가 힘들어지자 크게 좌절했다. '이제 더 이상 작업을 할 수가 없구나' 하고 실의에 빠져 있을 때 누군가 니체에게 타자기를 선물했다.

니체가 갖게 된 타자기는 몰링 한센(Malling-Hansen) 타자기로, 둥그렇게 생긴 모양 때문에 볼 타자기라고도 불렀다. 니체는 이 몰링 한센 타자기로 타자를 배웠고, 잘 보이지 않아도 글을 쓸 수 있게 되자 매우 기뻐했다. '이 타자기가 내게 작가로서, 철학자로서 계속 활동할 수 있는 새로운 생명을 줬구나'라고 생각하고 그때부터 타자기로 책을 쓰기 시작했다. 어쨌건 타자기는 니체가 계속 글을 쓸 수 있도록 일종의 눈을 준 셈이었다.

니체는 타자기로 열심히 쓴 원고를 주변 사람들에게 보여주었다.

그런데 그 원고를 받아본 사람들은 니체의 문체가 바뀌었다는 것을
느꼈다. 사실이었다. 니체의 문체에 확실히 변화가 있었다. 니체는 원
래 손으로 글을 쓸 때 한 문장을 길게, 만연체로 쓰는 특징이 있었는
데 타자기를 사용하다 보니 문장이 점점 짧아졌던 것이다. 그것은 마
치 신문 기사와도 같았다. 기자가 현장에서 기사를 송고할 때 쓰는 문
체처럼 변한 것이다. 실제로 당시 타자기는 기자들이 많이 사용했다.
타자기를 들고 다니면서 현장에서 원고를 쓰고 그것을 전신을 통해
보내곤 했다. 니체가 타자기를 사용하면서 얻은 것도 있지만 자신만
의 고유한 문체의 특징을 잃어버리기도 한 것이다.

이제 사람들은 타자기가 아니라 컴퓨터로 문서를 작성한다. 나 또한 마찬가지다. 그런데 자세히 살펴보면 타자기와 컴퓨터 자판인 키보드는 비슷하게 생겼다. 생김새만 비슷한 것이 아니라 실제로 자판의 배열도 비슷하다. 타자기와 컴퓨터 자판, 그리고 휴대전화나 태블릿의 영문 자판은 사실 모두 비슷한 구조를 가지고 있다.

표준 자판은 키보드 왼쪽 위 영문의 배열대로 'QWERTY' 글자를 따서 쿼티 자판이라고 한다. 쿼티 자판은 타자기에서 사용됐고 컴퓨터에도 사용되고 있다. 태블릿에도 쿼티 자판이 쓰이고 있다. 이것은 그다지 중요하지 않은 어떤 유사성이나 속성처럼 보일 수도 있지만 사실은 이 유사성 속에 흥미로운 이야기가 숨어 있다.

이 이야기를 살펴보기 위해서는 타자기의 역사를 거슬러 올라가야 한다. 사람이 손으로 쓰는 것을 기계화하고자 했던 노력은 오랜 과거부터 지속되었다. 그렇지만 문자를 쓸 수 있는 기계를 발명한다는 것은 그렇게 만만한 일이 아니었다. 많은 사람이 이 일에 도전했는데 결국 실용적인 타자기는 19세기 중엽 이후에나 등장하게 된다.

미국의 크리스토퍼 숄스(Christopher Sholes)라는 발명가가 그의 조수인 카를로스 글리든(Carlos Glidden)과 함께 만든 타자기가 역사상 최초로 상업적으로 성공한 타자기로 평가받고 있다. 그래서 일반적으로 숄스 글리든 타자기라고 부르기도 한다. 이 타자기의 원형이 만들어진 건 1868년이었다. 그 후에 탄생한 타자기에 비하면 그리 실용적이지 못하지만 타자기의 출발점이 된 것만은 분명하다.

흥미로운 점은 이 타자기를 만들 때 피아노 건반을 이용했다는 것이다. 처음에는 이 타자기를 어떻게 사용해야 글자를 잘 표현할 수 있을까에 대한 완성된 감각이 없었다. 그런데 가장 쉽게 접할 수 있는 기술이 피아노였고, 피아노 건반식으로 타자기를 만들면 되지 않을까 하는 생각에서 실험을 시작했다. 그런 실험을 통해 드디어 타자기가 등장하게 된 것이다. 그런데 숄스와 글리든은 자신들의 회사를 만

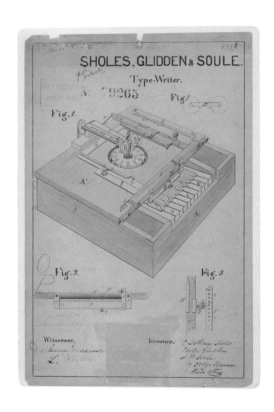

숄스와 글리든의
피아노 건반
타자기의 첫 특허.

들기보다는 이 특허를 가지고 한 회사와 라이선스 계약을 맺었다. 계약을 한 곳은 레밍턴이라는 회사였다. 레밍턴사의 주 생산품이 재봉틀이었기 때문인지 여기서 생산된 타자기를 보면 모양이나 무늬 등 여러 가지 면에서 재봉틀 느낌이 나기도 한다.

사실 처음 출시된 숄스 글리든 타자기는 잘 팔리지 않았다. 여기에는 여러 가지 이유가 있었다. 그중 한 가지는 이 타자기가 무척이나 비싸다는 점이었다. 일반 사람들이 근 1년 치의 월급을 모아야 살 수 있는 가격이었다. 대중이 쉽게 사용할 수 있는 물건이 아니었던 것이다. 대중에게 다가가기 쉽지 않자 레밍턴사는 기업을 상대로 타자기를 판매하려 했지만 당시 타자기에는 대문자밖에 찍히지 않는다는 치명적인 약점이 있었다. 소문자를 찍을 수 없었기 때문에 타자기로 글을 쓰면 사람이 손으로 쓴 것과는 너무 달랐다. 이 때문에 기업에서도 굳이 이 물건을 구입해서 사용할 필요가 없었던 것이다.

레밍턴사는 이런 문제들을 하나하나 극복해나가기 시작한다. 가격을 낮추고, 무엇보다 소문자를 찍을 수 있는 기능을 타자기에 집어넣었다. 레밍턴사는 1876년 필라델피아에서 열린 미국 독립 100주년을 기념하는 큰 박람회에 재봉틀 느낌을 풍기는 이 타자기를 출시한다. 그리고 여기에 쿼티 자판을 적용했다. 일종의 표준화된 타자기가 시장에 출시되자 사람들은 타자를 배우기 시작했다.

19세기 말엽은 미국의 기업들이 확장을 거듭하는 시기였다. 많은 회사가 생겨나고 경제 규모가 커지면서 타자기를 필요로 하는 기업들이 속속 늘어났다. 그러면서 더 많은 사람들, 더 많은 기업들이 타

레밍턴사에서 나온 숄스 글리든 타자기.
쿼티 자판이 적용되었다.

자기를 사용하게 되고, 타자기는 상업적으로 성공을 거두었다.

그때 타자를 배웠던 사람들은 모두 레밍턴사가 출시한 쿼티 자판을 사용했다. 그런데 앞에서 살펴보았듯이 처음부터 레밍턴사의 타자기에 쿼티 자판이 적용된 것은 아니다. 처음에 레밍턴사가 제작해서 팔았던 숄스 글리든 타자기의 자판은 숫자와 알파벳을 섞어 단 두 줄로 나열한 형태로, 쿼티 자판과 상당히 다른 형태였다. 이 초기 자판에는 심지어 숫자 1이 없었다. 그렇다면 1이라는 숫자는 어떻게 쳐야 했을까? 어쩔 수 없이 숫자 1과 비슷한 알파벳 I로 대신할 수밖에 없었다.

게다가 이 초기 자판에는 결정적인 문제가 하나 있었다. 타자기는 손으로 자판을 눌렀을 때 바(bar)가 올라와서 글자를 새기는 방식으로 작동한다. 그런데 많이 사용하는 글자들 중 특히 붙어 있는 글자들, 예를 들면 ST나 RST와 같은 글자들은 빨리 치다 보면 근처의 여러 바가 한꺼번에 올라와버리는 것이었다. 그렇게 올라온 바들이 서로 엉켜버려 타자를 중단하고 엉킨 바들을 손으로 일일이 떼어내야 했다. 타자를 치는 동안 이런 번거로운 일이 빈번하게 발생했다.

이 현상을 재밍(Jamming)이라고 하는데, 이런 재밍 현상에 대해 고민하던 숄스는 많이 사용하거나 자주 붙여 사용하는 글자들을 띄워놓아야겠다는 생각을 하게 된다. 그런 글자들을 여기저기 띄워놓으면 바가 엉킬 확률이 줄어들 것이라는 생각에서였다. 그래서 자주 붙여 사용하는 글자를 가급적 멀리 띄워 배열한 자판을 완성했는데, 이것이 바로 쿼티 자판이었다.

— "사람들은 바뀌지 않는다"

사람들은 이 쿼티 자판으로 타자를 배웠고, 본격적으로 타자기를 사용하기 시작했다. 그 후 많은 시간이 흘렀지만 아무도 쿼티 타자기를 의심하지 않았다. 자신에게 타자를 가르친 사람도 쿼티 자판으로 타자를 가르쳤고, 또 자신이 누군가에게 타자를 가르칠 때도 쿼티 자판으로 가르쳤기 때문이다. 어쨌건 쿼티 타자기는 바의 엉킴을 방지하려는 목적으로 탄생되었고, 그런 목적을 어느 정도 달성하고 있었다.

그런데 1930년대 미국의 교육심리학자인 오거스트 드보락(August Dvorak)이라는 대학교수가 학생들의 학습 과정에 대해 연구를 하던 중, 이 쿼티 자판이 과연 가장 효과적인 자판인지에 대해 의문을 품기 시작한다. 간단한 조사에서도 쿼티 자판이 효과적인 자판이 아니라는 결론이 나왔다. 사람들에게 임의의 문서를 주고 타자기로 치게 한 다음 그 문서를 분석해보니 쿼티 자판은 오른손보다 왼손을 훨씬 더 많이 사용하게 한다는 것을 알아냈기 때문이다.

그러니까 대부분의 사람은 오른손잡이인데 타자를 칠 때는 왼손을 훨씬 더 많이 사용해야 한다는 것, 그리고 모든 단어는 모음과 자음으로 이루어져 있는데 모음이 모여 있지 않다는 것이 문제였다. 이렇게 모음이 뿔뿔이 흩어져 있다는 것은 글자가 구성되는 방식과 타자기로 타자를 치는 방식이 다르다는 것이었고, 또 한 가지, 쿼티 타자기의 가운데 줄을 쓰는 비율을 조사해보니 37퍼센트 정도에 불과했다. 가운데 줄에 손이 가장 많이 가게 되어 있고, 보통 가운데 줄에 손가락을 올려놓고 타자를 배우지만 실제로 가운데 줄의 사용 빈도는 많지 않았던 것이다. 드보락은 이런 점에서 쿼티 타자기가 효율적인 방식으로 만들어진 게 아니라는 의심을 하게 된다.

드보락은 자신의 연구를 토대로 효율적인 방식의 자판을 개발하는 일에 몰두한다. 그리고 드디어 오른손을 56퍼센트, 왼손을 44퍼센트 사용하며, 가운데 줄을 쓰는 비율은 70퍼센트에 달하는 드보락 자판을 탄생시킨다.

당시는 제2차 세계대전 중이었다. 드보락은 여러 통로를 통해 해군과 접촉할 수 있는 방법을 물색한다. 해군을 상대로 실제 실험을 해보기 위해서였다. 당시 군부는 기술을 가장 효율적으로 사용하는 방법에 관심을 가지고 있었기 때문이다. 드보락의 이 같은 제안이 받아들여지면서 해군에서 파견된 열네 명을 대상으로 이 두 가지 자판을 놓고 실험을 한다. 그리고 그 결과, 드보락이 만든 자판이 60~70퍼센트 더 효율적이었고, 오타를 적게 낸다는 것도 발견한다. 드보락은 '이것으로 게임은 끝났다'고 생각했다. 자신의 자판이 과학적이라는 것이 증명되었고, 더 효율적이라는 것 또한 증명되었으니 사람들은 이제 자신이 개발한 자판을 쓸 것이라고 생각한 것이다. 하지만 그의 예상은 빗나갔다. 사람들은 드보락의 자판을 사용하지 않았다.

드보락의 생각으로는 사람들이 조금만 노력한다면, 단 2~3주의 시간만 할애한다면 새로운 자판을 익혀 오타를 적게 내고 더 효

드보락 자판이 적용된 키보드.

율적으로 타자를 칠 수 있을 텐데 왜 그렇게 하지 않는지 이해할 수
없었다.

　그 이유는 무엇이었을까? 이미 많은 사람이 쿼티 자판으로 타자
를 배웠고, 앞으로 타자를 배울 사람도 쿼티 자판을 가지고 있었기 때
문이다. 말 그대로 쿼티 자판이 이미 손에 익숙해진 것이다. 사람들은
굳이 세상 사람들이 모두 사용하고 있는 쿼티 자판을 버리면서까지
드보락의 새로운 자판을 배울 이유가 없었다. 드보락은 자신이 만든

자판을 세상에 전파하기 위한 운동을 멈추지 않았지만 결국 실패하고 만다. 후에 드보락은 "나는 인류에게 좋은 일을 하고 싶었다. 그런데 사람들은 바뀌지 않는다"라는 말을 남기기도 했다.

익숙함의 함정일까, 익숙함의 승리일까?

그 후 타자기의 시대가 지나고 컴퓨터의 시대가 왔다. 쿼티 자판의 목적은 바가 엉키는 것을 방지하는 것이었는데 컴퓨터 자판은 전자식으로 입력되는 방식이기 때문에 바가 없다. 그렇다면 이제 드디어 드보락 자판을 쓸 수 있는 기회가 온 것일까? 하지만 사람들은 여전히 쿼티 자판을 사용했다. 이제는 굳이 쿼티 자판을 사용할 필요가 없는데도 사람들은 익숙해진 것을 바꾸려 들지 않았던 것이다. 그렇게 컴퓨터의 키보드에도 여전히 쿼티 자판이 사용된다.

이제 컴퓨터의 시대가 물러나고 모바일 기기의 시대가 왔다. 그런데 모바일 기기의 자판 또한 쿼티 자판이다. 바도 없고 기계식도 아니며 조그맣기까지 한데 여전히 쿼티 사판이다. 이렇게 한번 표준으로 결정된 것은 잘 바뀌지 않는 습성을 지닌다. 우리는 왜 기존의 표준을 사용하는지, 또 다른 길은 없는지 고민하지 않은 채로 계속 같은 것을 사용한다.

표준과 관련된 재미있는 이야기가 있다. 전화의 발명을 두고 토머스 에디슨(Thomas Edison)과 알렉산더 그레이엄 벨(Alexander Graham

Bell)이 부딪친 적이 있었다. 최초의 전화를 발명한 사람은 벨이지만 에디슨도 전화에 기여한 바가 있다. 탄소 입자의 접촉 저항이 변화하는 것을 이용한 탄소마이크로폰은 에디슨이 만들어냈기 때문이다. 그런데 그 당시 사람들과 법원, 그리고 역사가들은 전화에 대해 벨에게 우선권이 있다고 인정했다. 우리 또한 전화 발명자를 벨로 알고 있다. 하지만 에디슨이 이긴 것도 있었다.

처음 전화가 세상에 나왔을 때 사실 사람들은 전화를 어떻게 받아야 할지, 어떻게 끊어야 할지 알지 못했다. 지금 우리는 전화를 받을 때 '여보세요'라고 말한다. 그리고 미국에서는 전화를 받을 때 '헬로(Hello)'라고 이야기한다. 그런데 '헬로'라는 말도 처음에는 없었던 말이다. 비슷한 시기에 전화를 발명했던 두 사람 가운데 한 명인 벨은 전화를 처음 받을 때 '아호이(Ahoy)'라고 이야기하자는 제안을 했다. 그런데 에디슨은 '헬로'라고 말하며 전화를 받자고 맞섰다. 벨의 '아호이'와 에디슨의 '헬로'가 부딪쳤던 것이다. 그런데 이 싸움에서는 에디슨의 '헬로'가 이겼다. 전화의 우선권을 놓고 다툰 싸움에서는 벨이 이겼지만 전화를 받을 때 무슨 말을 하는가를 놓고 벌인 경합에서는 에디슨이 이긴 것이다.

그렇다면 왜 에디슨이 이겼을까? 바로 전화번호부 때문이었다. 최초의 전화번호부는 필라델피아에서 만들어진 것으로 50명의 가입자 이름이 적혀 있다. 그리고 전화번호부 마지막에는 전화를 받고 끊을 때의 예절에 관한 사항들이 간단히 적혀 있었는데 이 가운데 전화를 받을 때 '헬로'라고 이야기하라는 글귀가 있었던 것이다. 처음 전화를 사용한 50명이 이 글을 보고 전화를 받을 때 '헬로'라고 말하기 시작했다. 그 후 전화를 사용하는 사람이 100명으로 늘어나고, 500명, 5,000명, 만 명, 10만 명, 100만 명으로 늘어나면서 모두 '헬로'라고 말하게 된 것이다. 사람들은 왜 전화를 받을 때 '헬로'라고 말하는지 모르는 채로 계속 '헬로'라고 이야기한다. 벨의 '아호이'는 경합에서 밀려난 후 이제 아무도 사용하지 않는 단어가 되어버렸다.

기술이 만든 삶의 형식

우주왕복선(Space Shuttle)은 어떤 점에서 20세기 첨단 과학의 총아라고 부를 수 있는 과학 기술이다. 이 우주왕복선을 우주로 띄우는 역할은 로켓 부스터(Rocket Booster)가 맡는다. 이 로켓 부스터를 만드는 기업이 티오콜(Thiokol)이라는 회사인데, 원래 티오콜사에서는 로켓 부스터를 조금 더 크게 만들고 싶어 했다. 하지만 그러지 못했다. 공장에서 로켓 부스터를 만들고 난 후 발사하는 곳까지 운반해야 했는데 그 이동하는 길에 있던 터널 때문이었다. 터널은 로켓 부스터를 실어야 할 화물열차의 크기와 거의 정확하게 일치했다. 그러니까 로켓 부스터를 더 크게 만들면 터널을 통과할 수 없었던 것이다. 그래서 어쩔 수 없이 로켓 부스터를 열차보다 더 크지 않게 만들어서 터널을 통과해 우주왕복선에 장착할 수 있도록 했다. 로켓 부스터의 크기는 터널의 크기에 따라 결정됐던 것이다.

그렇다면 터널은 왜 이렇게 좁았을까? 터널이 좁은 이유는 바로 기차선로의 폭이 좁기 때문이다. 우리의 KTX와 같은 고속열차도 사실 폭이 좁은 편이다. 하지만 열차의 폭을 많이 넓힐 수 없는데, 그 이유는 선로의 폭이 좁기 때문이다. 우리나라를 포함하여 미국, 유럽 등 거의 전 세계의 선로의 폭은 1.435미터로 통일되어 있다. 이 레일 사이의 넓이는 영국에서 생긴 표준으로, 영국에서 처음에 4피트 8과 2분의 1인치(1.435미터) 선로가 만들어졌다. 이런 선로가 점차 늘어나면서 그것이 표준으로 받아들여지기 시작한 것이다.

그런데 선로의 폭은 왜 애초에 1.435미터로 만들어졌을까? 처음 레일을 만들고 기차를 발명한 사람은 영국의 발명가 조지 스티븐슨(George Stephenson)이었다. 그는 기차를 발명하기 전에 탄광에 마차가 다니는 레일을 깐 사람으로, 마차가 다니는 나무 레일 간 폭을 1.435미터로 만들었다. 나중에 열차가 커지고 무거워질 거라는 생각을 하지 못하고 마차 레일 간 폭을 그대로 기차에 적용한 것이다.

그렇다면 마차의 레일 간 폭은 왜 1.435미터였는지 의문이 들 수밖에 없다. 마차는 말 두 마리가 끌었는데 말 두 마리가 바짝 붙어서 잘 끌고 갈 수 있는 넓이가 1.435미터였던 것이다. 그러니까 말 두 마리의 엉덩이의 폭에 따라 마차 레일 간 폭이 결정되었고, 그것은 또 기차선로의 폭을 결정하게 되었으며, 이는 또 21세기 우주왕복선에 로켓 연료를 분사하는 부스터의 폭을 결정하게 되었다.

이렇게 우리는 우리가 알지 못하는 채로 기술에 의존해서 살고 있다. 철학적인 용어로 이런 기술을 '삶의 형식'이라고 이야기할 수 있다. 이는 마치 언어와 같은 것이다. 우리는 언어를 사용하지만 왜 우리가 그런 언어를 갖게 되었는지는 잘 알지 못한 채로 언어에 의존하면서, 언어로 의사 표현을 하면서 살고 있다. 어떤 의미로는 우리에게 주어진 1.435미터라는 말 두 마리의 넓이에 맞는 방식으로 세상을 살아가고 있는 것이다. 즉 우리가 사용하는 기술이 가장 효과적이고 가장 좋은 기술이 아님에도 불구하고 우리는 그 기술에 의존하고 있는 경우가 많다.

기술은 우리를 만들고 우리는 기술을 만든다. 그런데 우리가 기술을 마음먹은 대로 사용하면서 살고 있다고 생각하는 경우에도, 실제로는 주어진 기술에 맞는 방식으로 살고 있는 경우가 자주 있다. 하나의 표준 기술만이 존재한다면 이 표준 기술이 가장 좋은 기술인지, 가장 값싸고 효율적인 기술인지 질문해볼 필요가 있다.

이때 기술의 역사가 도움이 된다. 기술의 역사를 살펴보면 드보락 키보드와 쿼티 키보드가 경합했던 과거를 발굴해낼 수 있으며, 이 경합에서 쿼티 키보드가 승리한 이유가 반드시 이것이 더 좋았기 때문은 아니었음을 알 수 있다. 기술 시대를 적극적으로 살아간다는 것은 이렇게 대안적인 발전이 가능하다는 것을 인식하는 일에서부터 시작된다.

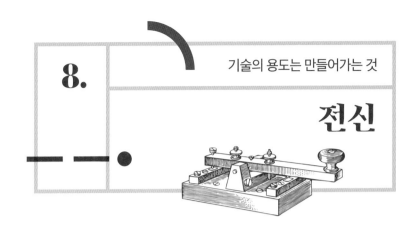

영화 〈기생충〉이 아카데미상을 수상했을 때 문재인 대통령이 봉준호 감독에게 축전을 보냈다는 언론 보도가 있었다. 축전이란 축하 전보의 줄임말로, 전보는 영어의 텔레그램(Telegram)을 번역한 말이다. 내가 어릴 때만 해도 어른들이 전보를 보내러 우체국에 가신다는 이야기를 자주 듣곤 했다. 혹은 우체부가 집으로 전보를 배달하기도 했다.

전보는 글자당 가격을 매기므로 메시지가 굉장히 짧았다. '아들을 낳았다'고 하지 않고 그냥 '득남'이라고 해야 비용이 적게 들었다. 전보는 전신으로 보내는 메시지였는데, 지금은 실제로 이 전신이 사용되는 것을 보기 힘들지만 전화가 나오기 전까지 전신은 전 지구를 뒤덮고 있었던 통신수단이었다.

　전신부호는 모스 코드라고 한다. 이 부호를 만든 새뮤얼 모스(Samuel Morse)라는 미국 발명가의 이름을 따서 붙인 것이다. 모스는 처음부터 엔지니어나 발명가가 아니었다. 그는 예일대학교에서 미술을 전공한 화가였다. 그런데 많은 학생이 그렇듯 대학을 다닐 때 자연과학 과목을 한 번은 수강해야 했기 때문에 그때 모스는 전자기학 수업을 들었다. 그 뒤에는 그림을 그리느라 대학에서 배웠던 것은 아마 까맣게 잊어버렸을 것이다.

화가를 버리고 선택한 발명가의 삶

모스는 유럽에서 그림을 공부하기도 했다. 그의 그림 중에는 젊었을 때 그린 〈죽음을 맞는 헤라클레스〉라는 그림이 있다. 그 후에는 주로 정치와 관련된 그림을 많이 그렸는데 〈미 하원〉이라는 작품을 비롯해 정치인들의 포스터를 그려주는 일도 했다.

모스가 당시 유명했던 라파예트 후작(Marquis de Lafayette)이라는 정치인의 포스터를 그리기 위해 집을 떠나 워싱턴에 머물고 있을 때였다. 그런데 그때 모스의 부인이 갑자기 병에 걸려 고생하다 사망하

새뮤얼 모스, 〈미 하원〉, 1822~1823.

는 일이 벌어졌다. 정말 급작스러운 일이었다. 당시에는 가장 빠른 통신수단이 말이었다. 사람들이 며칠 동안 말을 타고 달려 그 소식을 모스에게 전했고, 모스는 부랴부랴 마차를 타고 집으로 돌아왔다. 하지만 그때는 이미 부인의 장례식까지 모두 끝난 뒤였다. 모스는 사랑하는 부인의 임종을 지키지 못했을 뿐 아니라 장례식에도 참석하지 못한 것이다.

이때 모스는 조금 더 빠른 통신수단이 있었으면 이런 일이 없었을 것이라는 생각을 처음으로 하게 되었다고 한다. 말보다 빠른, 마치 빛과 같은 그런 통신수단이 있었다면 부인의 임종을 지켜볼 수 있었고,

새뮤얼 모스, <루브르의 갤러리>, 1831~1833.

장례식에도 참석할 수 있었을 것이라고 생각했던 것이다. 하지만 이는 생각에 그쳤을 뿐 모스가 실제로 이런 기계를 발명하는 데 착수하지는 않았다. 모스는 화가였기 때문이다. 그는 그림을 그리기 위해 또다시 유럽으로 향했다.

모스는 유럽에서 〈루브르의 갤러리〉라는 그림을 그렸다. 루브르 박물관에 있던 유명한 그림들을 모두 모아서 하나의 그림으로 그린 작품이었다. 이 그림을 그린 후 배를 타고 미국으로 돌아오면서 모스는 이 그림을 비싼 값에 팔 수 있을 것이라고 생각했다. 그리고 지금은 비록 가진 것이 없지만 그림만 팔리면 미국에서 화가로 일하면서 생계를 해결할 수 있을 것이라고 생각했다.

모스가 생각했던 그림의 금액은 2,500달러 정도였다고 한다. 미국으로 돌아온 모스는 그림을 팔려고 했지만 잘 팔리지 않았다. 그리고 결국 그림이 1,200달러에 팔리게 되자 크게 좌절하고 만다. 그때 미국 의회에서 화가를 고용하는 큰 공모가 열렸다. 모스는 자신이 정치인들의 초상화를 그린 경험이 있기 때문에 이 공모에 당선될 가능성이 크다고 생각했다. 하지만 모스는 그 공모에 당선되는 데도 실패한다.

모스는 또 한 번 좌절했고, 심지어 자살까지 생각하기에 이르렀다. 하지만 그는 독실한 기독교인이었기 때문에 자살을 하는 것은 죄를 짓는 일이라 여겨 자살에 대한 생각을 접었다. 그리고 모스는 "나는 예술을 버리지 않았는데 예술이 나를 버렸다"는 말을 남기고 예술계를 떠난다.

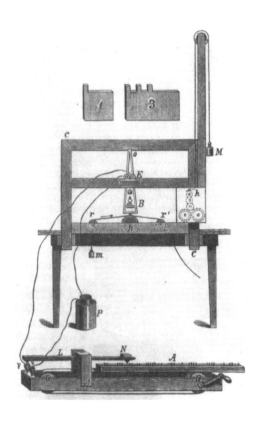

화실에서 쓰던
기구들을
이용해서 만든
모스의 첫 전신.

그리고 모스는 예전에 상상했던 기계, 즉 메시지를 빨리 보내는 기계를 발명하는 일에 몰두하기 시작했다. 화가였던 그가 이제 발명가로서의 삶을 시작한 것이다. 그리고 자신이 알고 있던 여러 지식을 동원해 첫 번째 전신을 제작했다. 모스는 화실에서 쓰는 도구들을 얼기설기 엮어 나무로 만든 전신을 발명했는데, 이 전신은 메시지를 10미터 정도 전송할 수 있었다. 그러니까 실제로는 전혀 실용적이지 못했다. 모스 자신도 이 전신을 사람들에게 보여주는 것을 부끄러워할 정도였다. 하지만 여기서 중요한 것은 아주 짧은 거리지만 메시지를 보내고 받는 기계를 만들어냈다는 사실이다.

이제 모스에게는 앞으로 해결해야 할 중요한 문제가 몇 가지 남아 있었다. 가장 먼저 해결해야 할 것은 거리를 어떻게 늘릴까 하는 문제였다. 10미터를 송신하는 기계는 실제로 쓸모가 없기 때문이었다. 두 번째는 어떻게 '메시지'를 보내는가, 즉 어떻게 알파벳을 보낼 수 있는가 하는 것이었다. 메시지를 보내기 위해서는 알파벳을 어떤 방식으로든 코드화시켜야 했다. 세 번째로는 이 전신을 누구에게 팔 것인가라는 문제를 해결해야 했다. 모스는 이 세 가지 문제를 하나하나 풀어가기 시작한다.

국제 조난 신호 'SOS'의 탄생

그 당시 모스는 뉴욕대학교에서 그림을 가르치는 무급 교수로 임명되었다. 그리고 그곳에서 과학을 가르치는 레너드 게일(Leonard Gale)이라는 교수를 만나게 된다. 레너드 게일은 화학자였는데 전기에 대해서도 해박한 지식을 가진 사람이었다. 모스는 게일과 협업하기 시작했다. 공동 연구를 하면서 모스는 게일에게 신호가 단거리밖에 송신이 안 되는 문제를 토로했다. 게일은 전자석을 조금 더 강화시켜보라는 조언을 해주었다. 그리고 도선의 저항을 최소화해서 거리를 더 늘

려볼 것을 제안했다.

그렇게 모스는 레너드 게일과 협업한 뒤 500미터까지 송신 거리를 늘릴 수 있었다. 그렇지만 이 500미터도 아직은 충분히 실용적이지 못한 거리였다. 모스는 그 당시 사람들에게 "내가 만약에 10마일(16킬로미터) 떨어진 곳에 메시지를 보낼 수 있다면, 지구를 한 바퀴 도는 메시지를 보내는 것도 가능하다"는 이야기를 한 적이 있는데, 이 500미터는 아직 그 10마일에 훨씬 못 미치는 거리였다. 게일과의 공동 연구를 통해 자극을 받은 모스는 몇 가지 실험을 하던 중, 메시지를 어느 지점까지 보낸 다음 거기서 이 메시지를 증폭시켜 다시 보낼 수 있는 기계를 고안한다.

이것은 우리가 어릴 때 많이 했던 이어달리기와 비슷한 원리였다. 달리다 힘이 들 때쯤 바통을 넘겨주면 새 주자가 달리는 식이다. 비슷하게, 모스가 고안한 것도 메시지를 보내면 기계가 그걸 받아서 또다시 보내는 방식이었다. 메시지를 이어주는 기계이므로 이를 '반복한다'는 의미의 리피터(Repeater)라고 불렀는데, 이 '리피터'를 만들어내자 거리의 문제는 단번에 해결되었다. 모스는 여러 사람 앞에서 10마일 떨어진 거리를 두고 한쪽에서 메시지를 보내면 다른 쪽에서 메시지를 받는 시연을 해 보였다. 그리고 마침내 미국 대통령 앞에서도 10마일 떨어진 거리에서 메시지를 보내는 시연을 하는 데 성공을 거두었다. 1차 목표인 10마일을 달성한 것이다.

그 무렵 모스는 뉴욕대학교에 다니던 앨프리드 베일(Alfred Vail)이라는 학생을 알게 되었는데, 베일의 아버지는 쇠를 다루는 사업장을 운영하는 사람이었다. 베일도 모스를 도와 함께 일하게 되고, 두 사람은 협업하던 중 결국 지금의 모스 코드를 발명하는 데 성공한다.

모스 코드는 점과 선으로 문자나 기호를 나타내는 것으로, 모스 코드에서 가장 간단한 코드는 점 하나로 표시되는 알파벳 'E'이다. 'S'는 점 3개, 'O'는 대시(dash) 3개로 표시한다. 외부로 신호를 보내기 위해 소리로 표현할 때, 짧게 세 번, 천천히 세 번, 그리고 다시 짧게 세 번 두드리면 SOS가 된다. 바로 긴급 구조 신호다. 이것은 전 세계가 공통으로 사용하는 모스 코드의 조난 신호다. 이 모스 코드를 발명하자 문자를 보내는 문제도 해결되었다.

하지만 누가 전신을 사용하는가에 관한 가장 어려운 문제가 남아 있었다. 모스는 처음에 만들었던 전신 기계와는 비교할 수 없을 만큼 훌륭한 기계를 많은 사람에게 선보이는 데도 성공했다. 그런데 선뜻 사겠다는 사람은 나타나지 않았다. 이 기계의 필요성을 크게 느끼지 못했기 때문이다. 예를 들어 '10킬로미터 혹은 20킬로미터 떨어져 있는 두 도시를 전신으로 연결했을 때 긴급 메시지를 보내야 할 사람이 있을까?'라는 문제를 생각해보자. 물론 어떤 경우에는 급하게 소식을 전해야 하는 사람이 있을 것이다. 모스의 경우처럼 부인이 아프다는 소식을 전해야 할 사람들이 있을 텐데 과연 그런 사람들이 얼마나 많을까?

두 도시 사이에서 급한 메시지를 주고받을 사람이 얼마나 될까에 대해 고민하던 모스는 '철도 회사에 팔아보자'는 생각에 이르렀다. 철도 회사는 철도역 사이에 긴급한 메시지를 주고받을 필요가 있을 것이라고 생각했던 것이다. 하지만 철도 회사 역시 관심이 없었다. 열차는 기본적으로 시간을 맞춰 운행하는 터라 굳이 두 역 사이에 전신을 깔아서 소통을 할 필요가 없었던 것이다.

모스는 이러한 무관심을 뒤로한 채 자신의 발명품을 가지고 다시 유럽으로 향했다. 프랑스로 가서 군인들에게 팔아보겠다는 생각이었다. 하지만 프랑스 군인들도 모스의 전신에 별로 관심이 없었다. 프랑스 철도 회사에도 문을 두드렸지만 그곳 역시 마찬가지였다. 결국 그 누구에게도 이 전신을 파는 데 성공하지 못하고 다시 미국으로 돌아왔다.

미국으로 돌아온 모스는 이제 마지막으로 의회를 한번 설득해보기로 했다. 미국 의회를 설득해서 지원금을 받아내면 무척 긴 장거리 전신을 깔아 자신의 발명품의 유용성을 증명할 수 있을 것이라 생각했다. 그렇게 모스는 의회를 설득하는 일에 매달리기 시작했다. 하지만 그것조차 뜻대로 되지 않았다. 결국 힘겨운 설득 끝에 간신히 모스의 청원이 하원을 통과하긴 했지만, 이제 일이 순조롭게 풀리기 시작한다는 안도감도 잠시, 이번에는 상원에서 막히고 말았다. 결국 모스의 전신 사업에 대한 안건은 1843년 3월에 열린 상원의 회기 마지막

날까지 통과되지 못했다.

모스는 통과에 실패했다는 소식을 들은 그날 밤 워싱턴의 한 호텔에서 비탄에 빠진 채로 잠이 들었다. 그때 모스의 주머니에는 전 재산 단돈 1달러가 남아 있었다고 한다. 그런데 그다음 날 아침, 모스는 전신에 대한 지원 사업이 통과되었다는 낭보를 받았다. 12시 회기 마감을 1분 앞둔 11시 59분에 안건이 상원을 통과했던 것이다.

모스의 1844년 전신.

의회에서는 모스에게 3만 달러를 지원했다. 모스는 이 돈으로 볼티모어와 워싱턴 사이 약 64킬로미터에 달하는 거리에 전신선을 설치했다. 이 전신선은 의회의 지원금으로 설치되었기 때문에 이제 정부가 그 전신선을 가지고 사업을 할 수 있게 되었다.

정부가 전신 사업을 시작하면서 첫 한 달 동안 볼티모어와 워싱턴 사이에서 전신을 사용할 사람을 공모했다. 하지만 지원하는 사람은 아무도 없었다. 볼티모어와 워싱턴 사이에 메시지를 빨리 보내고 싶었던 사람이 없었던 것이다. 정부가 전신 사업을 몇 달간 운영해 벌어들인 수익금은 고작 200달러에 불과했다. 그에 비해 지출은 약 2,000달러였으니 정부 입장에서는 결코 수익성 있는 사업이 아니었다. 정부는 국민의 세금으로 모스의 사업을 지원해 전신선을 설치했지만 이를 계속 운영할 필요가 없다고 판단하고 모스의 동업자인 베일에게 운영권을 그대로 넘겨버렸다.

그런데 이런 우여곡절 속에서도 모스에게는 큰 행운으로 작용했던 사건이 터지면서 전신 기술이 전환기를 맞게 되었다. 그 사건은 1846년에 발발한 멕시코 전쟁이었다. 전신을 타고 전쟁 속보가 들어오기 시작하면서 사람들은 전선에서 무슨 일이 일어나고 있는지 현장을 실시간으로 보도하는 신문을 받아볼 수 있게 되었다. 미디어 역사가들은 이 전쟁이 역사상 첫 번째 미디어 이벤트였다고 평가할 정도다. 언론이 전쟁에 대한 사람들의 호기심을 증폭하고, 또 그렇게 증

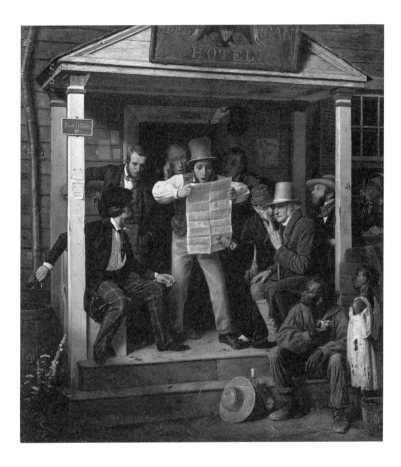

리처드 우드빌(Richard Woodville),
<멕시코 전쟁 소식>, 1848.
멕시코 전쟁이 발발하면서 전장의 소식을
전하는 전신의 활용이 높아졌다.

폭된 호기심은 더 빠른 뉴스를 원하게 했다. 이때 언론사들이 전신을 이용하는 첫 번째 고객이 된 것이다.

이때 이 전신 서비스를 이용하는 데 너무 부담이 컸던 언론사가 다른 여러 언론사와 힘을 합쳐 전신 서비스를 공동으로 이용할 수 있는 회사를 세웠다. 그것이 바로 지금의 AP 통신사였다. 이렇게 첫 번째 통신사는 언론사들이 전신 서비스를 공동으로 이용하고자 하는 필요에 의해 생겨났던 것이다. 이렇게 언론이 전신을 이용하기 시작하면서 여러 회사와 기관들도 전신에 관심을 갖기 시작했다.

모스의 전신이 불러온 '미국의 진보'

그 당시에는 기차가 가장 빠른 운송 수단이자 통신수단이었다. 화물을 실은 기차가 역에 도착하면 기다리던 배가 곧바로 화물을 실었다. 만약에 어떤 이유에서 기차에 화물을 절반밖에 싣지 못했을 경우 이 사실을 전해줄 방법이 없었다. 기차가 도착해야만 알 수 있는 일이었다. 배는 화물칸을 모두 비운 채 기다리고 있는데 이런 일이 생기면 낭패였다. 그런데 기차에 화물이 절반밖에 실리지 않았다는 것을 미리 알 수 있으면 배가 화물칸을 모두 비우고 기다릴 필요가 없었다. 선주의 입장에서는 열차에 화물이 얼마나 실렸는지 알 수 있다면 미리 다른 화물도 실을 수 있으니 더 많은 이윤을 남길 수 있을 것이었다. 전신을 설치한 후 이런 문제는 깔끔하게 해결되었다.

장거리 철도의 경우에는 내일 도착하게 될 도시에서 무슨 일이 일어나고 있는지, 날씨는 어떤지, 그 도시의 정보들을 전신으로 받아서 소식지를 제작해 승객들에게 나누어 주기도 했다. 이렇게 철도 서비스가 점차 좋아지면서 사람들이 철도를 더 많이 이용하는 현상도 나타났다.

첫 번째 전신 서비스가 시작된 지 10년 후에는 미국 안에 5만 킬로미터에 달하는 전신선이 깔리게 되었다. 또 10년이 지난 후에는 전신선이 미국과 유럽을 연결하고, 전 세계를 거미줄처럼 덮으면서 수많은 메시지가 오가게 되었다.

1871년 6월 10일, 전신이 전 세계를 덮고 세상에 뉴스를 실시간으로 전달해줄 수 있게 된 그 시점에 사람들은 이 모든 것이 새뮤얼 모스 덕분이라고 생각하고 '새뮤얼 모스의 날'을 만들었다. 그때 모스의 나이는 80세였다. 사람들은 모스를 초청해 모스에게 직접 타전을 부탁했다. 그 자리에서 모스는 "하늘엔 영광, 땅에는 평화, 사람들에게는 사랑을"이라는 메시지를 전 세계로 타전했다. 그 메시지를 받은 상하이, 뭄바이, 런던 등 세계 각지에서 뉴욕으로 축전을 보내오기 시작했다. "이 모든 것은 당신이 계몽의 빛으로 전 지구를 덮었기 때문에 가능한 일이었다"는 내용이었다.

1872년에 미국의 존 개스트(John Gast)라는 화가가 그린 〈미국의 진보〉라는 그림에는 서부를 향해 나아가고 있는 미국인들의 모습이 잘 나타나 있다. 서부로 향하는 대륙 횡단 열차, 그리고 마차를 타거나 걸어서 가고 있는 사람들의 모습이 보이고, 그 진격에 맞춰 원래 그곳에 살던 인디언들이 쫓겨나는 모습도 있다. 이들과 함께 행진하는 여신은 진보를 상징하는 '진보의 여신'이다. 흥미로운 것은 여신의 손에 전신선이 들려 있다는 것이다. 이는 전신을 깔면서 서부로 나아가게 되었다는 뜻을 담고 있는, 다분히 미국적인 그림이다. 이 그림은 그 당시 미국인들에게 전신, 열차, 철도와 같은 기술이 진보, 개척의 의미를 지녔음을 잘 보여준다.

존 개스트, <미국의 진보>, 1872.
진보의 여신의 손에 전신선이 들려 있다.

전신의 초기 역사에서 가장 흥미로운 점은, 발명된 지 불과 10년 후 모든 사람이 유용하게 사용하는 기술로 인정받은 전신이 처음 세상에 나왔을 때는 그것의 유용성을 감지한 사람이 거의 없었다는 것이다. 심지어 철도 회사나 언론사, 정부도 초기에는 전신을 유용하게 쓸 수 있을 거라고는 생각하지 못했다. 이런 상황에서 모스라는 발명가 겸 사업가가 확고한 전망을 가지고 전신 사업을 지치지 않고 추진해나갔기 때문에 많은 사람이 전신을 사용하는 단계까지 이를 수 있었다.

지금 우리가 가지고 있는 기술 중에 그 용도가 충분히 알려지지 않은 것이 있는지, 그 활용법을 우리가 제대로 알지 못하는 것이 있는지 생각해볼 필요가 있다. 모스의 전신처럼 앞으로 10년 뒤면 많은 사람이 아주 유용하게 잘 사용하겠지만 지금 이 순간에는 우리가 주목하지 않고 있는 기술이 분명히 있을 것이다. 기술의 용도라는 것은 그것이 처음 세상에 나왔을 때부터 분명히 정해진다기보다는 사람들이 그 기술을 계속 사용하면서 비로소 만들어지기 때문이다.

3부

새로움의
조건

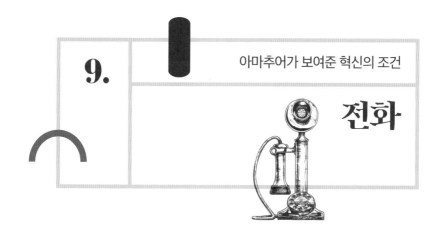

9.

아마추어가 보여준 혁신의 조건

전화

전화는 현대인의 필수품 중 하나다. 우리는 지금 전화기를 주머니 속에 넣고 다니며 전화를 걸고 싶을 때 걸고 받고 싶을 때 받는 세상에 살고 있다. 30~40년 전만 해도 전화기가 작아지고 무선이 되어 모든 사람이 자신만의 번호를 하나씩 가지고 있는 세상이 이렇게 빨리 올 것이라고는 예상하기 힘들었다.

예전의 전화기는 말을 하는 송화기와 소리를 듣는 수화기가 따로 분리된 형태였다. 그리고 다이얼을 돌려서 전화를 걸고 통화를 마치면 수화기를 내려놓았다. 하지만 조금 더 오래된 전화기는 다이얼이나 버튼조차 없었다. 나는 어릴 때 그런 전화기를 사용했던 기억이 있다. 전화기 옆에 달린 핸들을 한참 돌린 후 전화기를 들면 교환원과 연결되었는데, 교환원이 "어디로 연결해드릴까요?"라고 물으면 "수의과 병원을 연결해주세요"라고 말하기도 했고, 번호를 알고 있다면 "105번 연결해주세요"라는 식으로 이야기했다. 그러면 교환원이 번호 두 개의 잭을 이어주었고 그렇게 상대방과 통화할 수 있었다.

당시에는 전화를 걸기가 불편했을 뿐만 아니라 전화 요금도 매우 비쌌다. 특히 먼 곳에 있는 사람과 통화를 하는 시외전화의 경우에는 용건을 급하게 말한 뒤에는 "빨리 끊자"라는 말로 통화를 마무리할 정도였다. 통화가 길어지면 전화 요금이 천문학적으로 많이 청구되었기 때문이다.

전화 요금만 비쌌던 게 아니라 전화 자체를 가설하는 비용도 매우 비쌌다. 예전에 한국에서는 백색전화와 청색전화라는 것이 있었다. 전화기 색깔이 백색이나 청색이어서가 아니라 사용권의 양도가 가능한지 여부를 두고 구분한 것이다. 백색전화는 팔 수 있는 전화, 청색전화는 팔 수 없는 전화였다. 전화를 사용하는 사람이 점점 늘어나면서 집에 전화를 들이기를 원하는 사람들도 늘어났지만 전화회선은 제한되어 있어 전화를 신청하면 오랜 기간을 기다려야만 했다. 그러니까 빨리 설치하고 싶은 사람은 매매가 가능한 전화를 구입하면 되는 것인데 팔겠다는 사람이 적으니 그 가격이 점차 높아진 것이다.

나중에는 전화 하나의 가격이 서울에 있는 조그만 집 한 채 가격과 맞먹을 정도로 오르기도 했다. 지금은 상상도 못 할 일이었다. 그러다가 전화를 자동으로 연결해주는 기계가 등장하면서 비로소 전화의 가격이 떨어졌다. 지금은 통화료를 약정해놓으면 통화량이 얼마나 되든지 그다지 걱정하지 않고 전화를 사용하는 시대에 살고 있어서 과거에 전화 요금이 얼마나 비쌌다든지, 전화를 가설하는 데 드는 비용이 어마어마했다든지 하는 이야기를 상상하기란 쉽지 않을 것이다.

— 벨과 그레이의 엇갈린 운명

전화는 1876년에 알렉산더 그레이엄 벨(Alexander Graham Bell)이 최초로 발명하여 세상에 내놓은 것으로 알려져 있다. 그런데 정말 흥미로운 사실은 전화가 두 사람에 의해 동시에 발명됐다는 것이다. 흔히 이렇게 두 사람 혹은 그 이상의 발명가들이 같은 발명품을 같은 시기에 만들어내는 것을 동시 발명이라고 이야기하는데, 전화는 바로 그 동시 발명의 가장 대표적인 사례 중 하나다.

더욱 놀라운 것은 두 사람이 거의 비슷한 시기에 전화를 발명했을 뿐만 아니라 사실은 같은 날, 1876년 2월 14일에 특허를 출원했다는 것이다. 그중 한 사람은 우리가 알고 있는 알렉산더 그레이엄 벨이고, 다른 한 사람은 엘리샤 그레이(Elisha Gray)라는 발명가였다. 그런데 왜 우리는 벨은 기억하지만 그레이는 기억하지 못할까?

한때 유명했던 광고에 "2등은 아무도 기억하지 않는다"는 말이 나온 적이 있다. 이 말과 함께 벨과 그레이, 이 두 사람의 얼굴이 등장했다. 벨이 그레이보다 조금 더 빨랐을 뿐인데 벨은 우리 모두가 기억

새로움의 조건　　　　　　　　　　　　　　　　　　　　**171**

하지만 그레이는 아무도 기억하지 못한다는 내용이었다.

하지만 실제 있었던 일은 이보다 조금 더 복잡했다. 당시 미국의 특허법에서는 누가 특허를 먼저 출원했는가는 별로 중요하지 않았다. 사실은 특허를 먼저 출원해도 나중에 법정에서 다투는 일이 비일비재했다. 예를 들어 내가 먼저 특허를 출원했다 해도 어떤 사람이 자신이 먼저 그것을 발명했다는 것을 증명한다면 그 발명에 대한 소유권은 그 사람에게로 돌아가는 것이다. 그러니까 내가 이 사람보다 1년 먼저 특허를 출원했다든지, 몇 시간 먼저 출원했다든지 하는 문제는 두 사람의 우선권 여부에서 그리 중요하지 않았다.

그렇다면 우리는 왜 벨은 기억하고 그레이에 대해서는 아무것도 모르고 있는지 이제 그 내막을 들여다보고자 한다. 알렉산더 그레이엄 벨과 엘리샤 그레이, 이 둘의 경력은 사뭇 달랐다. 벨은 엔지니어가 아니라 청력이 약하거나 없어서 잘 듣지 못하는 학생들에게 말을 가르치는 선생님이었다. 듣지 못하는 이들을 위한 수화가 있었지만 벨이 교사로 있던 학교는 수화 사용을 반대하던 곳이었다. 벨은, 듣지 못해도 말은 할 수 있는 학생들에게 상대방이 무슨 이야기를 하는지 입술을 읽어서 이해하고 말을 하는 방법을 가르치는 특수학교 선생님이었던 것이다. 그래서인지 벨은 사람의 말과 구강 구조, 그리고 말을 듣는 귀의 구조에 대해 관심이 상당히 많았다.

반면에 엘리샤 그레이는 엔지니어였다. 특히 전신 분야에서 아주 뛰어난 엔지니어였으며, 당시 미국 전신을 거의 독점했던 웨스턴 유니언이라는 회사와 밀접한 연관을 맺으면서 일을 하고 있었다. 그러

1871년 벨이 근무하던 특수학교 학생들과 찍은 사진.
맨 위 오른쪽에 있는 사람이 벨이다.

니까 이 둘을 그 당시 전신 분야의 잣대로 평가하자면 그레이는 전문
가였고 벨은 아마추어였던 것이다.

  그레이가 특허를 출원한 1876년 2월 14일, 벨 또한 같은 날에 특
허를 출원했다. 이를 검토하던 특허국 직원이 같은 발명에 대해 두 사
람이 동시에 특허를 출원한 것을 알게 되면서 두 사람 모두에게 이 같
은 사실을 전달했다. 그리고 둘의 특허가 거의 똑같으니 이를 가만히
둘 경우 법정으로 가게 될 것이 빤한 일이므로 어떻게 하면 좋을지 의

견을 물었다. 그런데 그때 그레이는 '장난감을 가지고 굳이 다툴 필요가 뭐가 있겠는가'라고 생각하고 특허를 돌연 취소해버렸다. 하지만 벨은 취소하지 않았고, 끝까지 특허를 고수하고자 했다. 그뿐만 아니라 벨은 이를 발판으로 연구를 더 이어나가기 시작했다. 이것이 바로 벨과 그레이의 차이였다.

그렇다면 그레이는 왜 전화가 장난감이라고 생각했을까? 우리가 어린 시절, 컵에 줄을 매단 장난감 전화기로 친구와 이야기하던 경험

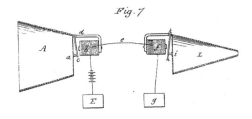

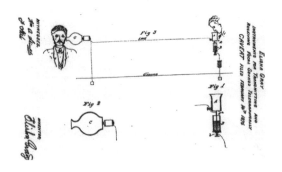

위
벨의 전화 특허.

아래
그레이의 전화 특허.

이 있듯, 그 당시에도 실제로 장난감 전화가 있었다. 연인들 사이의 전화라는 뜻의 러버스 텔레폰(Lover's Telephone)으로 불리던 장난감이었다. 그레이는 전화기가 이런 장난감 비슷한 것이라고 생각했다. 사람들이 전신을 아주 유용하고 편리하게 잘 쓰고 있는 시대에 이런 장난감 전화기를 두고 중요한 발명품인 것처럼 법정에서 다툴 것까지는 없다고 생각하고 부담 없이 자신의 특허를 포기했던 것이다. 나중에 그레이는 자신의 이 결정을 죽을 때까지 후회했다고 알려져 있다.

⸻ 다중 전신의 특허와 전화의 발명

이제 벨이 어떻게 전화를 만들게 되었는지 알아볼 차례다. 귀가 잘 들리지 않는 학생들을 가르치던 벨은 한 학생과 사랑에 빠진다. 그때 벨은 20대 후반의 나이였고 학생은 10대 후반이었다. 열 살의 나이 차이가 나는 벨의 연인은 메이블 허버드(Mabel Hubbard)라는 여학생이었다.

깊은 사랑을 나누던 두 사람은 어느 날 메이블 허버드의 아버지를 찾아갔다. 결혼 허락을 받기 위해서였다. 벨을 만난 허버드의 아버지는 두 사람이 진심으로 사랑하는 것 같고, 또 자신의 딸에게는 장애가 있는 터라 결혼을 시켜도 좋겠다고 생각했다. 허버드의 집안은 상당히 부유했고, 아버지는 변호사이자 고액의 수익을 벌어들이는 변리사로도 유명했던 가디너 허버드(Gardiner Hubbard)였다. 허버드의 아버지는 벨이 비록 가난하지만 성실한 청년이라고 판단하고 결혼을 허락해주었다. 그런데 여기에 한 가지 단서 조항을 붙였다.

그 당시 전신 분야에서 많은 사람이 발명하려고 애쓰던 기술은 다중 전신이라는 것이었다. 다중 전신이란 하나의 전신선을 가지고 여러 개의 메시지를 동시에 보내고 받을 수 있는 기술이었다. 에디슨이 4중 전신을 발명했는데, 4중 전신은 두 개의 메시지를 양쪽에서 동시에 보내면 상대편에서는 두 개의 메시지를 분리해서 받을 수 있는 전신이었다. 에디슨은 이 특허로 큰돈을 벌었다. 이제 4중 전신까지 발명됐으니 다중 전신도 가능할 것이었다. 열 개, 스무 개의 메시지를 보내도 이것을 모두 분리해서 받을 수 있는 발명품이 나온다면 그것은 엄청난 이윤을 가져다줄 것이 뻔한 상황이었다.

장인이 될 사람은 벨에게 바로 이 다중 전신을 요구했다. 다중 전신을 발명해 오면 딸을 주겠다는 것이었다. 벨은 교사였지만 다행히 발명가적 자질이 뛰어난 사람이었다. 벨은 그때부터 다중 전신의 발명에 몰두하기 시작했고, 결국 다중 전신의 발명에 어느 정도 성공을 거두었다.

그런데 사실 벨은 다중 전신을 연구하면서도 목소리를 전달하는 전화라는 기계에 대해 항상 생각하고 있었다. 그래서 다중 전신에 대한 특허의 설명서 맨 마지막 부분에 짧은 분량으로 전화에 대한 부분을 집어넣었다. 이것이 바로 1876년 2월 14일에 출원했다는 그 특허였다.

벨의 특허 설명서 첫 번째 페이지에는 일곱 개의 그림이 있다. 여섯 번째까지는 모두 다중 전신에 관한 그림이지만 마지막 일곱 번째 그림은 전화에 대한 설명이다. 그런데 벨이 쓴 특허에 대한 설명을 읽어 내려간 가디너 허버드는 이 전화에 대한 부분을 빼버리라고 했다. 변리사 출신의 가디너 허버드가 보기에는 엉뚱한 내용이 들어 있다고 여긴 것이다. 그런데 이번에는 벨이 꼭 넣어야 한다고 고집하여 다시 집어넣었다.

사실 이 전화에 대한 부분이 빠졌다면 아무런 가치도 없고, 우리가 전혀 알지도 못할 특허가 됐을 테지만, 마지막에 전화에 대한 설명이 들어가면서 역사상 가장 경제적으로 가치 있는 특허가 탄생했던 것이다.

모방된 실험, 성공한 발명품

1976년 미국에서 전화 발명 100주년을 기념하는 우표가 발행되었는데 그때 그 기념우표 안에 그려진 도안은 벨이 특허 설명에 집어넣었던 바로 그 전화기였다. 한 가지 재미있는 사실은 이 특허를 낼 때 벨의 전화가 잘 작동되지 않았다는 것이다. 특허를 낼 때 벨의 전화는 목소리를 또렷하게 전달하지 못했다. 그저 어물어물 흐릿한 목소리만 전달했을 뿐이다. 특허 출원 당시 특허국 직원이 특허가 충돌된다는 이야기를 벨에게 전달해주면서 상대방 특허에 대한 정보 또한 일부 알려준 것으로 보인다. 벨이 목소리를 또렷하게 전달할 수 있는 전화를 발명하는 일에 몰두하기 시작한 것도 그때부터였다.

이렇게도 해보고 저렇게도 해보며 온갖 실험을 하던 벨은 1876년 3월 10일, 액체를 이용해서 목소리의 세기에 따라 저항의 변화를 유도하는(가변저항) 실험을 하던 중 컵에 담긴 액체를 쏟아버리고 만다. 벨은 바로 옆에 조수가 있는 줄로 여기고 "왓슨, 여기로 오게. 볼 일이 좀 있네"라고 이야기한다. 그런데 그때 조수인 왓슨은 다른 방에 가 있었다. 물론 실험 중이었기 때문에 그 방들은 모두 전화로 연결되어 있었다. 그런데 왓슨이 벨의 말을 듣고 그 방에서 내려온 것이었다. 또렷한 목소리가 전달된 최초의 순간이었다.

벨이 이 실험을 할 때 사용했던 실험 기구가 그레이의 발명과 상당히 비슷해서 나중에 문제가 되었다. 그레이는 특허를 출원하면서 자신의 전화가 어떠한 원리로 작동하는지 그림으로 자세히 표현했는데, 이는 한 사람이 송화기에 입을 대고 말을 할 때 생기는 떨림이 유체로 전달되고 유체에 가변저항이 생기면서 변화하는 전류를 만들어낸다는 내용이었다. 한마디로 유체 가변저항을 써서 목소리에 따라 변화하는 전류를 만들고, 그것이 도선을 따라 이동하여 상대편이 들을 수 있는 소리로 바뀌는 원리였다.

벨의 연구는 그레이의 발명을 훔친 게 아니냐는 의구심을 일으켰다. 사실 그레이의 발명에 대해 벨이 대략 알고 있었을 가능성도 충분히 있고, 그래서 벨이 이 방법을 시도했다는 것 또한 충분히 가능한 이야기다. 그리고 이 발명품으로 소통을 시도했을 때 상대적으로 목소리가 또렷하게 전달됐던 것도 사실이다. 하지만 사실 유체를 사용한 전화기는 실용적이지 못해 거의 쓸모가 없었다. 전화기 속에 물이나 다른 유체를 담아놓고 사용한다는 것은 상상하기 힘들기 때문이다.

벨은 어쨌건 성공했지만 이 방법을 금세 포기했다. 그리고 다른 방법, 즉 자신이 처음에 특허에 밝혔던 그 방법을 더 개량해 전화기를 발명하는 방향으로 노력하기 시작했다. 여러 가지 실험을 거듭한 끝에 벨은 또렷한 목소리를 잘 전달할 수 있는 전화기를 만드는 데 성공한다. 벨은 자신이 개량한 기술들을 모두 모아 두 번째 특허를 내는데, 이 특허는 1877년 1월에 승인을 얻는다. 벨은 전화에 대한

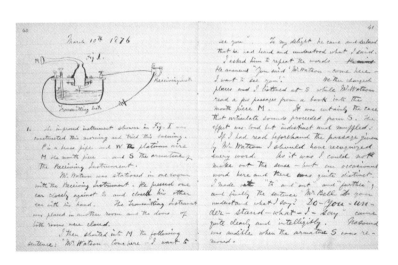

1876년 3월 10일,
벨의 첫 통화 성공의 기록.

새로움의 조건

첫 특허와 두 번째 개량한 특허, 이 두 가지를 가지고 전화 사업에 뛰어든다.

처음에 벨과 그의 장인이 될 가디너 허버드는 벨의 특허를 다른 회사에 팔고자 했다. 그래서 당시 전신 회사인 웨스턴 유니언에 접근해 자신들의 특허를 살 것을 제안했다. 그들이 제시한 금액은 그 당시에도 큰 액수였던 10만 달러였다. 그런데 웨스턴 유니언은 전화가 쓸모없는 물건 같다고 판단해 이를 사지 않았다. 이에 벨은 당시 열린 필라델피아 박람회에 전화를 가지고 가서 시연을 했다. 하지만 박람회에 모인 그 많은 사람 중 전화에 관심을 갖는 사람은 많지 않았다. 몇몇 사람이 신기하게 여기기는 했지만 엄청난 관심과 화제를 불러일으키지는 못했다.

결국 특허를 파는 데 성공하지 못하자 벨은 자신의 특허를 가지고 직접 사업에 뛰어들었다. 이것이 바로 벨 전화회사였다. 사업을 통해 조금씩 전화의 네트워크를 넓혀나가자 사람들이 그제야 그 가치를 인식하기 시작했다. 처음에 사람들은 '이것으로 누가 목소리를 전달하려고 할까', '전신이 있는데 목소리를 전달할 필요가 있을까'라고 생각했다. 하지만 사람들은 어느덧 전신도 사용하고 전화도 사용하게 되었다. 급한 일이 생겼을 때 전화를 이용하는 일이 일반화되면서

벨 전화회사의
전화 교환수들.

전화는 점점 더 널리 퍼졌고, 결국 지금 우리가 알고 있는 그물망 같은 전화 통신망이 생겨난 것이다.

벨과 그레이, 이 두 발명가는 거의 비슷한 시기에 전화를 발명했지만 결국 벨이 전화의 발명가로 남게 되어 전화가 널리 퍼지는 데 크게 기여했다. 여기서 생각할 수 있는 한 가지는, 어떤 경우에는 한 분야의 전문가가 불리한 경우도 있다는 점이다. 벨은 비록 전신 분야에서 아마추어였지만 전화에 대한 전망을 가지고 있었다. 사람들은 어떤 이유에서든 말을 전달하고 싶어 하고, 그 말을 듣고 싶어 할 것이다, 그래서 그것이 가능한 기계를 만들어낸다면 그것은 사람들에게 사랑받고 효율적으로 널리 사용될 것이라고 전망한 것이다.

반면에 그레이는 전신 분야의 전문가였다. 그는 이미 많은 사람이 편리한 전신을 불평 없이 사용하고 있는데 왜 굳이 서로 목소리를 전달하려고 하겠느냐며 전화는 그저 사랑하는 사람들끼리 목소리를 전달하는 장난감에 불과하다고 생각했다. 그레이는 잘 작동하는 전신이라는 기술 세계의 전문가로, 전신의 힘과 유용성을 너무 잘 알고 있었기 때문이다. 그는 전신과는 완전히 다른 형태의 기술인 전화가 얼마나 유용할지, 얼마나 사람들에게 많이 사용될지 짐작하지 못했다. 전신이라는 오래된 기술 패러다임에 너무 깊이 연루되었던 탓이다.

물론 한 분야의 전문가들은 당연히 필요하고, 그 전문가들이 잘할 수 있는 영역 또한 수없이 많다. 그렇지만 이렇게 혁신적인 기술의 경우에는 전문가들이 불리할 때도 있으며, 오히려 아마추어의 관점이 유리할 때도 있다. 무선전신을 발명한 굴리엘모 마르코니(Guglielmo Marconi)도 당시 전자기파를 이용한 통신 기술을 발명하려고 했던 물리학자들의 관점에서 보면 아마추어였다. 당시 물리학자들은 파장이 짧을 때 전파의 에너지가 극대화되어 멀리 길 수 있다고 생각하고 파장을 짧게 만들기 위해 노력했다. 그렇지만 마르코니는 거꾸로 긴 파장을 만들어야 전파가 장애물을 극복할 수 있다고 생각하고, 파장을 더 늘리는 쪽으로 무선전신을 개량했다. 결과는 마르코니의 압승이었다.

벨은 전신에 대해서는 아마추어였고 따라서 전신이라는 패러다임에 구속되지 않았다. 이는 벨이 전화의 가능성을 높게 평가할 수 있었던 기반이다. 반면에 벨은 전화에 대해서는 누구보다도 잘 알고 있던 전문가였다. 그는 수년간의 실험을 통해 목소리를 전달하는 전기 회로를 만들었고, 누구도 관심을 갖지 않는 이 기술을 상업화하는 데 성공했다. 전화의 성공은 기존 전신 기술의 패러다임에 포섭되지 않은 벨이 목소리 송수신을 가능하게 하는 기술을 발전시키고 이 기술에 대한 확고한 전망을 관철시켜나갔기에 가능했다.

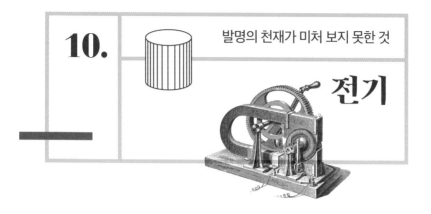

10.

발명의 천재가 미처 보지 못한 것

전기

지금 우리는 아주 깜깜한 밤을 보기가 어렵다. 불을 끄면 깜깜하다고 여기지만 사실은 다른 곳에 불이 많이 켜져 있기 때문에 도시에서는 깜깜한 밤을 경험하기가 힘들다. 실제로 밤에 모든 불이 꺼진다면 굉장히 많은 별을 볼 수 있을 것이다. 내가 어릴 때는 밤하늘에 별이 정말 많았다. 하늘을 보면 별이 쏟아질 듯 무수히 깔려 있었고, 은하수 또한 육안으로 확인이 가능했다. 그런데 지금은 도시는 물론 그 어느 곳에서도 별이나 은하수를 보기가 쉽지 않다.

한 가지 흥미로운 사실은 밤이 밝아지면서 많은 문화권에서 귀신이 사라졌다는 것이다. 나는 어릴 때 잠들기 전 할머니가 들려주는 옛날이야기를 좋아했다. 할머니는 실제로 겪었던 이야기를 많이 해주셨다. 할머니는 어느 날 밤에 배를 타고 가다 귀신이 "뚝딱뚝딱뚝딱" 하고 내는 소리를 실제로 들었다고 하셨다. 그러니까 할머니는 귀신이 정말 존재하는 세상에 살고 계셨던 것이다.

그런데 밤이 밝아지면서 점차 우리는 귀신이라는 존재를 그렇게 무서워하지 않게 되었다. 이것은 우리뿐 아니라 모든 문화권에서 비슷하게 나타나는 현상이다. 예를 들어 19세기 초만 해도 유럽이나 아시아의 사람들 대부분은 귀신의 존재를 믿었고 어둠을 두려워했다. 그런데 19세기 말을 지나 20세기 초가 되면서 그런 문화가 점차 사라지기 시작했다. 우리는 귀신을 소재로 한 영화 보기를 즐기고, 밤길을 가다가 귀신이 덜컥 나오지 않을까 하는 걱정도 하지 않는다. 전기가 생기면서 그런 변화가 우리 문화에서 자리 잡은 것이다.

열차에서 신문을 파는 열두 살 소년

'전기' 하면 토머스 에디슨(Thomas Edison)이 생각날 정도로 에디슨은 워낙 유명한 인물이다. 에디슨은 우리에게만이 아니라 전 세계 사람들에게 가장 유명한 발명가다. 우리가 어릴 때 위인전을 읽다 보면 에디슨의 전기를 거치지 않기가 무척 힘들었다. 그래서 사람들은 에디슨에 관한 이야기들도 많이 알고 있다. 에디슨은 어릴 때 호기심이 많아서 거위가 알에서 어떻게 태어나는지 알아보기 위해 실제로 알을 훔쳐 알 위에 앉아 있었다는 이야기도 있다.

널리 알려진 대로 에디슨은 학교를 거의 다니지 않았다. 초등학교에 입학했는데 수업을 잘 듣기보다는 이해가 안 된다며 선생님에게 끝없이 질문을 하는 통에 에디슨은 수업 태도가 좋지 않으며 집중을 못하는 아이로 낙인찍혔다. 에디슨의 교사는 에디슨의 어머니를 불러 아이에게 문제가 있는 것 같다고 이야기했지만, 에디슨의 어머니는 우리 아들에게는 전혀 문제가 없으며 문제가 있다면 바로 이 학교라고 항의했다.

에디슨의 어머니는 에디슨을 자퇴시킨 후 집에서 공부를 가르쳤다. 에디슨에게 계속 질문을 던지게 하고 그 질문에 답해주었으며, 나중에는 스스로 답을 찾아보게 하는 방식으로 독학을 시켰다. 에디슨은 독학으로 글자도 익혔는데 어릴 때부터 과학에 특히 관심이 많았다고 한다. 열한 살 때 집에 화학 실험실을 차려 놓고 그곳에서 혼자 실험 설명서들을 구해 온갖 실험을 했을 정도였다.

그런데 에디슨은 실험가나 과학자의 자질을 가진 호기심 많은 소년이었을 뿐 아니라 일찍부터 사업가로서의 수완도 뛰어났다. 열두 살이 되었을 때 에디슨은 돈을 벌겠다며 부모의 허락을 구했는데, 부모가 무얼 할 생각인지 묻자 열차에서 신문을 팔 거라고 대답했다. 그때 에디슨이 살던 마을에 기차가 들어왔는데 그 기차 안에서 신문을 팔겠다는 것이었다. 실제 당시에는 그 또래의 어린아이들이 돈을 버는 일을 많이 했다.

에디슨은 부모에게 허락을 받고 열차 안에서 신문을 팔았다. 그런데 신문을 팔다 보니 다른 장사도 가능하겠다는 생각이 들었다. 열차는 여러 곳에 정차했는데 각 지역에서 파는 농산물들이 조금씩 다르다는 것을 발견한 것이다. 예를 들어 어떤 지역에서는 호박이 상품 가치가 높고, 어떤 지역에서는 체리를 잘 키우는 식이었다. 에디슨은 열차가 역에 잠깐 정차했을 때 그 지역의 유명한 농산물을 사고, 그다음 역에 정차했을 때는 이전 역에서 사 온 농산물을 팔고, 그 역에서 산 물건을 또 다른 역에 가서 팔면 돈이 되겠다는 생각을 했다.

열두 살 소년은 곧바로 사업에 뛰어들었다. 그렇게 돈을 벌기 시작했는데 나중에는 혼자 하기에는 힘에 부쳐 자신보다 어린 열 살, 열한 살짜리 아이들 몇 명을 고용해 그 아이들과 함께 일을 했고 꽤 많

소년 에디슨.
에디슨은 일찍부터
독립적이었고
실험가와 사업가의
자질을 보인
소년이었다.

은 돈을 벌었다. 그렇게 번 돈은 부모님에게 갖다주곤 했다. 에디슨은 이렇게 일찍부터 독립적이었고 사업가로서 자질을 보인 소년이었다.

열다섯 살 즈음이 됐을 때 에디슨은 열차 안에 자신의 실험 공간을 얻어내는 데 성공했다. 그러고는 화학 실험에 몰두했다. 그런데 어느 날 잠깐 방심한 틈에 화학물질이 엎질러져 불이 나고 만다. 에디슨은 불을 낸 후 실험실에서 그만 쫓겨나게 되었다.

그 후 에디슨은 전신 기사로 일하면서 전신 분야의 중요한 발명들을 해냈는데 특히 그가 발명한 4중 전신의 특허를 팔아서 꽤 큰돈을 벌었다. 돈을 번 에디슨은 뉴저지에 있는 멘로파크라는 지역에 땅과 건물을 사서 자신의 실험실을 차렸다. 그때 세운 에디슨의 실험실이 바로 멘로파크 연구소(Menlo Park laboratory)였다. 실험실에는 많은 사람을 고용해 혼자 하기 힘든 연구를 여러 사람과 함께했다. 1879년 무렵에는 멘로파크의 마법사라는 칭호를 얻기도 했다. 에디슨이 이 멘로파크 연구소에서 발명한 것이 바로 축음기였다. 사람의 목소리나 음악을 녹음해 사람들에게 들려주는 기계는 나중에 세상을 깜짝 놀라게 만들었다.

그리고 이 발명품으로 에디슨은 발명의 재능을 인정받아 많은 투자를 받는다. 이렇게 자신이 번 돈과 사람들이 투자한 돈을 모아 에디슨은 전기사업에 뛰어들었다. 에디슨이 왜 전기에 관심을 가지기 시작했는지 정확히 알 수 있는 사료는 사실 많지 않다. 에디슨은 축음기 발명으로 큰 화제를 불러일으키고 캘리포니아로 잠시 휴가를 다녀온 뒤 전기사업을 하겠다고 공표했는데, 이 여행 중에 어떤 계기

위	아래
에디슨의 멘로파크 연구소.	멘로파크 연구소 실험실 내부.

때문에 에디슨이 전기와 전등에 대한 강한 영감을 받았을 것으로 추측한다.

＿ 천 개의 전구를 켜는 점보 발전기

우리는 흔히 에디슨은 전등을 발명한 사람이라고 알고 있다. 그런데 사실 엄밀하게 보면 이는 맞는 이야기가 아니다. 왜냐하면 전등은 원래 있었기 때문이다. 에디슨이 전등을 발명하기 전 아크등이라는 것이 있었다. 아크등은 워낙 밝아서 무대를 밝히는 용도나 가로등으로 사용하기에 적합했다. 하지만 집에서 책을 읽는 등의 용도로 쓰는 실내조명으로는 적절하지 않았다. 그래서 가정에서 쓸 수 있는 전등을 어떻게 만드느냐가 관건이었다. 많은 엔지니어들과 발명가들은 아크등이 너무 밝으니 이 밝기를 조절하는 방법이 없을지 고심하며 이 문제에 덤벼들었다.

에디슨도 그중 한 명이었고, 오랜 노력 끝에 탄소 필라멘트를 이용한 가정용 전등을 발명했다. 하지만 이 전등마저 에디슨이 맨 처음으로 발명한 것은 아니었다. 에디슨은 전등을 발명한 후 재빨리 미국과 영국에 특허를 신청했다. 그런데 미국 특허는 인가되었지만 영국에서는 그렇지 못했다. 영국의 특허 심의관이 이 특허를 검토하다 보니 이미 전구를 발명해서 특허를 낸 사람이 있었던 것이다. 영국의 발명가인 조지프 스완(Joseph Swan)이라는 사람이었다. 심의관이 자세히

THE WIZARD'S SEARCH.

살펴보니 스완이 먼저였고, 그래서 에디슨에게는 특허를 인가해줄
수 없다는 메시지를 보냈다.

영국의 특허를 받지 못한 에디슨은 영국에서는 발 빠르게 스완과
합작회사를 차렸다. 그리하여 미국에서는 에디슨 전기회사가, 영국
에서는 에디슨 스완 전기회사가 설립되었다. 그러니까 엄밀히 보면
우리가 알고 있는 탄소 필라멘트 전구를 처음 발명한 사람은 에디슨

이 아니라 조지프 스완이었다고 할 수 있다.

에디슨은 전구를 발명한 사람도 아니고, 처음으로 탄소 필라멘트 전구를 발명한 사람도 아니었다. 그렇다면 에디슨은 과연 무슨 일을 한 것일까? 스완이 발명한 전구는 그리 오래가지 못했다. 스완은 자신의 전구가 오래간다고 이야기했지만 실제로 그 당시 기록에는 열 시간, 스무 시간 정도가 지나면 필라멘트가 끊어져버렸다고 한다. 반면 에디슨이 발명한 전구는 1,000시간 이상 지속됐다. 그러니까 에디슨은 실용적인 전구를 처음으로 만든 사람이다.

사실 에디슨의 뛰어난 점은 그 이상이었다. 에디슨은 바로 전력 '시스템(system)'을 고안해냈다. 전구만 있다고 해서 불을 밝힐 수는 없었다. 전기를 만들어서 보내야 했다. 전기를 보내기 위해서는 발전소에서 전기를 만들어내야 했다. 물론 발전기는 이미 있었다. 하지만 단 10개 정도의 전구를 켤 수 있는 조그만 발전기였다. 에디슨은 10개의 전구를 켜는 것은 소용없는 일이라고 생각했다. 동시에 전구 1,000개를 밝힐 수 있어야 한다는 것이었다. 한 구역을 전부 밝힐 수 있어야 했다. 그러기 위해서는 성능이 뛰어나고 많은 전기를 생산해내는 좋은 발전기가 필요했지만 당시의 발전기로는 어림없었다.

에디슨은 실험실의 연구원들을 독려해 뛰어난 발전기를 만드는 연구를 하도록 했다. 하지만 생각만큼 수월하지 않았다. 에디슨도 직접 시도했지만 마찬가지였다. 에디슨은 결국 영국에서 가장 뛰어난 엔지니어를 고용했다. 그는 존 홉킨슨(John Hopkinson)이라는 엔지니어로, 에디슨은 홉킨슨에게 전구 1,000개를 밝힐 수 있는 발전기의 설계를 부탁했다. 홉킨슨은 발전기를 관통하는 과학적 원리를 잘 알고 있던 사람이었다. 결국 여러 가지 실험 끝에 발전기를 만들어내는 데 성공했다. 홉킨슨이 만든 것이 바로 에디슨의 점보 발전기(Jumbo Dynamo)다. 점보는 당시 뉴욕 서커스에서 인기를 끌던 거대한 코끼리의 이름이었다.

___ 전력 시스템의 설계

점보 발전기가 완성됐으니 이제 전구를 개량할 차례였다. 그 당시 전구의 필라멘트로는 탄소 재질의 물질이 적합하다는 사실은 알려져 있었다. 주로 옷감이나 면을 태울 때 탄소가 많이 발생하고, 흑연과 같은 물질도 모두 탄소로 되어 있다는 사실도 알려져 있었다. 그런데 대체 어떤 물질을 써야 전구가 오래가는지에 대해서는 알려지지 않았다.

에디슨은 연구원들을 모두 동원해 탄소 물질에 대한 실험을 시작했다. 그때 에디슨은 과연 몇 개의 물질을 실험했을까? 에디슨은 한 인터뷰에서 6,000개의 물질을 실험했다고 이야기했다. 하지만 실제로는 대략 1,000개의 물질을 실험했던 것으로 추정된다. 그리고 이 실험을 통해 드디어 가장 적합한 탄소 물질을 발견했다. 그것은 바로 일본의 대나무였다. 그 대나무를 태워 얇게 만든 후 필라멘트로 사용했더니 오랫동안 전류가 흘러도 필라멘트가 끊어지지 않았던 것이다. 그렇게 1,000시간짜리 전구를 만드는 데 성공했다.

그다음 문제는 발전기로 만든 전기를 어떻게 보내느냐 하는 것이었다. 당시에는 전선 2개를 만들어 전기를 보내는 간단한 방식이 있었다. 그런데 여기에는 문제가 있었다. 에디슨의 전력 시스템은 직류를 사용했다. 직류는 100볼트 정도의 저전압 영역의 전기를 사용하는 것이다. 그런데 100볼트짜리 전기를 만들어 보내면 이동하는 중간에 전압이 떨어져, 금방 90볼트, 80볼트가 되었다. 전기 도선의 저항 때문에 많이 가지 못했던 것이다.

그래서 에디슨의 발전기는 반경 1킬로미터 정도까지의 전등만 밝힐 수 있었는데, 이 거리를 조금이라도 넓히기 위해서는 발전소 쪽의 전압을 조금 더 올려야 했다. 100볼트나 110볼트가 아니라 220볼트로 전압을 올리는 것이 해법 중 하나였다.

전압을 올려서 보내는 데는 도선 3개를 이용해야 했다. 양쪽 2개의 도선은 실제로 전류가 오가는 노선이고 가운데 하나의 도선은 땅에 묻는 접지선으로 이용하는 것이다. 이렇게 하면 조금 더 멀리 전기를 보낼 수 있어 경제적인 면에서도 이득이었다. 집에서 사용하는 전압은 가운데 도선이 접지선이기 때문에 110볼트가 되었다.

어쨌건 전력 시스템이라는 것은 단순히 전구만이 아니라 전기를 발전시키는 발전기, 그리고 전구와 발전기를 잇는 송전 시스템을 모두 동시에 갖추어야 했다. 에디슨은 단순히 전구 발명가가 아니라 이 전력 시스템 전체를 설계한 시스템 창안자(system builder)였던 것이다. 이것이 에디슨과 전구 발명가인 조지프 스완의 차이였다.

에디슨은 자신의 생각을 실천에 옮기기로 했다. 그런데 일단 전기는 가격이 비쌌다. 가스등에 비해 전기를 사용하는 게 훨씬 더 밝았지만 그만큼 가격이 비쌌기 때문에 당시 사람들은 가스등을 많이 사용하고 있었다. 사람들에게 어떻게 전기를 사용하게 할 것인가가 관건이었다.

에디슨은 뉴욕의 펄스트리트라는 곳에 발전소를 만들었다. 이곳은 고급 백화점 등의 큰 상점이 모여 있는 번화가였다. 지금으로 보자면 서울 광화문에 발전소를 세운 셈이었다. 그리고 이 발전소의 1층부터 3층까지 전부 유리창을 달아서 밖에서 지나가는 사람들이 그 내부를 볼 수 있도록 꾸며놓았다. 그러니까 실제로 전기를 만드는 모습과 그 전기가 송전되어 펄스트리트 주변을 환하게 밝히는 모습을 뉴욕 시민들이 볼 수 있도록 하여 일종의 홍보 효과를 노린 것이다. 전력 공급은 에디슨 자신이 책임질 테니 침침한 가스등보다 이렇게 밝은 전기를 이용해보라는 메시지였다. 실제로 에디슨은 당시에 신문 등의 언론을 이용해 자신이 발명한 것들을 선전하곤 했다.

"환대의 상징은 불빛이다"

당시 가스는 지금처럼 중앙 가스 시설에서 각 집으로, 건물로 공급되도록 설계되어 있었다. 이미 에디슨이 활동했던 시기에 대도시에는 이 가스의 네트워크가 거미줄처럼 지하로 연결되어 있던 상태였다.

The Dynamo Room

Laying the Electrical Tubes

Testing Tubes for Insulation

THE ELECTRIC LIGHT IN HOUSES—LAYING THE TUBES FOR WIRES IN THE STREETS OF NEW YORK.—Drawn by W. P. Snyder.—[See Page 394.]

위
에디슨
펄스트리트
발전소의 발전기.

아래
펄스트리트에
첫 전기선을
가설하는 모습.

그런데 가스등의 한 가지 약점은 어둡다는 것이었다. 그리고 약간의 냄새가 난다는 불편함도 있었다.

에디슨의 회사는 전기를 홍보하기 위해 한 장의 그림을 제작했다. 〈환대의 상징은 불빛이다〉라는 제목의 이 그림은, 초대를 받은 손님이 방문했는데 그 집 앞에 전등이 환하게 밝혀져 있는 모습을 담고 있다. 한마디로 이 등을 환하게 밝혀놓는다는 것은 상대를 환영한다는 의미였다. 그러니까 적어도 사람을 초대하려면 이렇게 집을 밝게 꾸며놓아야 하지 않겠느냐는 것, 그리고 밝은 전기는 현대적인 삶을 상징하는 것이라는 메시지를 동시에 담고 있었다.

또 에디슨사가 회사를 홍보하기 위해 제작한 〈프로메테우스〉라는 그림도 있다. 인간에게 불을 전해준 신으로 알려진 프로메테우스가 이 그림에서는 불이 아닌 전등을 들고 땅에 내려오고 있다. 전등이라는 것은 계몽, 근대, 과거와의 단절을 의미한다는 점을 강조하며 전기 문화에 대한 새로운 상징을 사람들에게 각인시킨 광고라고 볼 수 있다. 사실 에디슨은 이런 점에서 매우 뛰어난 능력을 갖춘 사람이었다. 사람들로 하여금 익숙하고 값싼 가스등을 포기하고 전기를 사용하게 할 수 있는 가장 중요한 동인으로 문화적 차이를 강조한 것이었다. 전기를 사용하는 사람은 현대인이며 계몽된 사람이라는 이미지를 심어주는 전략을 취했던 것이다.

에디슨의 고집이 낳은 한계

그런데 에디슨에게도 위기가 찾아왔다. 에디슨의 직류에 대항하는
교류가 등장한 것이다. 교류는 시간에 따라 전류의 방향과 세기가 달
라지는 전류로, 그 이점은 고전압 전류를 이용할 수 있다는 것이었
다. 교류는 먼 거리를 송전할 수 있고 전압이 떨어지는 비율이 낮았
으며, 먼 거리에 위치한 발전소에서 고전압으로 송전을 한 다음에는

변압기를 이용해 전압을 낮춰 다시 가정으로 송전하는 시스템을 갖추고 있었다. 그래서 발전소 하나로 아주 넓은 면적에 불을 밝힐 수가 있었다.

그 대신 당시 교류는 모터가 없다는 결정적인 약점을 안고 있었다. 모터는 한 방향으로 회전하는 전기 장치인데, 교류는 전류의 방향이 계속 바뀌기 때문에 모터를 만들기가 어려웠다. 그런데 1880년대 중엽 이후에 니콜라 테슬라(Nikola Tesla)라는 전설적인 발명가가 교류 모터를 만드는 데 성공했다. 이때 테슬라의 특허를 구입해 교류 사업을 본격적으로 시작한 것이 웨스팅하우스 회사였다. 교류와 직류 사이에 팽팽한 전쟁이 시작된 것이다.

에디슨은 교류를 이길 수 있는 방법을 고안하면서 교류가 위험하다는 점을 주장하고 나섰다. 에디슨의 직류는 낮은 전압을 이용하고 이는 상대적으로 안전했다. 사람이 감전되어도 죽거나 심각한 부상을 입지는 않았다. 그런데 교류는 고전압을 사용하니 감전되면 생명이 위험한 상태에 이른다는 것이 에디슨의 주장이었다. 에디슨은 이를 보여주기 위해 동물 실험까지 감행했다. 말과 양, 개, 심지어 덩치 큰 코끼리도 감전시켰다.

당시 뉴욕시에는 사형 제도가 있었다. 그런데 교수형이 너무 잔인하다는 의견이 제기되면서 정치인들과 법조인들이 조금 더 인간적인 사형 방법에 대해 골몰하던 참이었다. 그때 한 발명가가 전기의자를 발명했다. 그리고 이 전기의자에 사람을 앉히고 고전압으로 감전시키면 순간적으로 목숨을 잃기 때문에 전기의자를 이용한 사형은 교수형처럼 비인간적이지 않다고 제안했다.

에디슨 회사에서는 이 주장을 은밀하게 지지했고, 결국 뉴욕시는 전기의자를 처형 도구로 받아들이게 되었다. 물론 여기에는 고전압의 교류를 사용했다. 그래서 에디슨 회사는 전기의자를 놓고 웨스팅하우스의 교류는 사람을 처형하는 데 사용하는 '처형자의 전류'라고 비난했다.

1889년 10월 11일 감전으로 인한 존 픽스(John Feeks)의 죽음. 픽스는 전신선을 고치기 위해 전신주에 올라갔다가 옆에서 같은 전신주를 공유하는 고전압 전선에 감전되어 여러 가닥의 전선에 대롱대롱 매달린 채로 숨졌다. 적어도 수백 명의 뉴욕 시민이 그의 죽음을 목격했다.

실제로 윌리엄 켐러(William Kemmler)라는 사람이 첫 번째로 이 전기의자에 앉아서 사형을 당했는데, 금방 숨이 끊길 줄 알았으나 그렇지 않았다. 그는 살이 타고 머리에서 김이 나도 숨이 끊어지지 않았고, 그래서 전기를 계속 흐르게 하자 나중에는 그 현장에 있던 사람들이 구토를 할 정도로 진짜 역겨운 광경이 연출됐다고 한다.

바로 그다음 날 에디슨 회사는 켐러가 웨스팅하우스의 전기에 의해 사형됐다는 기사를 언론에 흘렸다. 에디슨은 이렇게 비열한 방법까지 동원해가며 교류와 경쟁했다. 전기 시스템의 초기에 직류가 선택되느냐, 교류가 선택되느냐의 문제가 향후 사람들이 무엇을 사용하느냐를 결정할 것이라고 생각했기 때문에 초기 경쟁에서 전류의 표준을 선점하기 위해 양쪽 모두 굉장한 노력을 기울였다는 것을 짐작할 수 있다.

그렇다면 결과는 어땠을까? 결국 송전 시스템에는 교류가 사용되었다. 교류는 발전소 하나로 넓은 영역에 전기를 공급할 수 있다는 이점을 가지고 있었고, 단점이라면 모터가 없다는 것이었는데 모터도 결국 발명되어 교류를 사용하는 데 장애였던 문제가 사라졌다. 직류는 결국 작은 영역밖에 송전하지 못한다는 한계를 극복하지 못했다. 이렇게 교류와 직류 사이의 경쟁에서는 교류가 승리했고 그 시점이 되면 에디슨 자신은 전기사업에서 거의 손을 떼고 말았다.

에디슨은 전구를 발명한 발명가이기보다 전력 시스템 전체를 고안했던 시스템 디자이너 혹은 시스템 창안자로서의 역할과 의미가 더 큰 인물이다. 그럼에도 불구하고 에디슨은 처음부터 그랬듯 끝까

웨스팅하우스의 교류로 불을 밝힌
1893년 시카고 세계박람회.

지 직류를 고수했다. 교류로 바꿀 생각을 결코 하지 않았으며, 교류가
가진 장점을 보지 못하고 자신이 처음에 선택한 직류의 이점에 계속
머물러 있었던 것이다.

　직류나 교류는 하나의 기술이 아니라 발전, 송전, 소비가 합쳐진
시스템이었다. 직류 시스템은 직류 발전기를 사용해 전류를 만든 뒤
에 낮은 전압으로 가까운 거리를 송전하고, 직류 모터를 돌리거나 전
등을 밝히는 방식이었다. 교류 시스템은 교류 발전기를 사용해 전류
를 만든 뒤에 변압기로 이를 고전압으로 만들어 수십에서 수백 킬로
미터의 거리를 송전해서, 다시 변압기로 이를 낮춰 교류 모터를 돌리

거나 전등을 밝히는 방식이었다. 직류 시스템의 가장 큰 문제는 송전 거리가 짧다는 것이었는데, 이는 기술 하나를 바꾸는 것으로는 해결할 수 없었고 시스템 전체를 바꿔야 해결이 가능했다. 에디슨은 직류 시스템을 만든 사람이었기 때문에, 자신의 시스템의 한계나 경쟁 시스템의 장점을 공정하게 평가하지 못했다. 에디슨은 전력 시스템을 만들었지만 시스템 경쟁에서의 승자는 후발 주자인 교류가 되었다. 먼저 시작했다고 자만할 일도, 늦게 출발했다고 좌절할 일도 아니라는 것을 기술의 역사를 통해서도 깨우칠 수 있다.

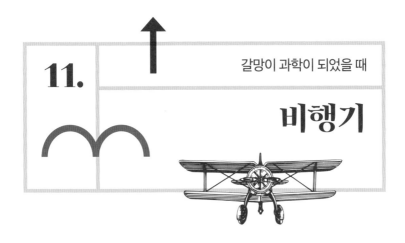

11.

갈망이 과학이 되었을 때

비행기

높은 곳을 무서워하는 것은 땅에서 진화한 인류의 공통적인 심성이다. 그래서 그런지 인간은 하늘을 동경하면서 살아간다. 하늘을 나는 꿈은 모든 어린아이의 염원이다. 나는 어린 시절 종이비행기를 힘껏 날리면서 하늘을 동경했고, 하늘을 나는 기분을 느껴보고 싶어 우산을 펼쳐 들고 높은 곳에서 뛰어내린 적도 있다. 적당히 높았기에 망정이지 더 높았다면 목숨을 잃을 수도 있었던 위험한 장난이었다. 실제로 망토를 둘러쓰고 높은 곳에서 뛰어내리다 사망하는 아이들이 꽤 있었다.

인류는 유인원에서 갈라지면서 나무에서 땅으로 내려왔다. 땅에서 걸어 다니던 인류는 하늘을 볼 때마다 자유롭게 비행하는 새를 보았다. 창공을 날아다니는 새는 인간에게는 신비롭고 닮고 싶은 존재였을 것이다.

그리스 로마 신화에는 새가 되려고 했던 인물 이카로스의 이야기가 있다. 새의 깃털을 모아 날개를 만들어 미궁에서 탈출했지만, 태양에 가까이 가는 바람에 깃털을 붙인 밀랍이 녹아서 땅으로 떨어져 죽은 인물이다. 이카로스 신화는 비행에의 동경과 그 위험을 동시에 표현한다. 중력이 작용하는 공중은 날개가 없는 인간에게는 치명적인 위험 그 자체인 것이다.

이런 위험을 뻔히 알면서도 인간의 상상력과 호기심은 자꾸 땅을 벗어나 하늘을 향했다. 바벨탑을 쌓아 하늘에 닿고자 했던 욕망에 대한 신화는 이런 호기심을 보여준다. 고대 중국의 황제는 새의 깃털을 달고 하늘을 나는 군대를 가지고 있었다는 신화가 있다. 또 9세기 이후에는 중국, 아랍, 서양에서 새처럼 날개를 달고 높은 곳에서 떨어지는 실험을 한 사람들이 많다는 기록이 있다.

조선 시대 인물인 신경준의 『여암전서(旅庵全書)』에 의하면 임진왜란 때 김제의 정평구가 무동력 비행기인 비거(飛車)를 만들어 성에 갇힌 친구를 싣고 30리(12킬로미터)를 날아서 안전한 지역으로 피신했다는 기록이 있다. 역사가들은 당시 기술로 사람을 태우고 그렇게 멀리 나는 글라이더를 만드는 것은 불가능했기 때문에, 비거에 대한 이야기는 세간에 떠도는 풍문을 기록한 것이라고 해석한다.

잘 알려져 있듯이 르네상스 시기 이탈리아의 유명한 발명가 레오나르도 다빈치(Leonardo da Vinci)는 날개를 달고 나는 글라이더와 프로펠러로 작동하는 헬리콥터를 설계하기도 했다. 다빈치의 스케치를 보면 그는 새의 날개를 연구했고, 새가 날개를 퍼덕이는 것과 비슷한 방식으로 사람의 팔에 박쥐의 날개 비슷한 큰 날개를 묶은 뒤 이를 퍼덕이면서 나는 것을 상상했던 것 같다. 그가 실제로 실험을 했다는 기록은 없다. 그도 그럴 것이 만약에 실험을 했다면 날개를 매단 사람은 바로 추락사했을 것이고, 이는 다빈치의 큰 실수로 기록되었을 것이다.

비행이 과학의 영역으로 들어오다

사람들은 새가 나는 식으로 하늘을 날기를 꿈꿨지만, 19세기에 들어 이것이 불가능하다는 것이 밝혀졌다. 1809년에 영국의 귀족이자 엔지니어였던 조지 케일리(George Cayley)는 공기보다 무거운 물체가 어떻게 하면 날 수 있는지 연구했고, 새처럼 나는 것은 불가능하다는 것을 밝혔다. 새는 약한 것 같지만, 날개를 퍼덕이는 힘은 사람의 팔다리 근력의 몇 배 이상 강하기 때문이다. 또 그는 인간이 만드는 물체가 비행을 하기 위해서는 양력(lift, 유체 속을 운동하는 물체에 운동 방향과 수직 방향으로 작용하는 힘), 추진력, 그리고 제어 시스템을 갖춰야 한다고 주장했으며, 비행기에 가해지는 힘에 무게(weight), 양력, 항력(drag, 유체 속을 운동하는 물체에 운동 방향과는 반대쪽으로 작용하는 유체의 저항력), 추력(thrust, 물체를 운동 방향으로 밀어붙이는 힘)의 네 가지가 있음을 보였다.

1895년경 릴리엔탈의 비행. 릴리엔탈의 실험은
전 세계적으로 많은 과학자의 관심을 불러일으켰으며,
라이트 형제는 릴리엔탈의 사망 소식이 실린
잡지를 보고 비행의 꿈을 키우기 시작했다.

그는 이런 이론을 바탕으로 글라이더를 직접 만들었는데, 그가 만든 글라이더는 1853년에 그의 마부를 태우고 계곡 하나를 건널 정도로 오랜 시간 동안 비행을 했다고 한다(케일리는 나이가 들어서 이를 타지 않았던 것 같다). 글라이더는 바람을 타고 날 수는 있지만 바람 방향과 반대로 비행하는 것은 불가능한데, 그 이유는 글라이더를 밀어주는 힘, 즉 추력이 없기 때문이다.

케일리의 실험은 일회성에 그쳤지만, 글라이더를 만들어 하늘을 날겠다는 꿈은 중단되지 않았다. 독일의 엔지니어 오토 릴리엔탈(Otto Lilienthal)은 황새가 나는 법을 연구해서 새의 날개를 본뜬 글라이더를 만들었다. 그는 이 글라이더를 타고 1891년에 25미터를 비행했고, 1893년에는 250미터를 비행했다. 그가 글라이더를 타고 비행하는 과정은 사진으로 기록되어 잡지에 실렸고, 이는 독일에서만이 아니라 전 세계적으로 많은 과학자의 관심을 불러일으켰다. 그렇지만 안타깝게도 그는 1896년에 비행을 하다 난기류를 만나 사망했다.

라이트 형제는 릴리엔탈의 사망 소식이 실린 잡지를 보고 비행의 꿈을 키우기 시작했다. 이들은 릴리엔탈에 대해 잘 아는 미국의 과학자 옥타브 샤누트(Octave Chanute)에게 편지를 써서 릴리엔탈의 연구에 대한 정보를 얻으면서 비행의 꿈을 실현하는 긴 프로젝트를 시작했다. 라이트 형제는 1911년에 릴리엔탈에 대해 "어느 누구도 그보다 이 (비행) 프로젝트에 신참자들을 더 많이 끌어들인 사람이 없었다. 어느 누구도 그보다 비행의 원리를 더 완벽하고 고귀하게 이해한 사람이 없었다. 어느 누구도 그보다 더 휘어진 표면의 날개의 장점을 세상에 설득한 사람이 없었다. 어느 누구도 그보다 더 인간 비행의 문제를 창공으로 옮긴 사람이 없었다"고 그를 높이 칭송했다.

글라이더는 인간이 안전하게 날기에 너무 부족했다. 결국 강력한 추진력을 가진 비행기가 필요했는데, 이 동력은 증기기관이 발전하면서 서서히 현실화되었다. 케일리는 더 작고 효율적인 기관이 나오면 이를 비행기의 동력으로 사용할 수 있을 것이라고 전망했다. 이런 전망은 1860~1870년대에 내연기관이 나오고, 이 기관의 크기가 작아지면서 실현될 수 있게 되었다. 내연기관은 한편으로는 자동차에 사용되었지만, 비행을 꿈꾸던 사람들은 바로 이 기술을 비행기에 응용하기 시작했다. 19세기 말엽부터 유럽과 미국에서 많은 발명가가 실용적인 비행기를 만드는 일에 뛰어들었는데, 그중에는 미국에서 자전거 점포를 운영하면서 비행기의 발명에 열중했던 윌버 라이트(Wilbur Wright)와 오빌 라이트(Orville Wright) 형제도 있었다.

비행기의 발명에 한 획을 그은
윌버 라이트(왼쪽)와
오빌 라이트(오른쪽) 형제.

우리는 유인 비행을 처음으로 성공한 사람이 라이트 형제라는 것을 알고 있다. 이들은 1903년 12월 17일에 노스캐롤라이나주의 키티호크 해변에서 사람들이 지켜보는 가운데 12초 동안 37미터를 비행하고, 다시 59초 동안 260미터를 비행했다. 이 직전에 미국의 유명한 과학자인 새뮤얼 랭글리(Samuel Langley)도 비슷한 비행 실험을 했지만 멋지게 실패했다. 자전거 수리공이 저명한 과학자를 누른 것이다. 이후 사람들은 항공역학의 이론에는 통달했지만 실제 비행기에는 무지했던 랭글리와 이론에 통달하진 못했지만 계속 시험을 하면서 비행기를 만든 라이트 형제를 비교하곤 했다.

랭글리는 피츠버그에서 천문대를 운영하면서 표준시간을 제공하는 일로 명성을 얻고, 나중에는 스미스소니언 연구소의 소장을 맡았던 사람이다. 당시 미국 과학계를 대표하는 사람 중 한 명이라 해도 과언이 아니다.

그는 회전대(whirling arm)를 가지고 비행기 날개의 양력을 시험해서, 비행기의 속도가 빨라질수록 날개가 받는 항력이 감소한다는 '랭글리의 법칙'을 얻어냈다. 이후 랭글리는 추진력이 강한 엔진을 비행기에 장착하는 데 전념했다. 그리고 '에어로드롬(Aerodrome)'이라는 무인 비행기를 제작해서 실패와 성공을 경험한 랭글리는 1903년 12월 8일에 50마력의 엔진을 장착한 비행기로 첫 유인 비행을 시도했는데, 그의 비행기는 레일을 벗어나면서 뒷날개가 부서지고 그대로 강으로 곤두박질했다. 랭글리가 실패하고 불과 며칠 뒤 라이트 형제는 멋지게 하늘을 나는 데 성공했다.

랭글리는 스미스소니언 연구소의 인력과 재원을 이용했고, 정부의 지원금도 받아서 비행기 제작에 사용했다. 그는 항공역학에 관련된 당시의 과학적 이론과 실험 결과를 잘 알고 있었고, 자신이 직접 실험을 수행해서 '랭글리의 법칙'을 얻어내기도 했다. 문제는 그가 실험실에서 이루어진 실험을 너무 믿었다는 것이다.

비행기가 빨리 날수록 항력이 적어지는 것은 맞는데, 이는 시간당 80킬로미터 속도까지만 해당되었다. 이를 넘으면 유해항력(parasite

랭글리의 에어로드롬
실험의 실패.

drag, 항공기 기체 표면에 공기의 마찰력이 발생하여 생기는 항력)이 생겨서 항력이 증가했다. 랭글리의 실험은 80킬로미터 미만의 속도에서만 이루어졌고, 그는 이 실험을 바탕으로 엔진의 마력을 늘리는 데만 몰두했다. 반면 라이트 형제는 글라이더 형태의 비행기 날개를 만들어 철저하게 현장 시험을 통해 비행기 디자인의 문제점을 해결해나갔다.

상상의 실현과 좌절

라이트 형제가 수많은 노력 끝에 성공을 이루었다는 것은 의심할 여지가 없다. 그렇지만 사람들은 라이트 형제의 노력에 주목했을 뿐 이들의 상상력에는 주목하지 않았다. 이들은 어렸을 때부터 하늘을 나는 기구를 만드는 것이 꿈이었다. 초등학교에 들어갔을 때 라이트 형제의 아버지는 아이들에게 프로펠러 장난감을 사주었는데, 오빌은 이것의 작동 원리를 이해해 나무를 깎아 자기만의 장난감을 만들면서 선생님에게 "언젠가 하늘을 나는 기계를 만들 거예요"라고 말했다.

아마 수많은 어린이가 이런 상상을 해봤을 것이다. 그러고는 어른이 되면 이런 상상을 유치하다고 평가하면서 이를 더 이상 좇지 않았을 것이다. 그렇지만 라이트 형제의 아버지는 아이들에게 항상 열린 마음을 가지고 호기심을 잃지 말기를 강조했다. 형제는 대학을 다니지 못했지만, 가족은 형제의 지적 호기심과 상상력을 계속 유지시키는 동력이 되어주었다.

라이트 형제가
1900년에 제작한
글라이더.

1899년에 라이트 형제는 비행의 원리와 비행기의 날개 모양에 대해 여러 이론을 섭렵하기 시작했다. 이들은 랭글리와 케일리의 저작을 읽었고, 당시 과학 이론을 수용해 양력, 추진력, 그리고 제어 시스템의 세 가지가 비행의 가장 중요한 요소임을 알게 되었다. 양력은 날개가 담당하고 추진력은 엔진에서 나왔다. 그런데 가장 어려운 문제는 제어 시스템이었다. 비행기를 어떻게 조종하고 통제할 것인가? 당시 아무도 이 문제를 심각하게 생각하지 않았지만, 대부분 글라이더나 비행기가 통제되지 않으면서 비행이 실패로 돌아갔다.

비행기 날개를 어떻게 제어할 것인가? 사람들이 심각하게 고민하지 않았던 이 문제를 해결하기 위해 라이트 형제는 하늘을 나는 새가 어떻게 자유자재로 비행을 하는지 탐구했다. 이들은 새가 날개를 쓸 때 날개의 끝을 조금 들어 올리고, 그 반대쪽 날개의 끝을 조금 내린

새로움의 조건   **213**

다는 것을 발견했다.

이들은 이런 제어 시스템을 날개에 장착했고, 1900년에 꽤 성공적인 글라이더를 만들어 날렸다. 지금 관점에서 보면 온전한 비행기가 아니라 날개만 부각된 모양이라고 생각하면 된다. 이들은 강한 바람이 부는 키티호크 해변에서 이 글라이더를 실험했고, 이들이 만든 글라이더는 다른 사람이 만든 글라이더보다 더 높이 날았다.

그다음 해인 1901년에 라이트 형제는 이 글라이더를 직접 조종해보기로 결심했고, 글라이더 중간에 윌버 라이트가 올라탔다. 그런데 글라이더는 예상보다 훨씬 낮게 떠올랐다. 자신들은 대략 300미터 정도 뜰 것이라고 생각했는데, 최대 100미터까지 떠올랐던 것이

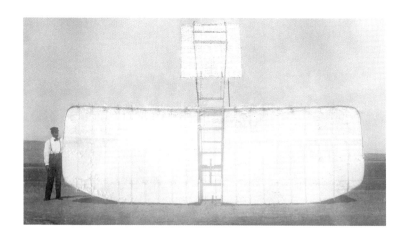

라이트 형제가 1901년에
제작한 글라이더.

다. 글라이더의 양력은 라이트 형제가 계산했던 결과의 3분의 1에도 미치지 못했다. 윌버는 실망해서 동생 오빌에게 "아마 인간은 앞으로 천년 동안은 절대로 날지 못할 거야"라고 한탄했을 정도였다.

같은 해에 이들은 1900년의 글라이더보다 더 큰 글라이더도 만들었다. 이들의 계산에 의하면 이 두 번째 글라이더는 첫 번째 것보다 훨씬 더 잘 날아야 했다. 그런데 두 번째 글라이더를 실험한 결과는 더 좋지 않았다. 글라이더는 이들이 예상한 것보다 훨씬 낮게 날았고, 갑자기 방향을 거꾸로 바꾸는 등 제대로 통제가 되지 않는 문제를 드러냈던 것이다.

항공역학에 대한 비판, 새로운 실험들, 그리고 성공

라이트 형제는 자신들의 계산에 문제가 있다는 것을 알았다. 이들은 비행기의 양력과 항력을 구한 데 사용한 공식을 다시 살펴보았다. 이 공식에는 날개의 면적이나 바람의 속도처럼 측정값을 사용하는 변수도 있었지만, 항력을 계산하는 데 쓰이는 스미튼 계수(Smeaton's coefficient)와 양력과 항력의 비를 나타내는 양력 계수처럼 기존의 연구에서 얻은 값을 사용해야 하는 것도 있었다.

실험이 이론대로 이루어지지 않자 라이트 형제는 스미튼 계수와 양력 계수의 값을 면밀하게 검토해보았다. 이들은 그동안 과학계에서 받아들여지던 상식을 의심하기 시작했으며, 자신들의 실험 결과를 설명하기 위해서는 스미튼 계수가 기존의 0.005가 아니라 이보다 작은 0.0033일 것이라고 추론했다.

스미튼 계수가 작아졌지만, 이 정도 값의 변화로는 자신들의 현장 시험의 모든 결과를 설명하지 못했다. 당시 라이트 형제는 자전거 공장과 수리점을 운영하고 있었다. 이들은 이런 상황에서 자신들의 자전거에 주목했다. 이들은 큰 글라이더를 만드는 대신 날개의 모형과 항력을 받는 판을 매달아 실험하는 방법을 생각해냈다. 자전거의 핸들 위에 옆으로 누인 바퀴를 매달고, 거기에 다시 날개 모형과 항력판을 매단 뒤에, 이 자전거를 타고 달리면서 양력과 항력이 평형이 되는 각도를 구해 계수들을 추산할 수 있었다.

라이트 형제는 자전거에 실험 장치를 매달고 고향 데이턴의 거리

라이트 형제의
자전거 실험.

를 질주했다. 자전거 실험은 꽤 좋은 결과를 냈지만, 같은 실험을 반복하는 과정에서 바람의 방향이 조금만 달라지면 자전거에 매단 날개에 작용하는 힘이 달라져 다른 실험 결과가 나왔다. 자전거의 속도가 달라져 바람의 세기가 달라져도 다른 결과가 나왔다. 이런 모든 조건을 정밀하게 통제해야 하는데 자전거를 이용한 야외 시험에서는 여러 조건을 통제하기가 너무 힘들었다.

이때 라이트 형제의 상상력이 큰 힘을 발휘했다. 왜 강한 바람이 부는 바닷가에서 글라이더를 띄워야 하나? 왜 자전거에 날개를 달고 빨리 달려야 하나? 이것이 실제 비행기 날개에 작용하는 조건과 가깝기 때문이었다. 그런데 날개를 고정시키고 강한 바람을 불어주면 결과가 같지 않을까? 날개를 움직여서 바람의 효과를 만드는 것이 아니라 날개를 고정시키고 바람을 불어준다는 것이다. 바람의 세기를 조절하면 비행기의 속도를 조절하는 셈이었다. 이렇게 하면 모형 날개가 어떻게 힘을 받는지를 훨씬 쉽게 관찰하고 측정할 수 있었다.

그는 창고에 앞뒤가 뚫린 사각형 상자를 놓고 한쪽에서 선풍기로 바람을 일으켰다. 상자 속에는 움직일 수 있는 모형 날개를 놓고, 유리로 된 창문을 달아 밖에서 날개의 상황을 관찰했다. 라이트 형제는 선풍기의 바람을 조절하여 다양한 형태의 날개가 어떤 힘을 받는지 알 수 있었고, 최적의 날개 모양과 압력이 작용하는 점의 위치를 파악할 수 있었다. 실험 결과는 이들이 1902년에 새로운 글라이더를 만들 때 적용되었고, 1903년에 성공적인 첫 비행을 한 비행기의 프로펠러를 만드는 데도 이용되었다. 바람 터널(wind tunnel), 20세기 항공공

위
라이트 형제가 1903년에
제작한 플라이어.

아래
라이트 형제의 첫 풍동.

학에서 없어서는 안 될 풍동(風洞)이 이렇게 라이트 형제의 손에 의해
탄생했고, 풍동을 이용한 실험은 1903년 12월 17일 첫 비행으로 이
어졌다.

이후 발전은 눈부시게 진행되었다. 1903년 12월 17일에 12초 동안 37미터를 비행하고, 다시 59초 동안 260미터를 비행한 라이트 형제는 1904년에 공중에서 한 바퀴 회전하는 것을 성공시켰고, 5분 동안 4.4킬로미터를 비행했다. 1905년에는 39분 동안 38.7킬로미터를 비행했다. 1908년에 윌버 라이트는 124.7킬로미터를 2시간 18분 동안 비행하는 세계 기록을 세웠다. 제1차 세계대전이 터지면서 비행기는 적진을 탐지하기 위해 널리 사용되었고, 전투용으로도 개발되었다. 전쟁이 끝난 1919년 6월에 영국 조종사인 존 올콕(John Alcock)과 아서 브라운(Arthur Brown)은 캐나다 뉴펀들랜드와 아일랜드 사이의 대서양을 무착륙 비행으로 가로지르는 데 성공했다. 우리가 잘 알고 있듯이, 미국 조종사 찰스 린드버그(Charles Lindbergh)는 1925년에 뉴욕-파리 단독 비행에 성공해 영웅 대접을 받았다.

1922년 일본에서 조종사 시험에 합격한 한국인 안창남은 금강호를 타고 모국을 방문해 여의도 백사장에서 시범 비행을 선보였다. 당시 그의 비행을 보러 나온 사람은 전국에서 5만 명에 달했다. 나라를 잃은 사람들에게 안창남의 비행기는 꿈이자 희망이었다. "떴다 떴다 비행기 날아라 날아라 하늘 높이 날아라 우리 비행기"라는 동요가 괜히 나온 것이 아니었다.

사람을 태우고 비행한 첫 비행기는 운 좋은 자전거 기술자에 의해 만들어진 것이 아니었다. 라이트 형제는 기존의 과학 이론을 습득하고 새를 관찰해 날개의 제어 시스템을 만들었고, 이론과 현장 시험이 맞지 않자 이론을 의심했고, 새로운 계수를 구하기 위해 창의적인 자전거 실험을 고안해서 실행했으며, 이 실험에 문제가 있자 풍동을 개발해 정확한 데이터를 얻어냈고, 이런 데이터에 근거해 비행기 날개와 프로펠러 디자인을 개선했다. 이들은 박사 학위를 받기는커녕 대학을 졸업하지도 않았지만, 이론과 실험을 교차 검증하고 결합하면서 4년 만에 목표를 달성했다. 이성과 상상력을 멋지게 결합한 라이트 형제는 랭글리보다, 아니 그 어느 누구보다 과학적으로 사고했던 발명가였다.

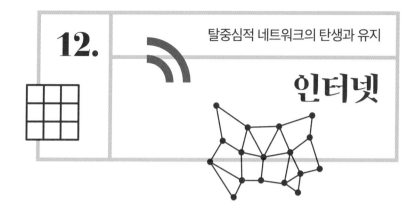

12.

탈중심적 네트워크의 탄생과 유지

인터넷

인터넷 없이 하루를 살 수 있을까? 우리는 매일 컴퓨터와 휴대전화를 이용해 검색을 하고, 뉴스를 보고, 자신이 좋아하는 웹사이트를 찾아본다. 선풍적인 인기를 누리는 유튜브와 페이스북 같은 SNS도 인터넷을 통해 접속한다. 아마 인터넷 없이는 며칠을 살기도 힘들 정도로, 지금 인터넷은 우리 삶의 일부가 되었다. 정부도 기업도 신문사도, 항공사와 군부대도 모두 인터넷 통신 없이는 제 기능을 할 수 없다.

그렇다면 나쁜 마음을 먹은 사람이 전 세계 인터넷을 꺼버릴 수 있을까? 테러리스트나 세계 정복을 꿈꾸는 사람이 인터넷의 트래픽을 관장하는 센터를 폭파하려고 마음먹을 수도 있다. 그런데 인터넷에는 이런 센터가 없다. 말 그대로 중심이 없다. 인터넷은 탈중심적 네트워크이기 때문에 인터넷 회사들이 모여 있는 실리콘밸리에 지진이 덮쳐도 별문제 없이 작동한다.

인터넷이 이런 탈중심적인 특성을 가진 것은 그 모체가 되는 아르파넷(ARPA net)이 냉전 시기에 핵전쟁을 대비하는 군사 통신망을 건설하기 위해 개발되었기 때문이다. 전쟁의 목적을 위해 개발한 통신 네트워크가 어떻게 만인이 사용하는 인터넷이 될 수 있었을까? 기술은 중립적이어서 사람들이 어떤 용도로 이를 사용하는가에 따라 그 쓸모가 달라지기 때문이었을까? 아니면 아르파넷이라는 기술 자체에 군사적 사용에 저항하고 만인을 위한 인터넷으로 진화하려 했던 어떤 속성이 있었던 것일까? 이를 이해하기 위해서는 인터넷의 초기 역사를 자세히 살펴볼 필요가 있다. 우선 1950년대 말로 돌아가보자.

냉전, 아르파, 아르파넷

1957년에 소련은 첫 인공위성 스푸트니크를 쏘아 올렸고 이에 자극받은 미국 정부는 1958년 황급하게 군사 연구를 기획하고 용역하는 아르파(ARPA)를 만들었다. 곧이어 아르파에는 군부의 통신 문제를 전담하는 정보처리국이 설립되었다. 이 정보처리국의 첫 책임자는 제2차 세계대전 동안 하버드대학의 심리-음향학 연구소에서 군사 연구를 담당했고, 이후 보스턴에 있는 BBN이라는 회사에서 '인간-컴퓨터'의 인터페이스(interface)를 연구하던 조지프 릭라이더(Joseph

Licklider)였다. 릭라이더는 「인간-컴퓨터의 공생(Man-computer Symbi-osis)」(1960)이라는 논문에서 컴퓨터를 통신 수단으로 이용한다는 전망을 제시했고, 인간-컴퓨터 시스템의 효과적인 작동을 위한 '시분할 방법'을 주창했던 사람이다. 시분할 방법은 하나의 컴퓨터에 여러 사람이 접속해서 사용하는 방법이었다.

릭라이더의 논문 「인간-컴퓨터의 공생」을 읽고 큰 영향을 받은 사람 중의 하나가 로버트 테일러(Robert Taylor)라는 컴퓨터 엔지니어였다. 테일러는 1965년에 릭라이더의 뒤를 이어 정보처리국의 2대 소장으로 취임하게 되는데, 그가 추진한 과제는 시분할 시스템을 뛰어넘어 서로 다른 컴퓨터를 네트워킹하는 것이었다. 시분할 방법은 한 대의 컴퓨터에 여러 대의 터미널을 연결하는 것이었는데, 이 방법은 기종이 서로 다른 컴퓨터를 연결하는 데는 효력이 없었다. 서로 다른 컴퓨터를 연결하기 위해서는 상이한 컴퓨터들 간에 서로 호환이 되지 않는 문제를 우선 해결해야 했다.

테일러가 소장에 취임했을 무렵 MIT의 엔지니어 로런스 로버츠(Lawrence Roberts)는 하나의 컴퓨터로 하여금 다른 컴퓨터를 터미널로 인식하는 방법을 사용해 두 대의 서로 다른 컴퓨터를 네트워킹하는 데 막 성공했다. 이를 알게 된 테일러는 로버츠를 아르파로 초빙해 네트워킹 문제에 대한 공동 연구를 시작했다. 로버츠는 1969년에 테일러에 이어 정보처리국의 제3대 소장으로 취임했다.

1967년에 로버츠는 냉전 시대의 군사 전략을 연구하던 랜드 연구소(Rand Corporation) 연구원인 폴 배런(Paul Baran)의 「분산 통신에 대해서(On Distributed Communications Networks)」(1964)라는 논문에 대한 이야기를 듣게 되었다. 공군은 랜드 연구소에 '핵전쟁에서도 살아남을 수 있는 통신 네트워크'에 대한 연구를 위촉했었고, 배런의 논문은 이에 대한 보고서였다.

당시 컴퓨터를 네트워킹하는 방법은 중앙에 통제 컴퓨터를 두고 다른 컴퓨터들을 마치 우산살 모양처럼 중앙 컴퓨터에 연결하는 것이 일반적이었다. 중앙 집중적 네트워크 또는 흔히 별 모양 네트워크라고 불리던 이러한 방법은 중앙 컴퓨터가 다른 모든 컴퓨터를 관장하기 때문에 효율성은 있었지만, 핵전쟁이나 다른 사고에 의해 중앙 컴퓨터가 파괴되면 통신 시설 자체가 마비된다는 약점이 있었다.

이런 문제를 해결하기 위해 배런은 '분산된 네트워크' 구조를 제창했다. 이는 서로 다른 컴퓨터들이 그물망처럼 얼기설기 얽혀 있는 것이었다. 이러한 네트워크에서는 '중심'이라는 개념이 의미가 없으며, 따라서 적의 핵 공격으로 인해 몇 개의 통신선이나 컴퓨터가 파괴되어도 남아 있는 것들을 이용해 메시지를 우회시킴으로써 통신이 가능했다. 덧붙여 배런은 데이터 메시지를 여러 개로 쪼개 그 각각을 다른 루트를 통해 보내는 '패킷 스위칭(packet switching)' 방법도 제안했다.

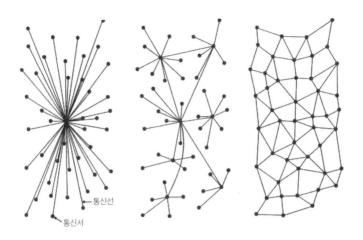

배런의 논문에 나온 세 가지 형태의 네트워크.
왼쪽부터 중앙 집중적 네트워크,
탈중앙화된 네트워크, 분산된 네트워크다.

배런의 논문에 고무된 테일러와 로버츠는 일단 UCLA, 스탠퍼드, 샌타바버라, 유타 대학의 네 곳에 있는 컴퓨터를 연결하기로 결정하고 각 대학에 네트워킹과 관련된 연구팀을 만들도록 지원했다. 또 이들은 서로 다른 컴퓨터의 네트워킹을 가능하게 하는 구체적 방법으로 '하위 넷(subnet)'이라는 개념을 고안한 뒤, 하위 넷의 핵심 요소인 IMP(Interface Message Processor)라는 기계의 제작을 BBN사에 의뢰했다. 당시 BBN에는 로버츠의 친구이자 네트워킹 이론가인 로버트 칸 (Robert Kahn)이 있었다.

서로 다른 컴퓨터 사이에 통신을 하기 위해서는 통신 규약인 프로토콜(protocol)이 필요했는데, 이것을 만드는 일은 로버츠가 조직한 '네트워크 연구 그룹(NWG: Networking Working Group)'이 담당했다. 이 그룹은 텔넷, FTP, 원거리 로그인을 가능하게 하는 NCP(Network Control Program)라는 프로토콜을 만들었다. 칸과 BBN의 엔지니어들이 IMP를 만드는데 밤낮을 가리지 않았던 덕분에, 1969년 9월에 첫 IMP가 UCLA에 설치되었고, 그해 12월에는 네 대학에 설치된 IMP들이 서로 연결되어 최초로 아르파넷을 구성하게 되었다.

다음 해에는 동부 보스턴에 있는 BBN에 새로운 접속점(node)이 만들어져 미국 동부와 서부를 연결하는 네트워크가 탄생했다. 1971년에는 모두 열한 개의 접속점이 생겨났다. 곧 BBN의 엔지니어들은 이메일을 가능하게 하는 메일박스 프로그램을 만들었는데, 이메일은 다른 기능들을 제치고 아르파넷의 전송량의 4분의 3을 점유했다.

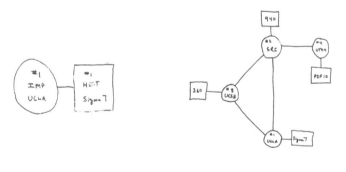

1969년 9월,
두 접속점을 연결한 아르파넷.

1969년 12월,
네 접속점을 연결한 아르파넷.

동부와 서부의 대학과 연구소들이 아르파넷으로 연결되었지만 다른 대학과 연구소가 너도나도 아르파넷으로 몰려든 것은 아니다. 무엇보다 대학의 과학기술자들은 다른 대학의 사람들이 자신들의 컴퓨터에 접속해 이를 이용하고 자료를 공유한다는 생각에 심리적 거부감이 있었다. 이를 극복하기 위해 로버츠와 칸은 1972년 워싱턴의 한 호텔에서 열린 컴퓨터 통신에 대한 국제 학회에서 아르파넷을 컴퓨터 통신 관련자들에게 선보였다. 사람들은 아르파넷을 통해 수천 킬로미터 떨어진 컴퓨터에 접속해 다양한 프로그램을 조작해보고 멀리 떨어진 사람들과 채팅을 하면서 경이로워했다.

이 시연 이후 아르파넷에 접속하는 기관이 기하급수적으로 증가했다. 하지만 이 시점에 새로운 문제가 발생했다. 그것은 이미 존재하던 국지적 네트워크들과 아르파넷을 연결하는 넷을, 즉 네트워크들을 묶는 '인터'넷(inter-net)을 만드는 문제였다. 이를 위해서는 새로운 프로토콜이 필요했다. 이때 스탠퍼드의 컴퓨터 엔지니어 빈턴 서프(Vinton Cerf)와 BBN에서 아르파로 적을 옮긴 로버트 칸이 주축이 되어 이 '인터'넷을 위한 TCP라는 새로운 프로토콜을 썼고, 1974년부터 이 TCP가 아르파넷과 다른 네트워크를 연결하는 데 사용되었다. 곧이어 전송을 통제하는 IP가 TCP에서 따로 독립했다. 이렇게 해서 인터넷 프로토콜의 원형인 TCP/IP(Transmission Control Protocol/Internet Protocol)가 만들어졌다.

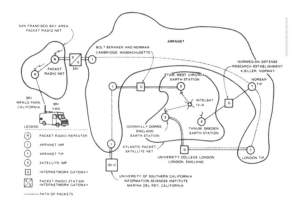

아르파넷과 다른
네트워크를 연결하는
TCP/IP의 구상도.

TCP/IP로 연결된 네트워크의 총체는 잠시 '아르파 인터넷(ARPA Internet)'으로 불리다 곧바로 그냥 '인터넷(Internet)'으로 불리기 시작했다. 이렇게 1970년대 중반에 미국에서 인터넷의 중심 골격이 탄생했다.

발명은 '순간'이 아니라 '과정'

아르파넷은 계속해서 상이한 네트워크를 통합해나갔다. 아르파넷은 큰 대학과 연구소를 잇고 있었기에, 회사나 좁은 지역을 연결하는 데는 아르파넷이 아니라 이더넷(Ethernet)이 표준적으로 사용되고 있었다. 1979년에는 듀크대학의 두 대학원생이 유닉스 컴퓨터 사이에 메시지를 주고받는 유즈넷(Usenet)을 만들었다. '빈자의 인터넷'이라 불리던 유즈넷은 처음에는 컴퓨터에 대한 기술적인 정보를 주고받는 뉴스 집단이 주 사용층을 이루었지만, 곧바로 섹스와 마약에서 애완동물 기르기까지 세상의 모든 주제에 대해 정보를 주고받는 거대한 가상 커뮤니티를 형성했다. 이것들 외에도 DEC의 DECnet, IBM의 BITnet 등 컴퓨터 회사들이 자사의 컴퓨터를 이용해 네트워크를 만들었고, 컴퓨터 과학자들의 넷인 CSnet, 국립과학재단(NSF)의 NSFnet 등도 건설되었다.

보안이 더 잘되는 네트워크를 바라던 미국 군부는 1983년에 아르파넷에서 떨어져 나와 독자적인 밀넷(Milnet)을 만들었다. 대학과 연구소를 연결하는 아르파넷과 미국 군부가 사용하는 밀넷이 완전히 분리되었던 것이다. 1988년에는 오래된 아르파넷을 해체하는 작업이 이루어졌고, 이후 국립과학재단이 만든 NSFnet이 인터넷의 중심 골격을 형성하게 되었다.

1989년에는 유럽입자물리연구소(CERN)의 팀 버너스리(Tim Berners-Lee)가 하이퍼텍스트라는 개념을 사용해서 인터넷에서 데이터를 공유하는 HTTP라는 프로토콜과 HTML이라는 월드와이드웹(World Wide Web) 언어를 만들었으며, 1993년에는 일리노이대학의 대학생인 마크 앤드리슨(Marc Andreesen)이 HTML 문서들을 손쉽게 볼 수 있는 모자이크(Mosaic)라는 웹브라우저를 제작하면서 많은 사람을 인터넷으로 유입시킬 수 있었다. 모자이크는 큰 인기를 끌었던 넷스케이프라는 웹브라우저로 발전했다. 내가 인터넷에 처음 접속한 것도 이 모자이크라는 웹브라우저를 통해서였다.

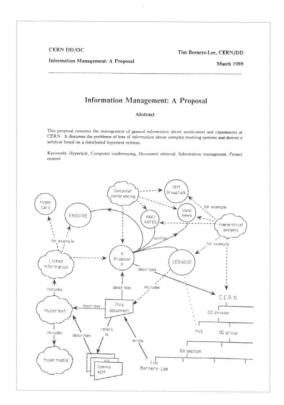

1989년에
팀 버너스리가
제출한
월드와이드
웹에 관한
첫 제안서

　　1993년에는 통신 회사들이 임대료를 내고 인터넷에 접속점을 얻었다. 대학과 연구자들에게만 공개되던 인터넷이 이제 일반 대중에게도 공개되기 시작했다. 보통 사람들이 집이나 사무실에서 개인용 컴퓨터와 모뎀을 사용해 인터넷에 접속하기 시작했고, 개인과 기업은 물론 수많은 단체와 조직이 홈페이지를 만들었다. 정보를 검색할 수 있는 편리한 검색엔진이 등장했고, 야후(Yahoo) 같은 검색엔진은 전 세계적으로 인기를 끌었다. 이렇게 인터넷 혁명이 시작되었다.

누가 인터넷을 만들었는가? 또는 누가 인터넷의 '아버지'인가? 랜드 연구소의 폴 배런? 아르파의 릭라이더? 역시 아르파의 로런스 로버츠? 1973년에 TCP/IP를 만든 빈턴 서프와 로버트 칸? 1989년에 HTTP라는 프로토콜과 HTML이라는 컴퓨터 언어를 만든 팀 버너스리? 어떤 사람들은 빈턴 서프와 로버트 칸을 인터넷의 두 아버지라고 꼽고, 다른 이들은 여기에 처음으로 컴퓨터 네트워킹을 실현시켰던 로런스 로버츠를 더하기도 한다. 또 다른 사람들은 월드와이드웹을 만든 팀 버너스리를 인터넷의 진정한 아버지라고 평가한다. 지금 인터넷을 사용하는 사람들 대부분은 HTTP 프로토콜로 연결되는 웹사이트를 쓰기 때문이다.

그런데 사실 이런 질문 자체는 별 의미가 없다. 인터넷이라는 기술 시스템은 한 시점에 발명된 것이 아니라 배런의 아이디어, 릭라이더의 이상, 테일러와 로버츠의 조직력과 추진력, BBN의 칸과 동료들이 만든 IMP, NWG의 첫 NCP 프로토콜, 칸과 서프의 TCP/IP, 버너스리의 웹 등 수많은 상이한 이론적, 기술적 요소들이 서서히 종합되면서 형성된 것이기 때문이다. 기술사의 많은 예에서 볼 수 있듯이, 이 경우에도 발명은 '순간'이 아니라 '과정'이었다.

'누가 인터넷을 만들었는가'라는 질문보다 더 흥미로운 질문은 '미국 군부가 인터넷의 개발에 미친 영향은 무엇이었고 또 얼마나 중요했는가'라는 것이다. 인터넷의 시작을 IMP를 만든 BBN의 엔지니어들의 노력에서 찾는 사람들은, 아르파가 미국 국방성의 산하 기구로서 군사적 목적을 위해 효과적인 명령-통신 시스템을 구축하는 임무를 수행하던 조직이라는 사실과 분산된 네트워크와 패킷 스위칭이라는 아르파넷의 기본 아이디어가 랜드 연구소의 폴 배런에게서 나왔다는 사실을 애써 무시하고 있다.

　반대로 배런과 랜드 연구소에 초점을 맞추면, 아르파넷은 핵전쟁 이후의 사회에 대한 소름 끼칠 정도로 차가운 시나리오와 맞닿아 있음을 발견하게 된다. 배런은 "핵전쟁이 흑백논리식의 지구 멸망이 아니라면, 우리는 생존자들이 학살의 잿더미에서 벗어나 경제를 재건하는 일처럼 전쟁의 회색 지대를 되도록 밝게 만들 수 있는 일들을 해야 한다"고 강조했는데, 그의 분산된 네트워크는 바로 핵전쟁의 잿더미에서도 살아남아 새로운 사회를 건설하는 수단이었다. 무엇보다 랜드 연구소는 '닫힌' 세상에 대한 담론인 시스템 담론을 만들어내던 냉전의 두뇌 집단이었다.

　그렇지만 배런의 영향과 아르파가 국방성 산하의 연구 기관이었다는 점 때문에, 아르파넷이 냉전의 '닫힌' 세계관을 고스란히 담아내고 있으며 이것이 지금 우리가 사용하는 인터넷에도 반영되어 있다고 보는 시각은 너무 단순하다. 이는 아르파넷이 만들어진 1968~1971년과 지금 우리가 사는 2020년대를 가로지르는 50년이라는 시간과 그동안 일어난 수없이 많은 변화와 사건들을 너무 가볍게 건너뛸 뿐만 아니라, 아르파넷 자체에 대해서도 적절하지 못한 일반화에 근거하고 있기 때문이다.

무엇보다 아르파는 해군연구국 등과 달리 개별 군의 소속이 아니라 국방성 소속이어서 3군 사이의 경쟁과 견제에서 한발 비껴나 있었으며, 그 결과 대학의 기초 연구를 훨씬 자유롭게 지원할 수 있었다. 아르파의 정보처리국은 마치 대학과 같이 자유롭고 형식적이지 않은 분위기였으며, 다른 연구팀에 연구를 위탁할 때도 그 연구의 군사적 성격을 강조하지 않았다.

아르파의 지원을 받았던 대학 연구자들은 일단 자신들이 관심 있는 주제를 정하고 나중에 그것이 왜 국방에 중요한가를 합리화하곤 했다. 아르파넷 계획을 출범시켰던 테일러 자신도 아르파넷의 군사적 중요성에 대한 정당화 없이 이에 대한 지원을 받아냈다. 무엇보다 아르파넷을 추진한 목적은 군사적 명령-통제의 네트워크를 만들기 위해서가 아니라 디지털적으로 고립된 대학의 연구 기관들을 연결해 거대한 '메타 공동체'를 만드는 것이었다.

수평적이고 개방적인 공동체 문화

아르파넷은 아르파가 발주한 군사 프로젝트였지만 수소폭탄처럼 비밀스러운 것은 아니었다. 아르파넷 연구에 참여했던 연구자들은 아르파넷과 관련된 연구를 학회에서 자유롭게 발표했으며, 오히려 이를 권장받았다. 또 아르파넷의 건설을 통해 네트워크 이론을 연구하던 연구자들과 이를 만들던 엔지니어들 사이에 풍성한 상호작용이 이루어졌다. 비록 어떤 집단들 사이에서는 과한 경쟁심이 존재했지만, 전체적으로는 '경쟁적이지만 협력적인' 분위기가 지배적이었다. 아르파넷에 처음부터 관심을 보였던 군사 기관은 군사적 목적보다는 이 연구 공동체에 소속되길 원했기 때문에 이에 가입하기도 했다.

1975년 아르파넷의 관장이 국방성으로 잠정적으로 이전된 이후에는 아르파넷을 국방용 네트워크로 사용하려고 시도했던 군부와 주로 대학에 몸담고 있던 연구원들 사이에 갈등이 표면화되었다. 군인들은 안정되고 비밀이 잘 지켜지는 네트워크를 원했지만, 연구원들은 네트워크 프로토콜을 자꾸 바꾸고 이런저런 실험을 하는 것을 원했기 때문이다. 국방성은 "권한이 없고 악의적인 사용자들의 침입"이 네트워크에 위협이 되고 있으며, "수많은 컴퓨터 애호가들이 모뎀을 사용해 네트워크에서 그저 게임을 즐기고 있다"고 불평할 정도였다. 군부의 이러한 불만은 1983년 군사용 밀넷이 아르파넷에서 분리된 직접적인 원인이 되었다.

아르파넷의 탈(脫)중심적 혹은 탈중앙집권적인(decentralized) 특성의 기원은 배런의 분산된 네트워크 개념에서부터 찾을 수 있다. 핵전쟁 이후 잿더미가 된 사회에서 강력한 중앙집권이 의미가 없듯이, 이러한 상황에서도 살아남을 수 있는 네트워크는 극단적으로 분산적이고 탈중앙집권적인 것이어야 했다. 인터넷으로 이어진 아르파넷의 골격과 메시지를 쪼개서 서로 다른 루트를 통해 전달하는 패킷 스위칭이라는 개념은 모두 이런 핵전쟁에서도 작동할 수 있는 통신 체계의 특성에서 기인했다.

그렇지만 아르파넷의 탈중심적인 성격은 그것을 구성한 연구원들의 공동체와 그들의 문화에서 가장 잘 드러난다. 프로토콜을 디자인하기 위해 설립된 네트워크 연구 그룹(NWG)은 주로 대학원생들로 구성된 느슨한 연구 집단이었고, 여기에는 어떠한 권위나 핵심적인 지도자도 존재하지 않았다. 이들은 네트워크의 문제를 토론하기 위해 '의견을 바랍니다(Request for Comments, RFCs)'라는 문서를 만들어 아무나 어떤 주제에 대해서도, 심지어 네트워크와 관련된 철학적 문제에 대해서도 의견을 내게 했고, 이렇게 축적된 문서를 자신들의 '권위'로 삼았다. '의견을 바랍니다'는 협동을 추진하기 위해 지속되었고, 서로를 격려하는 언어로 쓰였다. 이것은 바로 개방적이고 민주적이며 협동적인 인터넷 커뮤니티의 문화를 반영하고 있었다.

아르파넷이 인터넷으로 진화하면서 이런 탈중심적이고 개방적인 특성은 유즈넷 같은 네트워크를 포섭하면서 더 강화되었다. 유즈넷의 익명성과 탈권위주의적 특성은 인터넷을 이용해 폭발적으로 성장한 수많은 가상 커뮤니티들의 특성이 되었다. 가상 커뮤니티를 이용하는 '네티즌(netizen)'들은 커뮤니티 밖의 전문가들의 권위에 도전했고, 국가의 검열 같은 반민주적 처사에 저항했다. 이들은 서로의 필요에 화답하면서 자신의 지식과 전문성을 무료로 공유하는 독특한 문화를 만들어냈다. 이런 문화는 상당 부분 아직도 유지되고 있다.

네티즌들은 이런 문화를 경험하면서 인터넷 자체가 탈중심적이고 탈권위적이며 민주적이라고 믿게 되었다. 그래서 인터넷 사용자들은 인터넷을 통제하려는 여러 시도에 저항했다. 사용자들은 웹브라우저의 독점에 반대했고, 내용 검열에 저항했으며, 창작자에게 너무 강력한 권한을 주는 저작권 보호법을 비판했으며, 모든 콘텐츠를 동등하게 처리해야 한다는 망 중립성 개념을 옹호했다. 인터넷을 독점하거나 통제하려는 시도는, 인터넷의 프로토콜이 민주적이고 분산적이라는 이유 때문이 아니라(이런 이유가 없다고 할 수는 없지만), 인터넷이 탈중심적이고 민주적으로 만들어졌으며 이런 속성이 계속 지켜져야 한다고 생각하는 사용자들에 의해 번번이 좌절되었다.

말하자면 인터넷 네트워크의 구조 때문만이 아니라 인터넷을 사용하는 사람들이 그것의 가치를 믿었기 때문에 개입과 통제에 저항한 것이다. 인터넷은 사람을 바꾸었고, 이렇게 바뀐 사람은 인터넷의 탈중심적 속성을 계속 유지할 수 있는 힘이 되었다. 지금까지도.

4부

인간과 기술의
동고동락

13.

컨베이어 벨트가 역전시킨 인간과 기계의 자리

자동차

요즘은 성인이 되면 운전면허를 일찍 취득하는 일이 많다. 자동차를 직접 운전할 기회는 없어도 일단 면허를 취득하는 것이 문화처럼 자리 잡은 것 같다. 그만큼 자동차가 필수품이라는 인식이 크기 때문일 것이다. 내가 면허를 땄을 때는 수동으로 기어를 바꾸는 자동차로 시험을 봤는데, 그 기억이 아직도 생생하다. 조그마한 언덕으로 차를 운전해 올라가다 잠시 정지한다. 그다음에 클러치를 왼발로 밟고 난 후 기어를 바꾸면서 순식간에 오른발로 브레이크에서 액셀로 바꾸어 밟아 언덕을 올라가야 했다. 그런데 30센티미터 이상 차가 뒤로 밀리면 불합격이었다. 이 구간에서 많은 사람이 탈락했다. 나 또한 이 구간에서 두 번을 연거푸 떨어져 이 작은 턱이 마의 언덕 같았던 기억이 있다.

지금은 자동차가 생필품이 되어 소유하든 그렇지 않든 자동차 없는 삶을 상상하기 힘들다. 그런데 150년 전만 해도 지금 같은 자동차는 이 세상에 없었다. 당시 전기차와 증기기관으로 움직이는 차가 있기는 했지만 지금의 내연기관을 사용하는 자동차는 존재하지 않았다. 어떻게 그 짧은 시간에 이런 세상이 왔는지 의아할 뿐이다. 이 장에서는 자동차의 발전을 톺아보면서 이 기술이 인간과 기계의 관계에 대해 어떤 이야기를 해주는지 살펴보고자 한다.

대량생산, 대량소비의 시대

1913년 당시 미국의 자동차 회사인 포드사에는 1만 3,000명 정도의 노동자가 일을 하고 있었다. 그리고 특정 작업만을 하는 전문화된 기계들이 500~600대 있었다. 헨리 포드(Henry Ford)는 이 기계가 공장의 꽃이라고 생각했다. 자동차의 부품들을 모두 만들어내기 때문이었다. 그렇게 만들어진 수많은 부품은 놀라운 방법으로 조립되었다. 사람들이 움직이는 컨베이어 벨트 앞에 서 있다가 자신 앞에 도착한 부품을 조립하고, 벨트가 움직이면서 그 부품이 옆 사람에게로 이동하면 그 사람은 또 다른 부품을 조립하는 방식이었다. 이처럼 컨베이어 벨트를 이용해 부품을 조립하는 것을 어셈블리 라인(Assembly Line)이라고 한다.

　원래 자동차 부품은 하청 업체들에게 맡겨 생산하게 하고, 자동차

포드사의
하이랜드 파크 공장.

회사에서는 그것들을 납품받아 기계에 능숙한 장인이 하나하나 다듬어가며 조립했다. 그러나 포드사에서는 모든 부품을 표준화된 방식으로 자사의 공장에서 생산해냈다. 당시 다른 자동차 회사는 1년에 4,000대 정도의 자동차를 만들었지만 포드사의 공장에서는 1년에 25만 대를 생산했다. 자동차 25만 대가 쏟아져 나왔으니, 타이어는 무려 100만 개를 만들었다. 그리고 앞뒤로 2개씩 달린 램프도 100만 개를 만들었다. 이렇게 자동차의 대량생산이 시작되었다. 이것은 자동차만이 아니라 어떻게 보면 세상 자체를 완전히 바꿔버린 생산 방식이었다. 우리가 사는 세상을 대량생산, 대량소비의 세상으로 만들어버린 것이다.

처음 제작된 자동차 중 하나는 지금도 생산되고 있는 메르세데스로, 1901년에 처음 출시되었다. 그 당시 이런 자동차는 짐작하기 힘들 정도로 값이 비쌌다. 모든 물가가 균일하게 오르지 않았기 때문에 정확히 환산하기는 어렵지만 어림잡아 추산해보면 당시 자동차는 지금의 가격으로 1억 원이 훨씬 넘었을 것으로 여겨진다. 그러니까 그 당시에는 보통 사람들이 구입할 엄두도 내지 못하던 물건이었다. 돈이 많은 소수 사람들만이 자동차를 가지고 있었다. 그렇다면 자동차는 어떻게 많은 사람의 일상으로 들어오게 되었을까?

── 포드가 고안한 어셈블리 라인

헨리 포드는 기계공 출신의 엔지니어였다. 일찍부터 자동차에 관심이 있었고 스스로 독학해서 자동차를 만들기 시작했다. 1902년에 열린 자동차 경주대회에서 포드가 만든 차가 신기록을 세우면서 1등을 했고, 이를 계기로 포드는 주목받는 엔지니어가 되었다. 그런데 1905년 무렵 포드는 다른 생각을 했다. 자동차 가격이 무척이나 비싼데 이를 500달러 정도로, 지금의 값어치로 환산하자면 3000만 원 정도의 가격으로 떨어뜨린다면 훨씬 더 많은 사람이 차를 살 수 있을 것이라는 생각을 하게 되었다. 그런데 사실 자동차의 가격을 떨어뜨릴 방법은 없었다. 자동차의 가격은 임의로 정해진 게 아니라 공장에서 일하는 숙련된 노동자들의 임금, 재료비, 거기에 약간의 이윤을 더한 것이기 때문이었다.

이런 것들을 계산해보면 자동차의 가격을 3분의 1에서 4분의 1로 갑자기 떨어뜨릴 수 있는 방법은 없었다. 그렇지만 포드는 가격을 낮

자동차 레이서인 바니 올드필드
(Barney Oldfield, 왼쪽)와 포드(오른쪽).
사진 속 자동차가 올드필드의 첫 자동차다.

추는 것이 매우 중요한 문제라고 생각했다. 그것은 시장을 넓힐 수 있
는 기회였고, 그렇게 된다면 자동차는 더 이상 사치품이 아닐 것이었
다. 가격 하락은 자동차가 생필품으로 점점 자리 잡을 수 있는 계기가
될 거라고 생각한 것이다.

  포드는 1905년에 자신의 첫 모델인 N이라는 자동차를, 1908년
에는 모델 T라는 자동차를 만들었다. 이 당시에도 포드의 자동차는
꽤 비쌌다. 포드는 모델 T를 만들면서 부품을 만드는 기계들을 점차
많이 도입했는데, 특정한 공정만 담당하는 600대 정도의 기계들이
공장에 놓이게 된 것이 바로 이때였다. 그러면서 이 기계들이 대부분

포드사의 대표적인 자동차인
모델 T 옆에 서 있는 포드.

의 부품을 자동으로 생산해내기 시작했다.

　당시 포드 공장에 있었던 기계들과 사람들이 이 기계에 붙어서 일
하는 모습을 담은 사진이 남아 있다. 이 사진에는 각각 다른 작업을
하는 28개의 기계가 촘촘히 배치되어 있고, 그 28가지 기계 중 18번
째 기계가 작동하면서 엔진에 들어가는 실린더를 정교하게 깎아내고
있다. 그리고 그렇게 깎아낸 부품들을 조립하는 일은 사람이 직접 했
는데, 기계로 어떻게 부품을 깎는지 모르는 사람도 조립 일을 할 수

있었다. 자신에게 주어진 아주 간단한 일만 하면 되었기 때문이다.

1913년에 포드 공장은 이렇게 완전히 어셈블리 라인으로 설계되었고, 모든 부품은 컨베이어 벨트 위를 통과하면서 사람들에 의해 조립되기 시작했다. 조립한 부품은 다음 공정으로 넘어가고, 그걸 받은 사람은 또 다른 부품을 조합해 다음으로 넘겼다. 이렇게 넘기고 넘기다 보면 나중에는 거의 완성된 섀시(자동차의 차대)가 만들어지는 방식이었다. 또 다른 라인에서는 섀시 위에 얹는 차체를 만들어 옆으로 넘기면 그 옆에서는 섀시와 차체를 같이 조립했고 그렇게 완성된 차가 출시되었다.

포드사의 28가지 기계 중 18번째 기계. 엔진에 들어가는 실린더를 정교하게 깎아내는 기계다.

가장 중요한 동력 장치를 만드는 어셈블리 라인의 단순한 작업 방식은 상상을 뛰어넘었다. 볼트와 너트를 조이는 작업에서는 한 사람은 볼트만 넣고 옆에 있는 사람은 너트만 넣었으며, 그 옆에 있는 사람은 이것을 조이기만 하면 될 정도로 세분화되어 있었다. 이런 작업

포드사의 어셈블리 라인.
1913년에 포드 공장은 완전히 어셈블리 라인으로 설계되었고, 모든 부품은 컨베이어 벨트 위를 통과하면서 사람들에 의해 조립되기 시작했다.

방식을 갖춘 포드의 공장에서는 1년에 25만 대의 차가 생산되었다.

그렇다면 도대체 헨리 포드라는 사람은 어떻게 이 어셈블리 라인을 생각해냈을까? 물론 공장에서의 노동은 분업화되어 있었고, 분업화는 산업혁명기 때부터 일반적인 공장제 생산의 특징 중 하나였지만 이런 식으로 컨베이어 벨트를 이용해 인간의 모든 노동을 기계의 움직임에 맞추는 방식은 선례가 없었던 것이다.

이는 사실 많은 역사학자의 호기심을 자아낸 문제였다. 한 가지 해석은 이런 시스템이 당시 육류 공장에서 비롯됐다는 것이다. 포드가 시카고에 있는 육류 공장을 방문한 적이 있었다고 한다. 그런데 이 육류 공장은 어셈블리 라인이 아니라 거꾸로 디서셈블리(disassembly) 라인의 작업 방식으로 이루어져 있었다. 한마디로 조립이 아닌 해체를 진행하는 방식인 것이다.

육류 공장에서는 도축한 소나 돼지를 꼬챙이에 꿰어 컨베이어 벨트에 매달고 이 벨트가 움직이면 처음에 서 있던 사람은 어떤 부분을 잘라내고, 그다음 사람은 다른 부분을 잘라내고, 다음 사람은 또 다른 부분을 잘라내면서 이렇게 하나씩 각자 맡은 부위를 덜어내다 보면 맨 끝에 가서 소나 돼지는 뼈만 남고 가공된 육류 제품이 완성되는 것이었다. 그러니까 이것은 모으는 게 아니라 해체하는 것인데, 이 과정을 유심히 본 포드는 자동차 산업에 이 시스템을 응용하면 되겠다고 생각했다는 것이다. 포드는 해체하는 것이 아니라 거꾸로 조립해 더하는 방식으로 사고를 전환했다. 이는 하나의 해석이지만, 상당한 설득력을 지닌다.

당시 포드사의 루즈 공장은 어마어마한 규모를 자랑했다. 제철소까지 있어서 자동차 원료가 되는 철강도 모두 생산해냈고, 바로 옆에 위치한 공장에서 그것을 건네받아 조립해 완성된 차를 출시하는 일괄 시스템을 갖추고 있었다.

1932년 화가인 디에고 리베라(Diego Rivera)는 디트로이트 미술관의 의뢰로 자동차 산업과 관련된 그림을 그리기 위해 디트로이트로 오게 되었다. 디에고 리베라는 우리에게 잘 알려진 프리다 칼로(Frida Kahlo)의 남편으로, 강경한 사회주의자로 알려져 있다. 리베라는 당시 공장의 기계, 포드사의 컨베이어 벨트, 노동자들의 일상 등을 그림에 자세하게 표현했다. 〈디트로이트 산업〉이라는 제목의 이 작품에는 컨베이어 벨트 시스템을 이용해 자동차의 섀시 프레임을 조립하는 광경이나, 자동차 차체가 될 판을 눌러 찍어내는 거대한 프레스도 등장하고, 출근길 풍경인 듯 노동자들이 힘없이 걸어가고 있는, 디스토피아 영화에서나 나올 법한 모습도 그려져 있다. 컨베이어 벨트 시스템 앞에서 일하는 노동자들을 매서운 눈길로 지켜보는 두 감독관을 표현한 장면도 있다. 감독관 중 한 명은 헨리 포드의 아들인 에드젤 포드(Edsel Ford)이고, 그 옆에 검은색 양복을 입고 있는 사람은 이 그림 프로젝트를 디에고 리베라에게 의뢰한 윌리엄 발렌티너(William Valentiner)라는 사람이다.

이렇게 그림에 묘사된 것처럼 헨리 포드의 자동차를 만들어내는

디에고 리베라, <디트로이트 산업>, 1932~1933,
디트로이트 미술관 벽화. 당시 자동차 도시였던
디트로이트의 공장의 기계, 컨베이어 벨트,
노동자들의 일상 등을 자세하게 표현했다.

새로운 시스템이 당시 산업에서 확고하게 자리 잡아가고 있었다. 이
는 굉장히 자본주의적인 시스템이라고 할 수 있었다. 그전에는 기계
가 단순 작업을 했지만 포드 공장에서는 사람이 하루 종일 단순 작업
을 반복하고 기계는 아주 고도로 세분화된 노동을 담당하는 시스템
이 된 것이다. 이것은 어떻게 보면 매우 비인간적인 노동 환경으로 느
껴진다.

　그런데 재미있는 것은 포드의 새로운 시스템이 당시 사회주의 국

가였던 소련에서 엄청나게 환영받았다는 것이다. 포드는 소련에서 영웅 취급을 받을 정도였다. 그리고 이는 소련이 사회주의를 건설하는 데 무척이나 유용한 방식이라는 찬사를 받으며 적극적으로 도입되었다.

포드사의 간부들은 소련에 가서 직접 정보를 전수해주고 아주 후한 대접을 받기도 했다. 실제로 소련에서도 비슷한 공장들이 많이 건설되었다. 당시 소련에 건설됐던 트랙터를 만드는 공장에서는 포드의 어셈블리 라인과 비슷한 형태의 생산 시스템을 구현하기도 했다. 어쨌건 그 당시 사회주의 국가들은 노동자들을 해방시키겠다는 선전을 했지만 사실 공장이 돌아가는 방식은 자본주의 체제와 다를 바 없었다.

포드의 방식이 불러온 변화

포드주의를 강하게 비판했던 대표적인 사람 중 하나는 찰리 채플린 (Charles Chaplin)이었다. 영화 〈모던 타임스〉의 찰리는 자기 앞에 놓인 부품을 24시간 내내 조이는 단순하고 반복적인 노동으로 결국은 정신이 이상해져 눈에 보이는 모든 것을 조이는 기이한 행동을 하다 공장에서 쫓겨난다. 영화 속 찰리가 일하는 이 공장은 사실 포드 공장을 모델로 한 것이었다.

대량생산의 초기에 포드에 대한 비판은 끊이지 않았다. 인간적인 면을 상실했다는 질타가 이어졌다. 이런 문제에 대해 사실 노동자들 또한 불만이 조금씩 쌓여가고 있었다. 그때 포드가 획기적인 대안을 내놓았다. 1914년 1월 1일을 기해 월급을 파격적으로 인상해준 것이다. 그 당시 노동자들의 임금은 한 시간에 2.6달러였다. 다른 공장에 비해 포드 공장의 보수는 괜찮은 수준에 속했다. 그런데 포드는 이를 거의 두 배에 달하는 5달러로 올려주었다. 노동시간 또한 단축시켜주었다.

사실 포드는 여러 가지를 염두에 두었다. 한 가지는, 만약 미국의 노동자들이 그 정도의 월급을 받는다면 저금을 해서 자동차를 살 수 있을 거라는 생각이었다. 또 한 가지, 그때 공장에서는 크고 작은 사고들이 빈번하게 발생했다. 이 같은 사고에 대한 비난이 점점 거세지자 월급을 올려주고 노동시간을 단축하는 것으로 조금 더 만족스러운 작업환경을 만들어줌으로써 사고를 미연에 방지하자는 측면도 있었던 것이다.

포드는 월급을 두 배로 올려준 대신 여러 가지 조건을 내걸었다. 먼저 월급은 현금으로 지급하지 않고 은행 계좌로 입금해주는 것이었다. 노동자들이 월급을 현금으로 받으면 월급날 집에 가는 길에 흥청망청 다 써버리는 일이 비일비재했기 때문이다. 그다음으로 노동자들의 아내는 일을 해서는 안 된다는 조건을 내걸었다. 아내는 집에서 남편과 자녀를 돌봐야 한다는 의미였다. 또 포드의 공장에는 특히 이민자들이 많았는데 이민자들은 영어를 배워야 한다는 것, 노동자들은 하숙을 하면 안 된다는 것 등 여러 가지 조건을 내걸고 노동자들이 이 조건들을 어기지 않는지 조사하고 감독하는 사회부라는 부서를 회사 안에 만들었다. 이제 사회부가 노동자들의 일상생활에 개입하기 시작했다. 포드는 이 같은 방식으로 공장 운영에 있어서도 다른 자본가들이 전혀 생각하지 못했던 새로운 방식을 도입했다.

이 포드주의라는 새로운 생산 방식은 어떤 변화를 가져왔을까? 1920년대에 들어서면서 미국에서는 1년에 120만 대의 자동차가 생산되었다. 그중 60만 대는 포드 공장에서 생산된 것이었다. 그러니까 자동차의 대량생산이 산업의 중심이 되어버린 것이었다. 그 대신 자동차의 가격은 많이 하락했다. 포드는 자동차 가격이 500달러 내로 하락하면 자동차 시장이 넓어질 것이라고 전망했는데, 자동차 가격은 300달러 아래로까지 내려갔다. 그러자 사람들이 월급을 모아서 얼마든지 자동차를 살 수 있는 시대가 열리기 시작했다.

다른 자동차 회사들은 이제 포드와 경쟁하기 위해서는 자신의 공장에서도 자동차를 대량생산해야 하는 상황에 놓였다. 포드와 비슷한 방식으로 생산해서 가격을 낮춰야만 경쟁이 가능했던 것이다. 한쪽은 250달러짜리 차를 만들어서 파는데 다른 쪽에서는 850달러짜리 차를 판다는 것은 경쟁 자체가 성립되지 않는 일이었다. 그러자 이제 대량생산은 자동차 산업에서 하나의 패러다임이 되어버렸다.

한 가지 재미있는 문제는, 소비자의 욕구가 있어서 포드사가 대량생산을 했는가라는 것이다. 차를 갖고 싶으니 차를 더 많이 만들어달라는 소비자의 요구나 갈망이 있어서 포드사가 대량생산을 했을 수도 있다. 그렇지만 포드가 처음에 매년 25만 대의 자동차를 만들면서 노렸던 소비자는 농부들이었다. 미국의 시골은 워낙 넓고 이동 수단이 불편했기 때문에 농부들이 이 자동차의 주요 고객이 될 수 있을 것이라 여기고 공략했던 것이다. 그런데 도시에서는 이런 수요가 없었음에도 불구하고 차를 25만 대씩 만들어 시장에 내놓으니 소비자들의 요구가 생겨나기 시작했다. 나도 차를 갖고 싶다는 욕구, 자동차를 타고 나도 먼 거리를 운전해봐야겠다는 욕구가 만들어진 것이다.

사실 앞에서도 보았듯이 기술의 역사에서 이런 경우가 종종 발견된다. 소비자의 요구가 있어서 물건이 발명된 것이 아니라 발명이 되고 나니 그다음에 소비자의 욕구가 생겨나기 시작했다. 그러니까 대량소비의 욕구가 있어서 대량생산이 이루어진 게 아니라 대량생산이 되어 물건들이 시장에 쏟아져 나오니 대량소비라는 욕구가 만들어지기 시작했다는 것이다.

인간의 얼굴을 한 생산 방식의 탄생

지금 미국 도시 대부분의 형태를 보면, 중심에는 사무실과 슬럼가가 몰려 있고, 외곽에는 중산층이 사는 주택가가 형성되어 있다. 그리고 중간에 도심이 형성되어 있어 사람들은 자동차를 타고 30~40분씩 운전을 해서 출퇴근을 한다. 이 같은 도시의 모습은 자동차가 만들어지면서 생겨나기 시작한 것이다. 이는 자동차가 가져온 가장 큰 사회적 변화라고 볼 수 있다.

자동차는 기존에 있던 기술이었고 포드가 발명한 것은 아니지만 자동차가 대량생산될 수 있다는 생각을 한 것은 포드의 가장 중요한 혁신이었다. 이로 인한 변화는 소비자들의 삶의 방식에까지 영향을 미쳤던 것이다. 이렇게 포드는 승승장구했지만 승리가 그리 오래가지는 못했다. 이유는 간단했다. 무엇보다도 소비자들이 이 단일한 모델 T에 질린 것이다. 자신이 살 수 있는 자동차가 한 가지 모델, 한 가지 색깔밖에 없다는 것에 지겨워졌지만 싸게 살 수 있는 자동차가 이것밖에 없으니 불만이 밖으로 분출되지는 않았다.

포드사의 경영진은 이 문제를 깨닫고 있었다. 그래서 포드에게 자동차의 색깔을 다양하게 출시해볼 것을 지속적으로 건의했다. 사실 그것은 그리 어려운 문제가 아니었다. 자동차에 다른 색 페인트만 칠하면 해결되었다. 그런데 포드는 자신의 생각을 바꾸지 않았고, 이 같은 말을 남겼다.

소비자들은 어떤 색깔이든 마음대로 선택할 수 있다. 단지 그게 검은색이라면.

포드의 이 이야기는 결국 '선택지는 없다'는 뜻이었다. 소비자들은 그저 검은색 차를 선택할 수밖에 없었다.

그런데 이런 자동차 시장을 GM이 비집고 들어섰다. GM은 비록 늦게 출발했지만 결국 소비자들의 요구는 다양하다는 것을 간파하고 다양한 색깔의 차를 내놓았다. 그리고 매년 모델을 조금씩 바꾸었다. GM 자동차는 포드 자동차보다 가격이 비쌌다. 하지만 사람들은

GM을 선호하기 시작했고, GM은 결국 포드를 추월했다. 절대로 추월할 수 없을 것 같은 포드의 아성이 무너지고 GM 자동차의 판매 대수가 포드를 앞질러버렸다. 이제 포드도 작전을 바꾸기로 했다. 다른 색깔의 모델들을 만들어내기로 한 것이다.

또 다른 혁신은 일본의 도요타에서 일어났다. 도요타의 회장은 포드사를 방문해 어셈블리 라인을 보고는 이런 방식의 생산이 일본에서는 도저히 불가능하다고 판단했다. 왜냐하면 일본은 설비 투자를

GM에서 제작한 쉐보레.
GM은 소비자들의 요구가 다양하다는 것을
간파하고 다양한 색깔의 차를 내놓았다.

그만큼 할 수 없고, 또 사람들은 다양한 모델을 좋아하며, 노동자들이 이렇게 기계적으로 일하는 것을 참아낼 수 있을 것 같지 않다는 이유였다. 그러고는 무척이나 독특한 도요타 방식을 도입했다.

그중 하나는 지도카(Jidoka)라는 시스템이었다. 이것은 일본식 자동화를 말한다. 영어로 자동화는 오토메이션(automation)인데 일본에서는 이 지도카를 오토노메이션(autonomation)이라는 새로운 단어로 만들어 부르기 시작했다. 미국의 자동화, 포드 공장의 자동화와는 전혀 다른 것이었다. 한자로도 보통 사용하는 自動化가 아닌 自働化라는 새로운 단어를 사용했다.

지도카의 가장 큰 특징은 노동자들이 "무언가 잘못됐다, 여기서 불량품이 발생한 것 같다"고 생각할 경우에는 전체 라인을 멈출 수 있다는 것이었다. 돌아가는 컨베이어 벨트를 세울 수 있는 권한이 각각의 노동자에게 주어졌다. 포드 공장에는 이 같은 시스템이 없었다. 노동자들은 그저 자기 앞에 놓인 일을 계속하는 것 외에는 다른 어떤 권한도 갖지 못했는데 도요타 시스템은 그런 면에서 획기적인 방식이었다. 나중에 이 시스템은 미국으로 역수입되어 미국 공장에서도 이와 비슷한 방식이 도입되었다. 당시 도요타는 자신들의 지도카 시스템을 "인간의 얼굴을 한 자동화"라고 명명했다.

포드의 자동차 생산에서 볼 수 있는 한 가지 재미있는 현상은 인간과 기계 사이의 관계가 역전되었다는 것이다. 포드 공장 이전의 대부분의 기계를 만드는 공장에서는 인간이 숙련노동을 하고 기계가 단순노동을 했지만 포드 공장의 방식이 정착되면서 기계가 고도로 숙련된 노동을 하고 인간은 단순한 노동을 하는 존재로 바뀌었다. 이 같은 공장 시스템에 대한 비판과 대안들이 그 뒤 100년 동안이나 계속해서 등장했다. 지금도 어셈블리 라인을 이용한 대량생산 방식의 포드주의는 거의 모든 산업의 큰 틀로 남아 있지만, 다양한 방법을 통해 사람의 얼굴을 한, 인간의 따뜻한 감성을 담은 생산 방식이 부분적으로나마 계속 도입되고 있다.

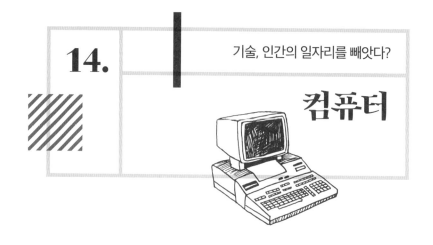

14.

기술, 인간의 일자리를 빼앗다?

컴퓨터

아마 많은 사람이 사용한 첫 컴퓨터는 개인용 컴퓨터, 즉 퍼스널 컴퓨터(Personal Computer, PC)일 것이다. 나는 PC를 사용하기 전에 대형 컴퓨터를 먼저 사용했다. 지금은 키보드를 이용해서 문자나 기호 등을 입력하지만, 당시에는 천공 카드라는 것을 이용했다. 대학교 때 포트란(Fortran)이라는 컴퓨터 언어를 처음으로 배웠는데 포트란을 알아야 컴퓨터에 명령을 할 수 있고 컴퓨터와 대화할 수도 있었다. 내가 당시 사용했던 것은 IBM 370이라는 컴퓨터였다.

대학의 공관에 컴퓨터가 있었고, 프로그램을 천공 카드에 한 줄 한 줄 직접 입력해서 가져가면 컴퓨터가 이를 읽어냈다. 컴퓨터 한 대로 교수와 학생 할 것 없이 모두 사용했다. 그리고 시간이 지나 PC가 등장했다. 당시에 XT라는 PC가 처음으로 등장했고, 그다음에는 AT라는 PC가, 그리고 286 PC를 시작으로 386 PC, 486 PC가 등장했던 기억이 있다.

컴퓨터의 역사를 살펴보면 아주 흥미로운 현상 하나를 발견할 수 있다. 많은 사람이 컴퓨터의 시조로 앨런 튜링(Alan Turing)이라는 영국의 수학자를 꼽는다. 앨런 튜링은 몇 년 전 상영되었던 〈이미테이션 게임〉이라는 영화의 주인공이기도 하다. 실제로 컴퓨터 천재 중의 한 명이었다. 튜링은 제2차 세계대전 때 독일군의 암호를 해독하는 봄베(Bombe)라는 기계를 만들고 그 암호를 해독하는 부서의 팀장으로 아주 중요한 역할을 하기도 했다. 그리고 전쟁이 끝난 후에는 맨체스터대학에서 대형 컴퓨터를 제작하는 일을 했다.

튜링은 동성애자였는데 당시 영국 사회에서 동성애는 범죄 중 하나였다. 동성애자는 감옥에 수감되든지 여성호르몬을 주입받든지 둘 중 하나를 선택해야 했다. 결국 동성애자라는 사실이 드러난 튜링은 여성호르몬을 주입받는 쪽을 택하고 이 일 때문에 괴로워하다가 결국 자살하고 말았다. 그때 튜링의 시신 옆에는 한 입 베어 먹은 사과 하나가 놓여 있었는데 사람들은 튜링이 그 사과를 청산가리에 담갔다가 베어 먹고 죽었을 거라고 추측했다. 튜링은 이렇게 짧고도 비극적인 삶을 살았던 인물이다.

튜링은 1936년에 상당히 난해한 수학 논문을 발표했다. 그것은 「계산 가능한 수에 대해서, 수리 명제 자동 생성 문제에 대한 응용(On Computable Numbers, with an Application to the *Entscheidungsproblem*)」이라는 논문이었다. 사실 내용뿐 아니라 제목마저 무슨 뜻인지 잘 이해되지 않는 난해한 논문이었다. 상당히 추상적인 이 논문은 어떻게 보면 수학 논문이기도 하고, 또 수리철학적인 논문이기도 했다.

20세기에 다비트 힐베르트(David Hilbert)라는 독일의 수학자는 세상이 기계화되는 현상을 보면서 이런 생각을 하게 되었다. 수학이라는 것도 일종의 논리적인 연산으로, 증명이 아무리 복잡하다 해도 결국 어떤 순서를 따라가면서 증명을 하는 것인데 그렇다면 이렇게 수학적인 증명을 다 해낼 수 있는 기계를 만드는 것이 가능한가, 혹은 어떤 기계로 수학적인 증명을 하는 것이 가능한가에 대한 것이었다. 많은 사람이 이 문제를 해결하려고 나섰지만 좀처럼 해결되지 않다가 1920년대에 쿠르트 괴델(Kurt Gödel)이라는 수학자가 기계로 모든 수학적인 증명을 하는 것은 가능하지 않다는 것을 증명하고 나섰다. 그런데 튜링은 괴델이 했던 것과는 다른 방식으로 기계의 증명이 불가능함을 보이는 논문을 발표했다.

이를 증명하는 과정에서 튜링은 어떤 기계 하나를 상상했다. 그 기계에는 지금으로 보자면 스캐너가 달려 있어 연산 규칙들이 적힌 테이프를 한 칸 한 칸 읽어낼 수 있는 것이었다. 그리고 그 기계는 테이프에 적힌 연산 규칙을 바꿀 수 있는 기능도 갖춘 것이었다. 이후 튜링은 모든 연산 규칙을 다 담을 수 있는 보편적인 기계가 있을 수 있는가를 논의했는데, 이것이 '보편적인 튜링 기계'에 대한 질문이었다. 그가 상정한 보편적인 튜링 기계가 알고 보면 우리가 지금 사용하는 컴퓨터의 모체였다.

컴퓨터의 역사가나 컴퓨터 전문가, 엔지니어, 과학자들에게 '컴퓨터가 누구로부터 시작됐는가'라고 물어보면 다수가 앨런 튜링으로부터 시작됐다고 답한다. 그런데 나는 그 답에 동의하지 않는다. 왜냐하면 튜링의 논문은 대단히 흥미롭고 중요한 업적이지만 이 논문의 영향력은 거의 없었고, 이 논문대로 컴퓨터를 만든 사람도 없었기 때문이다. 그런데 많은 사람은 튜링의 논문이 컴퓨터를 만든 선구자들에게 영향을 주었다고 주장한다.

튜링은 미국 프린스턴에 잠시 머물며 여러 과학자를 만난 적이 있다. 사람들은 튜링이 그때 프린스턴에서 만난 과학자들에게 영향을 주었을 것이고, 그 사람들이 후에 컴퓨터를 제작하는 데 결정적인 역할을 했을 거라고 추론한다. 그렇지만 실제로 잘 따져보면 그런 증거들은 없다. 튜링을 컴퓨터의 시조로 삼으려 했던 많은 시도는 모두 컴퓨터라는 것이 추상적이고 보편적인 수학에서 출발한 것이라는 얘기를 하고 싶었던 것 같다. 컴퓨터의 기원이 추상적이고 심원한 수리철학적인 문제에 있었다고 해석하고 싶은 것이다.

나는 컴퓨터의 시작을 튜링이 아니라 다른 곳에서 찾아야 한다고 생각한다. 그 시작은 바로 자카르의 방직기다. 자동인형 이야기를 할 때 다루었지만, 이 방직기에는 천공 카드라는 도구를 사용했다. 옷감에 무늬를 넣기 위해 실이 들어갈 때 어느 부위를 열어야 하고 어느 부위를 닫아야 하는지를 조절하는 천공 카드를 사용했는데, 천공 카드의 구멍들이 지금으로 보자면 일종의 프로그램인 셈이다. 넣고자 하는 무늬의 유형을 천공 카드에 프로그램화해서 옷감을 짰기 때문이다.

이 천공 카드를 이용하면 엄청나게 정교한 무늬의 옷감을 짤 수 있었다. 자카르는 이 방직기의 위력을 보여주기 위해 자신의 초상화를 방직기로 짰는데, 실크로 된 자신의 전신 초상화를 짜기 위해 사용한 천공 카드는 무려 2만 4,000장이었다.

그러니까 이 방직에서기부터 컴퓨터의 역사가 시작되었다는 것이 내 생각이다. 당시 자카르의 방직기는 꽤나 유명했다. 많은 사람이 이를 구경하러 왔고, 방직기를 본 사람들은 경탄해 마지않았다. 이것을 모방해 다른 방직기를 만들려는 시도도 있었다.

자카르의 방직기를 높이 평가한 사람 중 하나는 영국의 젊은 수학자 찰스 배비지(Charles Babbage)였다. 배비지는 어렸을 때부터 수학에 천재적인 재능을 보였고, 여러 과학자가 배비지가 성인이 되면 대성할 것이라고 평가할 정도였다. 자카르의 방직기에 감명받은 배비지는 기계가 이렇게 정교한 옷감을 짤 수 있는데, 그렇다면 인간의 육체

노동만이 아니라 인간의 복잡한 정신노동을 대신하는 기계 또한 만들 수 있을 것이라 생각했다.

배비지는 젊었을 때 천문대에서 아르바이트를 했다. 당시 천문대는 가장 복잡하고 긴 계산을 했던 곳으로, 계산만을 전문으로 하는 사람들을 많이 고용했다. 당시부터 천문대에서 계산하는 사람들의 직종을 일컫는 단어가 있었는데, 그것은 컴퓨터(computer)였다. 계산하는(compute) 사람(er), 그러니까 컴퓨터라는 말은 원래 사람을 지칭했다.

19세기 말에 하버드 천문대에서 일하던 에드워드 피커링(Edward Pickering)이라는 천문학자가 여성 계산 전문가들인 컴퓨터들과 함께 찍은 사진이 남아 있다. 천문대의 킴퓨티들은 여성이 많았다. 여러 가지 이유가 있었겠지만 남성들보다 꼼꼼하고 실수가 적어서 여성이 남성보다 훨씬 낫다고 여긴 측면도 있었다.

배비지는 천문대에서 이 컴퓨터 아르바이트를 하면서 계산이 너무 복잡하고 지겹다고 느꼈다. 그리고 대학에 들어갔는데 어느 날 아주 복잡한 계산을 풀어놓은 로그표를 보며 따라서 계산을 하다 깜빡 졸았다고 한다. 비몽사몽간에 공부를 하고 있는 배비지에게 같은 기숙사의 친구가 "너 지금 무슨 생각하고 있니?" 하고 묻자 배비지가 "나는 지금 이 지겨운 계산을 대신할 수 있는 증기기관을 꿈꾸고 있어"라고 대답했다고 한다. 배비지는 이런 복잡하고 지겨운 계산을 기계가 해주면 얼마나 좋을까 하고 생각했던 것이다.

19세기 말에 하버드 천문대에서 일하던 계산 전문가들인 컴퓨터들. 왼쪽에 서 있는 남성이 피커링이다.

배비지의 해석 기관과 콜마르의 계산기

1819년 배비지는 드디어 차분 기관을 고안해냈다. 차분 기관은 함수의 값을 계산할 때 이 함숫값들을 뺄셈하면 그 차이가 일정해질 수 있다는 점을 이용한 계산기였다. 배비지는 원래 훨씬 더 큰 기계를 생각하고 정부로부터 충분한 예산을 얻어내고자 애썼지만 생각한 만큼 지원을 받지는 못했다. 또한 이 차분 기관을 실제로 만들기 위해서는 아주 숙련된 기계공들이 필요했다. 그런데 배비지는 기계공과 사이가 별로 좋지 못했다. 의견이 부딪치는 일이 잦아 기계공이 그만두는 일도 빈번했다. 배비지는 할 수 없이 기계의 일부를 견본으로 만들어 사람들에게 공개했다.

후대 사람들은 배비지가 차분 기관을 결국 만들지 못한 것이 아니었나, 머릿속에만 존재하는 기계였을 뿐 실제로는 불가능했던 것이 아니냐는 의문을 제기했다. 1991년 런던과학박물관에서는 자금 투자를 받아 이 배비지의 기계를 직접 만들어보았다. 현대의 재료를 사용하지 않고 당시 배비지가 설계했던 방식대로, 당시 과학자들이 사용했을 법한 재료들만 사용해 만든 것이다. 그런데 이 기계는 실제로 작동했다. 기계가 계산을 해냈던 것이다. 배비지가 생각했던 것은 그저 공상이 아니었다.

배비지는 차분 기관을 온전히 완성하지 못한 채로 이보다 훨씬 더 복잡한 해석 기관을 설계하고 제작에 들어갔다. 모든 연산을 할 수 있는 해석 기관은 사실 차분 기관보다도 훨씬 컸다. 그리고 너무도 복잡했다. 하지만 아쉽게도 해석 기관은 설계밖에 남아 있지 않다. 사실 배비지에게 충분한 예산과 인력이 주어졌다 해도 이것을 완성하기는 힘들었을 것이다.

배비지는 해석 기관이 작동한다고 가정할 때 기계가 계산을 하려면 자신이 어떤 명령을 주어야 할 텐데 그 명령을 어떤 방식으로 주느냐는 점에 골몰했다. 그렇게 해서 생각해낸 것이 바로 천공 카드였다. 이 기계가 완성되면 배비지는 자카르의 방직기에서 사용하는 그 천

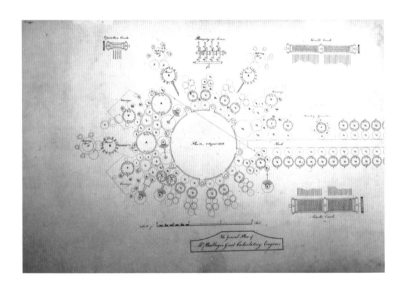

공 카드를 이용해 명령을 할 수 있겠다고 생각했던 것이다. 그런데 해석 기관은 완성되지 못했고 천공 카드 프로그램은 배비지의 상상 속에서만 존재하게 되었다.

배비지가 정부의 지원을 얻어내기 위해 고군분투하고 있을 때 프랑스에서는 샤를 그자비에 토마 드 콜마르(Charles Xavier Thomas de Colmar)라는 발명가가 계산기를 만들어내기 위해 끙끙대고 있었다. 그는 덧셈을 하고 곱셈을 하는, 그것도 무척 빨리 계산하는 기계를 만들려고 했다. 그러던 중 1820년에 이르러 완전하지는 않지만 계산하는 기계를 만드는 데 성공했다. 손으로 돌리는 수동식 계산기였다. 콜마르는 이 계산기에 대한 특허를 신청했다. 그런데 특허를 신청한 후 이 기계를 제작해서 팔려고 하니 뜻대로 잘 안 되었다. 처음에는 덧셈, 뺄셈, 곱셈, 나눗셈을 모두 할 수 있는 계산기를 만들려고 했지만 잘 안 되자 결국에는 덧셈과 뺄셈, 그리고 아주 제한된 곱셈만 하는 계산기를 만들어 시장에 내놓았다. 1850년의 일이었다.

그러니까 이 계산기를 더 완벽한 기계로 만드는 데 30년이 걸린 것이다. 특허를 낸 후 30년 동안이나 어떻게 하면 이 계산기를 개선할 수 있을지 고민하고 연구했다는 사실이 놀랍게 다가온다. 이 계산기의 원리는 톱니바퀴를 이용한 것이다. 한 톱니바퀴가 열 번 돌아갈 때 다른 톱니바퀴는 한 번만 돌게 함으로써 회전율에 따라 숫자를 기록하는 원리를 이용한 계산기였다.

콜마르의 계산기는 상당히 유용해 유럽에서 수십만 대가 팔리기도 했다. 복잡한 계산을 직접 하는 게 아니라 기계에 숫자를 입력하고 연산을 누른 후 손으로 핸들을 돌리면 답이 나오도록 만들어진 이 간편한 계산기는 당시 큰 인기를 누렸다. 동양에는 예전부터 주판이 있었다. 하지만 주판은 계산 과정 자체를 손으로 해야 하는 것으로, 단지 사람이 하는 연산을 도와주는 방식이었던 반면에 계산기는 숫자만 넣고 핸들을 돌리면 답이 나오는 획기적인 발명품이었다. 이때부터 계산과 같은 인간의 지적 능력이 기계로 대체되기 시작했던 것이다.

위
콜마르의
계산기 내부.

아래
콜마르의
계산기 외양.

스웨덴 출신의 러시아 엔지니어였던 빌고트 오드네르(Willgodt Odhner)라는 사람은 사용하던 콜마르의 계산기가 망가지자 이 계산기를 뜯어보고는 직접 고쳐보기로 한다. 그런데 문득 이 계산기를 고치는 대신에 새로운 계산기를 하나 만들어야겠다고 생각한다. 그렇게 오드네르는 계산기의 원리를 이해하고는 계산기를 직접 만드는 데 성공했다.

19세기 말에 등장한 오드네르의 계산기 또한 선풍적인 인기를 얻으며 많이 팔렸다. 콜마르의 계산기보다 사용도 훨씬 간편하고 잘 망가지지 않았다. 훨씬 안정적이었고 답을 틀린 적도 거의 없는 우수한 성능을 자랑했다. 이 계산기는 곧 미국으로 넘어왔다.

미국에서는 오드네르의 계산기를 개량한 머천트 계산기라는 것이 등장했다. 조그만 사무실을 갖고 있는 사람, 사업을 하는 사람, 가게를 운영하는 사람 등 회계 업무가 많은 사람들이 머천트 계산기를 사용하기 시작했다. 이 계산기만 해도 손으로 크랭크를 돌려 계산하는 방식을 사용했는데, 시간이 지나면서 계산기들도 점점 전기를 이용하는 방식으로 진화했다. 마치 타자기처럼 연산을 누르기만 하면 전기회로를 이용해 자동으로 답이 표시되는 방식의 계산기가 등장하기 시작했다. 이런 계산기들 또한 널리 사용되었다.

이렇게 연산이 기계화되던 시절에 허먼 홀러리스(Herman Hollerith)라는 사람이 등장한다. 홀러리스는 대학에서 공업을 공부한 엔지

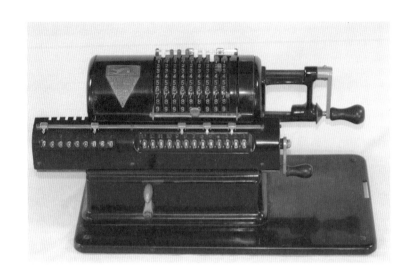

니어 출신으로 미국의 인구조사국에서 일하고 있었다. 19세기 말은 미국에 이민자가 늘면서 인구가 급증하던 때였다. 그런데 그 급증하는 인구를 조사해 통계를 내는 일은 사람이 일일이 하는 것 외에 다른 방법이 없었다. 미국에서 인구조사를 시작한 것은 1880년인데, 인구조사의 통계를 마무리 지은 것은 1888년이었다. 무려 8년이 걸린 것이다. 그런데 다음 인구조사는 1890년이었고, 그사이에 미국 인구는 25퍼센트가 증가했다. 그렇다면 1890년 인구조사는 그다음 인구조사가 시작될 1900년까지도 통계 처리가 끝나지 않을 수 있었다. 인구조사국에 근무하던 사람들이 고민하기 시작했다. 사람이 일일이 할 수 있는 일이 아니라는 것을 깨닫고 기계화할 수 있는 방법을 찾기로 한 것이다. 홀러리스 또한 이를 기계화할 수 있는 방법에 대해 본격적으로 고민하기 시작했다.

홀러리스는 연구 끝에 도표기, 즉 태뷸레이팅 머신(Tabulating Machine)이라는 기계를 만들어냈다. 이것은 인구조사 결과를 자동으로 분류하고 처리할 수 있는 기계였다. 그렇다면 인구조사 결과가 어떻게 자동으로 분류되는 것일까? 예를 들어 인구조사 카드에 나이, 성별, 결혼 유무 등을 기입한다. 그다음에는 자녀의 수, 거주 도시, 그리고 건강 상태라든지 본적 또한 기입하게 될 것이다. 이 수천만 명이

위
홀러리스의
도표기.

아래
홀러리스의
천공 카드.

나 되는 인구에 대한 데이터를 어떻게 처리할지 고민하던 홀러리스가 얻어낸 답은 바로 천공 카드였다. 한 사람의 모든 데이터를 이 천공카드 한 장에 담는 것이었다. 그리고 이 천공 카드를 읽고 처리해주는 기계를 만들면 되는 것이었다.

홀러리스가 이 아이디어를 어디에서 얻었는지에 대한 의견은 분분하다. 홀러리스가 자카르의 방직기와 배비지를 알고 있었고 이들의 업적에서 아이디어를 착안해 도표기를 만들었다는 사람들도 있지만, 이 가설에 동의하지 않는 사람들도 있다. 홀러리스의 천공 카드가 훌륭한 발명품으로 인정된 후 그가 자카르나 배비지에 대한 사료를 찾아보았거나 어떤 경로로 배비지에 대해 듣게 되었다고는 생각해볼 수는 있지만 도표기를 만들 당시에는 몰랐을 것으로 추측된다.

그렇다면 이 아이디어는 어디에서 비롯됐을까? 하나의 가능성은 열차표다. 당시 열차표는 여러 가지 정보를 표시하고 있었다. 날짜는 물론 열차 호수, 좌석 번호, 좌석의 유형 등 여러 정보를 바로 열차표의 천공을 통해 표시했다. 아마 이 열차표에서 천공 카드를 착안한 것이 아닐까 하는 해석이 조금 더 타당해 보인다.

IBM의 탄생과 최초의 컴퓨터

홀러리스가 도표기를 만든 후 1890년의 인구조사 통계는 2~3년 만에 이루어졌다. 이로 인해 미국 정부는 500만 달러의 이익을 보았다.

인력과 시간을 절약해 얻은 대가였다. 그런데 이 도표기는 정부만 사용한 것이 아니었다. 그 천공 카드에 입력되는 데이터가 꼭 나이나 성별, 거주지일 필요가 없었기 때문이다. 그 대신 다른 데이터를 입력한다면 은행이나 보험 회사, 일반 기업, 심지어 군대에서도 유용하게 사용할 수 있었던 것이다. 인구조사국뿐 아니라 다른 기관에서도 수요가 생기자 도표기는 급속도로 팔려나가기 시작했다. 도표기는 영국 우유시장조사위원회에서도 사용되었다. 개인별 우유 소비량 같은 데이터를 더 이상 사람 손을 빌리지 않아도 처리할 수 있었다.

홀러리스는 인구조사국의 일을 그만두고 태뷸레이팅 머신 컴퍼니라는 회사를 설립했다. 그리고 이 회사는 후에 인터내셔널 비즈니스 머신(International Business Machines Corporation, IBM)으로 이름이 바뀐다. 우리가 잘 알고 있는 IBM 컴퓨터를 만들어낸 회사가 바로 인구조사 데이터를 처리하는 도표기를 만들었던 회사에서 비롯되었다.

이름이 바뀐 IBM에서는 IBM 601 머신이라는 기계를 생산했다. 이것은 곱셈 기계로, 두 수를 집어넣으면 이를 곱한 값을 내는 기계였다. 아무리 긴 수라도 곱셈을 하는 데 문제가 없었다. 그리고 과학자들은 이 기계를 사용하면서 여기에 또 다른 기계를 연결하면 과학적이고 복잡한 계산도 가능하다는 것을 알아냈다.

제2차 세계대전 당시 미국의 원자폭탄을 개발하는 로스앨러모스 실험실은 아주 복잡한 계산을 필요로 하는 곳이었다. 예를 들어 플루토늄 원자폭탄은 플루토늄을 구체 형태로 배열해두고 그 위에 폭약을 설치했다. 폭약의 폭발은 외부가 아닌 내부로 향했는데, 이런 내파

폭탄을 제대로 작동시키기 위해서는 쇼크웨이브(shock wave)라는 충격파를 계산해야 했다. 충격파의 계산은 사람이 손으로 하기 힘들 만큼 매우 복잡했다. IBM 601 머신은 이를 계산하는 데 이용되었다. 다른 몇 대의 기계를 여기에 붙여 충격파나 중성자의 운동을 계산했는데, 당시 로스앨러모스에서 이 기계를 이용해 계산을 하던 물리학자가 리처드 파인먼(Richard Feynman)이었다. 후에 노벨상을 수상하기도 했으며 아주 유명한 물리학자가 되었던 파인먼이 IBM의 기계들을 사용해서 계산 작업을 했던 것이다.

이 같은 방식으로 컴퓨터가 발전하기 시작할 무렵 하버드대학에서 물리학 박사과정을 밟던 하워드 에이킨(Howard Aiken)이라는 학생이 IBM에 한 가지 제안을 했다. 자신에게 모든 연산을 쉽게 하는 컴퓨터를 만들 수 있는 아이디어가 있으니 이를 실현하도록 도와줄 수 있겠냐는 내용이었다. IBM에서는 그 제안서를 검토한 후 함께 만들어보자며 흔쾌히 그의 제안을 받아들였고, 그렇게 해서 탄생한 것이 '하버드 마크 1'로 더 많이 알려진 IBM ASCC(Automatic Sequence Controlled Calculator) 컴퓨터였다. 사실상 이것이 최초의 컴퓨터다.

이 최초의 컴퓨터는 제2차 세계대전 때 해군이 사용했다. 해군은 탄도 계산과 같은 복잡한 계산을 할 때 이 컴퓨터를 사용했는데, 그때 다른 컴퓨터들도 발명되기 시작했다. 그리고 전쟁이 끝난 후 IBM에서는 전쟁 때 사용했던 기술을 집결해 상업용 컴퓨터를 시장에 내놓았다.

최초의 컴퓨터인
IBM ASCC.

1950년대 기업이나 대학, 군부와 같은 곳에 최초로 팔려나갔던 컴퓨터는 IBM 701이었다. 이것은 특히 미국의 대기업들이 구입해 여러 가지 회계 처리에 사용했다. 이로 인해 IBM은 컴퓨터의 대명사가 되었다. 그다음 출시된 제품은 트랜지스터를 사용한 IBM 360이었다. 그리고 곧이어 이를 조금 더 개선한 IBM 361, IBM 370도 등장했다. 내가 대학생 시절에 썼던 컴퓨터가 IBM 370이었다.

그리고 이 무렵 완전히 새로운 컴퓨터가 만들어지기 시작했다. 퍼스널 컴퓨터, PC라고 불리는 컴퓨터였다. 1970년대에 부상한 PC는 1980년대에 대중화되었다. 1984년에는 애플사에서 매킨토시 컴퓨터를 출시했다. 스티브 잡스(Steve Jobs)는 매킨토시가 IBM 컴퓨터에 결코 뒤처지지 않으며, 작아도 IBM 컴퓨터보다 못할 게 없다는 자부심을 가지고 있었다. 그리고 IBM 컴퓨터는 거대 기관들이 소유한 것으로 가격이 어마어마하게 비쌌지만 이 매킨토시는 개인이 가질 수 있는 것이며, 이것을 통해 IBM의 힘을 시민 개개인에게 모두 돌려주겠다는 것이 잡스의 포부였다. 1984년에 매킨토시가 출시되었을 때 방송됐던 아래의 광고 문구만 보아도 잡스의 포부를 느낄 수 있다.

1월 24일, 애플 컴퓨터 회사는 매킨토시를 세상에 내놓습니다. 그리고 여러분은 왜 1984년이 (조지 오웰의) 『1984』와 비슷하지 않은지 알게 될 것입니다.

사라지는 일자리, 사라지는 사람들

지금까지 컴퓨터의 역사를 살펴봤지만 여기서 고민해볼 부분이 있다. IBM의 홀러리스가 도표기를 만들면서 미국 인구조사국의 통계 처리 기간이 획기적으로 줄어들었고 그로 인해 미국 정부가 예산을 대폭 절감할 수 있었던 것은 분명 좋은 일이다. 그런데 이것을 조금 다른 각도에서 생각해볼 필요가 있다. 그전에는 누군가가 이 일을 하면서 보수를 받았을 것이다. 하지만 이 기계의 등장으로 그 일을 하던 사람들이 필요 없게 되었다. 그럼 이 사람들은 어떻게 되었을까?

아마 어떤 사람들은 어렵지 않게 다른 직장을 구했을지 모르지만 어떤 사람들은 그렇지 않았을 것이다. 직장을 잃고 오랫동안 구직 활동을 하며 여러 가지 어려움을 겪기도 했을 것이다. 바로 이 컴퓨터의 발달이 이 같은 일을 촉발하기 시작했다. 사람들이 하던 계산, 사람들이 하던 여러 종류의 사무를 컴퓨터가 너무나 빨리, 쉽게 대체해버린 것이다.

IBM 701은 1초에 덧셈, 뺄셈을 1만 6,000번이나 할 수 있었다. 일반 사람들은 1초에 덧셈, 뺄셈을 몇 번이나 할 수 있을까? 나는 1초에 세 번도 못할 것이다. 흔히 볼 수 있는 휴대용 계산기 또한 사람들보다 훨씬 빨리 계산한다. 컴퓨터가 발전하고 보편화되고 널리 보급되는 사이에 누군가는 이것 때문에 일자리를 잃은 것이다. 물론 그 컴퓨터를 만들거나 조작하는 일을 하는 누군가에게는 새로운 일을 할 기회가 생겼을 수도 있다.

예전에는 타자를 치듯 천공 카드를 치는 직장도 있었고 그 일에 종사하는 사람들도 꽤 많았다. 그런데 새로운 일들이 생기는 것과 동시에 과거의 일들이 없어지는 현상이 나타나고 있다. 인간의 육체노동만이 아니라 인간의 정신노동과 관련한 일들도 사라져가고 있다. 소위 말하는 4차 산업혁명 시대에 혼돈은 더 심해질 것이다. 과연 앞으로 새로운 일이 더 많을 것인가, 사라지는 일이 더 많을 것인가, 그리고 일이 사라지는 속도와 새로운 일이 생기는 속도 중 어느 쪽이 더 빠를 것인가. 우리가 아직도 완전히 해결하지 못한 고민거리다.

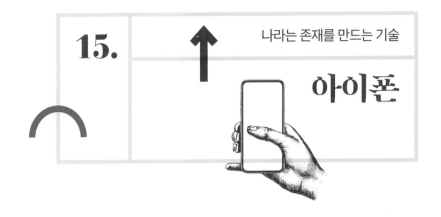

15.

나라는 존재를 만드는 기술

아이폰

20세기를 연 기술이 헨리 포드의 대량생산된 자동차 T였다면, 21세기를 연 기술은 2007년에 처음으로 출시된 스마트폰인 애플(Apple)의 아이폰(iPhone)이라고 할 수 있다. 스마트폰은 통신의 패러다임을 바꾸었을 뿐만 아니라 세상 사람들의 일상, 업무, 그리고 사람들 사이의 관계를 완전히 바꾸어버렸다. 전화, 메시지 보내기, 사진 촬영, 음악 감상, 뉴스 읽기, 영상 보기, 인터넷이나 SNS 사용 등 모든 것이 스마트폰을 통해 이루어지고 있다. 스마트폰 사용자의 63퍼센트는 잠잘 때에도 스마트폰을 옆에 두고, 70퍼센트는 스마트폰이 자신들의 삶을 더 풍요롭게 한다고 생각한다. 사용자 절반은 "스마트폰 없는 인생은 상상할 수 없다"고 답한다.

애플의 스티브 잡스를 좋아하던 사람들은 그가 스탠퍼드대학교 졸업식에서 한 말, "늘 갈망하고, 늘 우직하게 정진하라(Stay hungry, stay foolish)"를 마음에 새기면서 살아간다. 그가 사망했을 때 애플 스토어 앞에는 그를 기리는 조화가 끊임없이 쌓였다. 한 기업인이 선망의 대상이 될 수는 있어도, 세상 사람들의 진정 어린 존경과 애도의 대상이 된 사례는 전무후무할 것이다. 아이폰은 그 어떤 애플의 제품보다 스티브 잡스의 예술적 감각, 창의성, 그리고 리더십이 응축된 제품으로 간주된다. 그런데 정말 그럴까?

스티브 잡스는 아이폰 개발의 역사를 다음과 같이 회고했다. 그는 손가락을 인터페이스로 사용하는 멀티 터치스크린(multi-touch screen) 기술을 이용해 디스플레이를 개발하려 하고 있었다. 그가 직원에게 이 기술에 대해 물어보자 직원은 6개월 뒤에 스크롤이 되는 태블릿 스크린을 가지고 왔다. 이걸 보고 잡스는 "오, 이걸로 휴대전화를 만들어도 좋겠다"고 판단하여, 태블릿은 잠시 제쳐두고 휴대전화를 개발하기 시작했다. 이렇게 만들어진 것이 아이폰이라는 것이다. 이런 회고에 의하면 멀티 터치스크린에 주목한 사람도, 휴대전화를 만들자고 제안한 사람도 잡스 본인이었다. 그렇지만 실제 역사는 이렇게 간단하지 않았고, 잡스의 역할도 이보다 훨씬 제한적이었다.

스티브 잡스는 애플의 공동 창업자로, 1984년에 매킨토시 컴퓨터를 개발했다. 그렇지만 이후 경영권 싸움에서 밀려나 애플을 떠나 넥스트(NeXT)라는 컴퓨터 회사를 설립했다. 그러다 1996년에 적자에 허덕이던 애플이 넥스트를 인수했고, 잡스는 자신만이 애플을 살릴 수 있다고 장담하면서 1997년에 다시 애플의 CEO로 복귀했다.

이후 그는 경쟁사 마이크로소프트의 투자를 유치하고, 경영자 팀 쿡(Tim Cook), 디자이너 조너선 아이브(Jonathan Ive) 같은 인재들을 영입했다. 잡스의 애플은 1998년에 아이맥(iMac)이라는 일체형 컴퓨터를 출시하는데, 이는 미국 시장에서 놀라울 정도로 성공을 거두었다. iMac의 i는 인터넷(Internet), 개성(Individuality), 혁신(Innovation) 등을 동시에 상징했다. 그리고 애플은 2001년에는 MP3 플레이어인 아이팟(iPod)을 출시하고, 2003년에는 아이튠즈(iTunes) 스토어를 열었다. 미디어 플레이어이자 애플의 미디어 기기 관리 프로그램인 아이튠즈는 처음에는 맥에서만 구동되었는데, 나중에 윈도우 버전으로도 나오게 되면서 매우 인기를 끌었다. 2000년대 초반에 아이팟은 애플 매출의 40퍼센트 이상을 차지할 정도로 효자 상품이었다.

아이팟은 단순한 MP3 플레이어가 아니었다. 아이팟이 나오기 전에 사람들은 음원을 불법으로 다운로드해 자신의 MP3 플레이어에 저장한 뒤 이를 감상했다. 사람들은 공짜 음원을 좋아했지만, 가수나 음반 업계는 이런 방식의 불법 다운로드를 강하게 비판하면서 이를 가능하게 한 냅스터 프로그램 개발자를 상대로 거액의 소송을 걸었다. 이런 상황에서 잡스는 가수, 음반 업계, 소비자 모두에게 음원을 유료화해 아이튠즈를 통해 판매·구매하도록 설득했던 것이다. 이제

아이팟 1세대.
아이팟은 음원
다운로드에 대한
인식을 바꾸면서
음악 시장의
변화를 가져왔다.

음악 애호가들은 아이튠즈를 통해 음원을 구매하고, 이를 아이팟에 저장해서 듣게 되었다. 아이팟은 음악 시장의 상생을 가능하게 한 기술이었다.

2005년 기준으로 애플은 디지털 음원 판매의 85퍼센트, MP3 플레이어 시장의 80퍼센트를 차지했다. 그런데 아이팟으로 큰 성과를 기록한 애플은 휴대전화에 신경 써야 하는 상황에 직면했다. 당시 휴대전화는 카메라를 장착해서 카메라 시장을 잠식하고 있었는데, 잡스는 휴대전화에 MP3 플레이어가 장착된다면 애플의 아이팟이 거의 독점한 시장을 이 휴대전화들이 잠식할 것이라고 예상했다. 그렇지만 당시 애플은 휴대전화에 대한 노하우가 전무했다. 그리고 무엇보다 잡스 자신이 당시의 휴대전화들이 '별 볼일 없다'고 생각하고 있었고, 따라서 휴대전화 개발에 손사래를 치던 상황이었다.

합작에서 자체 개발까지

그렇다고 휴대전화의 발전을 두고만 볼 일은 아니었다. 그래서 애플이 택한 전략이 2004년에 모토로라와 합작해서 로커(ROKR)라는 휴대전화를 공동으로 제작, 판매하는 것이었다. 모토로라는 당시 레이저(RAZR)폰으로 최고의 인기를 누리던 휴대전화 제조 회사였다. 로커폰에는 애플의 아이튠즈를 실행할 수 있는 기능과 버튼을 장착했다.

하지만 소비자들은 이 로커폰을 철저히 외면했다. 로커는 엉성한 플라스틱 디자인 외양을 하고 있었고, 카메라의 성능도 좋지 않았다. 아이팟이 MP3 파일을 1,000곡까지 넣을 수 있었던 반면에, 로커폰은 애플의 저작권 보호 프로그램인 페어플레이(FairPlay) 기능 때문에 100곡만 넣을 수 있었다. 또 로커폰은 아이튠즈와 연동되기 때문에 통신 회사들이 데이터 사용료를 받지 못해 통신 회사를 선정하는데 어려움이 생겨 출시가 계속 지연되었다. 잡스는 이 휴대전화를 아이튠즈폰이라고 불렀는데, 프레젠테이션의 귀재인 그가 2005년 9월 로커의 신제품 설명회에서 버튼을 잘못 누르는 실수를 범하기까지 했다. 그렇지만 이때가 되면 애플은 이미 자체적으로 휴대전화를 개

애플과 모토로라가
합작해 만든 로커.
맨 위의 열에 있는 음악 버튼을
누르면 아이튠즈가 열린다.

발하던 시점이었다. 잡스는 2006년 이후에 모토로라와의 합작을 중단했다.

아이폰의 개발을 이해하는 데 핵심 기술은 스크린에 사용된 멀티 터치 기술이다. 2003년 말에 애플의 인풋 엔지니어링 그룹(Input Engineering Group)의 엔지니어 던컨 커(Duncan Kerr)는 이 기술을 조너선 아이브 등의 회사 디자인팀 멤버에게 시연했다. 당시 ATM 기계에서 사용하던 것과 같은 한 손가락을 사용하는 터치스크린은 누르기만 할 수 있었던 반면, 멀티 터치스크린은 두세 손가락을 사용해서 줌이나 회전이 가능했다. 커는 이 기술이 장기적으로 키보드나 마우스 같은 컴퓨터의 인터페이스를 대체하고, 태블릿 PC에 유용하게 사용될 수 있을 것이라는 희망을 가지고 있었다.

아이브는 이를 이용해 새로운 태블릿을 만들 수 있다고 생각했다. 그러나 잡스가 이를 "거지 같은 것(shit)!"이라고 하며 단칼에 거절할까 봐 두려워했다. 그래서 아이브는 공식 공개를 피하고, 잡스를 개인적으로 만났을 때 이를 조심스럽게 보여주었다. 그의 우려와는 달리 잡스는 "이것이 미래다(This is the future)!"라고 반응했다. 이에 애플은 태블릿을 개발하기 시작했고, 2004년부터 특허를 출원했다. 2005년에는 멀티 터치스크린 분야의 선구적 벤처 기업인 핑거웍스(FingerWorks)를 조용히 매입했다.

앞에서도 언급했지만 잡스는 원래 애플이 휴대전화를 개발하는 것에 대해 회의적인 입장이었다. 그는 기존의 휴대전화를 좋아하지 않았고, 키보드가 달린 '블랙베리' 같은 스마트폰을 일반 대중이 결코 사용하지 않을 것이라고 판단했다. 하지만 애플 임원들이 계속 잡스를 설득했다. 2004년 11월 7일, 컴퓨터와 음향기기, 휴대전화가 수렴할 것이라고 생각하던 부회장 마이크 벨(Mike Bell)은 몇 시간에 걸쳐 잡스를 설득했다. 긴 대화 끝에 결국 잡스는 대중적인 인터페이스 개발을 전제로 휴대전화 개발에 착수하는 것을 허락했다.

잡스가 넥스트 시절에 고용했던 엔지니어 스콧 포스톨(Scott Forstall)의 주도로 애플 내에 휴대전화 제작을 위한 팀이 꾸려졌다. 포스톨은 회사 내의 가장 유능한 프로그래머, 엔지니어, 디자이너 임원을 비밀리에 차출했다. 이들을 모집할 때는 이들에게 프로젝트가 무엇인지도 얘기하지 않았고, 앞으로 2년 동안 저녁 시간과 주말에도 일해야 함을 주지시켰다. 팀원들은 건물 하나를 사용하면서 문을 걸어 잠그고 극비리에 일을 진행해야 했다. 불가능한 제품, 불가능한 마감 시한이었지만, 개발자들은 회사의 운명이 여기에 달려 있다는 이야기를 끊임없이 들으면서 일했다.

애플의 휴대전화 개발팀은 멀티 터치 기술을 이용하는 하드웨어 디자인 팀과 소프트웨어 팀으로 나뉘어 있었다. 하드웨어 팀과 소프트웨어 팀 양쪽이 하는 일을 동시에 알고 있는 사람은 회사 내에 거의 없었다. 인터페이스 팀이 일하는 방은 비밀 유지를 위해 창문도 없었고, 청소부가 들어와 청소하지도 않았다. 이들은 멀티 터치 기술과 맥 컴퓨터에 사용하던 소프트웨어를 결합해 제품을 개발했다. 이 그룹은 2005년 2~3월에 홈 버튼, 사파리가 있는 스마트폰의 프로토타입을 만들어냈고, 그해 여름에는 애플 내에서 프로토타입을 공개했다. 물론 이 프로토타입은 아직 상업화와는 거리가 멀었다. 이런 상황에서 2005년 9월에 출시한 로커가 난항을 겪다 실패했다.

로커 출시 직전에 회사 내의 아이팟 팀은 아이팟을 확장한 휴대전화가 문제의 해답이라고 잡스를 설득했다. 아이팟은 워낙 큰 성공을 거두었고 사람들이 좋아하던 기술이었다. 아이팟은 아이튠즈와 연동되어 있었고 이미 스크린을 장착하고 있었기 때문에, 여기에 전화 기능을 달고 다른 기능을 몇 가지 추가하면 훌륭한 스마트폰이 될 수 있을 것 같았다.

잡스는 고민하다 2005년 8월경에 두 개의 아이폰 프로젝트를 출범시켰다. 이것은 '퍼플 프로젝트(Purple Project)'라는 비밀 이름으로 불렸다. 개발팀을 두 팀으로 나누어 경쟁하게 했는데, 각각 P1 프로젝트, P2 프로젝트라고 불렀다. P1 프로젝트는 인터넷이 되며 전화를 걸 수 있는 아이팟의 형태로 휴대전화를 만들었다. 아이팟의 창을 크게 만들고, 휠 모양의 다이얼을 넣었다. 하지만 소비자들이 둥근 다이얼패드를 좋아하지 않고, 아이팟의 휠이 다른 가능성을 막아버린다는 문제가 있었다.

반면에 P2 프로젝트는 원래 추진하던 태블릿용 터치스크린을 이용해 휴대전화를 개발했다. 여기서는 맥 컴퓨터의 OS를 변형한 iOS라는 운용 체계를 사용했다. 큰 멀티 터치스크린에 홈 버튼을 비롯한 여러 버튼을 넣어 아이폰의 기능을 다양화했다. 기능을 모두 담으면서도 얇은 휴대전화를 만드는 데 여러 어려움이 있었지만 결국은 극복했다.

처음에는 휴대전화 사업에 회의적이었던 잡스는 퍼플 프로젝트가 출범한 이후로는 자기 시간의 40퍼센트를 이 일에 쏟아부었다. 잡스는 당시 애플로서는 천문학적인 돈인 1억 5000만 달러(약 1500억 원)를 아이폰 개발에 투자했다. 당시 개발이 실패했다면 애플이 도산할 수도 있는 금액이었다. 그렇지만 아이폰은 성공했고, 이후 10년 동안 애플에 500억 달러의 순이익을 안겨주었다.

아이폰이 바꾼 세상

2007년 1월 잡스는 터치스크린을 장착한 아이폰을 공개했다. 아이폰은 새로운 기기를 기다리던 전 세계 마니아들의 열광적인 관심을 불러일으켰다. 경쟁사인 마이크로소프트사의 CEO인 스티브 발머(Steve Ballmer)는 아이폰에 "키보드가 없기 때문에 이메일을 쓰는 사람들에게 외면받을 것"이라 전망했다. 그러나 이런 전망이 무색하게 2007년 6월에 아이폰이 출시되었을 때, 사람들은 뉴욕 애플 스토어 앞에서 이를 사기 위해 일주일 동안 노숙을 마다하지 않았다. 아이폰은 출시 후 70일 동안 100만 대가 판매되었으며,《타임》지가 선정한 2007년 최고 발명으로 꼽혔다.

2008년 8월에 애플은 앱스토어를 열고 외부 개발자들에게 앱을 개발하게 했다. 잡스는 처음에 이 아이디어에 반대했으나 결국 회사 간부들의 의견을 수용했다. 앱스토어가 열린 첫날 여기에는 500개의 앱이 올라왔다. 앱스토어를 열면서 애플은 수십 년 동안 고수하던 사유 표준(proprietary standard) 정책을 버렸다. 사유 표준이란 사람들이 마음대로 이용할 수 있는 표준이 아니라 한 회사가 소유해서 바꾸거나 응용할 수 없는 표준이다. 지금까지의 애플 컴퓨터와 달리 아이폰 사용자들은 수백 가지 앱을 다운로드해서 하고 싶은 새로운 작업을 하기 시작했다. 앱스토어는 아이폰만큼이나 혁명적인 기술이었다.

아이폰은 한 사람에 의해, 특히 스티브 잡스에 의해 개발된 것이 아니다. 잡스는 애플이 전문성을 갖지 않은 휴대전화 개발에 회의적이었고, 전망을 가진 회사의 임원들은 잡스를 설득해야 했다. 2001년에 출시한 아이팟으로 애플의 매출과 이윤이 늘었지만, 애플의 임원들은 기존의 휴대전화가 아이팟의 시장을 잠식할 것이라고 예상했다. 이런 상황에서 휴대전화 회사인 모토로라와의 공조가 잘 풀리지 않았다. 휴대전화 개발에 착수하기로 결정한 애플은 모토로라와 공조하던 2004년 말부터 자체적으로 인터페이스 개발을 시작했고, 2005년 8월에 퍼플 프로젝트를 시작하면서 두 팀을 꾸려 경쟁시켰다. 이 경쟁의 결과 멀티 터치스크린이 선택되었다. 이렇게 개발된 아이폰은 2007년에 출시되었고 2008년에는 두 번째 혁명이라고 할 수

잡스의 사망 후
쏟아진 애도의 물결.

있는 앱스토어가 시작되었다.

스마트폰은 21세기를 상징하는 기술이 되었다. 애플은 작은 컴퓨터 회사에서 지금 전 세계에서 자산 가치가 가장 큰 회사로 탈바꿈했다. 아이폰을 시작으로 스마트폰은 이제 세상을 구석구석 이어주고 있다. 사람들은 하루 종일 스마트폰을 들고 다니며, 거의 매시간 메시지, 전화, SNS를 확인한다. 스마트폰은 사람들을 연결하고, 사람들을 더 큰 세상과 다양한 방식으로 이어주고 있다. 게임과 TV 시청은 물론 물건의 구매도, 결제와 송금도, 일정 관리와 호텔 예약도 스마트폰으로 할 수 있다.

스마트폰을 이용하는 사람들은 과거에 비해 더 많은 '페친', '트친'을 갖고 있고, 더 많은 시간을 유튜브와 아프리카 TV를 보는 데 사용한다. 인터넷의 가상 공동체에서는 친구를 맺기가 쉽고, 동시에 친구 관계를 끊기도 쉽다. 그래서 내 주변에는 항상 나와 비슷한 생각을 하고, 비슷한 문화를 즐기고, 비슷한 정치적 성향을 가진 사람들이 모인다. 많은 사람을 알게 되고 유명인들과도 친구가 되니 내 세계는 넓어지는 것 같지만 동시에 놀랄 만큼 좁아진다. 사람의 시간은 한정되어 있기 때문에 내가 스마트폰을 많이 볼수록 현실 세상에서의 대화와 사고는 줄어들 수밖에 없다.

그렇지만 이제 스마트폰 없는 삶은 생각하기 힘들다. 이런 삶을 버리고 과거로 돌아갈 수는 없는데, 그것은 나 스스로를 고립시키는 일이기 때문이다. 스마트폰은 우리 외부에 존재하는 통신기기가 아니라 나라는 존재를 만드는 수족 비슷한 것이 되었고, 나와 세상을 이어주는 인터페이스가 되었다. 우리는 아마 죽는 날까지 스마트폰 없는 날을 상상하지 못하는 지금 같은 삶을 이어갈 것이다.

인간과 기술은 함께 간다

인공지능

이제 우리 주변에서도 인공지능을 어렵지 않게 찾아볼 수 있다. 휴대전화에도 인공지능 기능이 탑재되어 있고 인공지능 비서를 사용하는 사람들도 점점 더 늘고 있다. 인공지능 비서는 내가 있는 지역의 미세먼지 농도를 알려주고 원하는 노래를 주문하면 바로 들려주며, 단어의 뜻을 물으면 여러 나라의 언어로 설명해주기도 한다.

18세기 말 독일의 발명가였던 볼프강 폰 켐펠렌(Wolfgang von Kempelen)은 터키인(Turk)이라는 이상한 기계를 하나 만들어냈다. 이 기계는 체스를 두는 기계였다. 이 기계 상자를 열어보면 복잡한 톱니바퀴 같은 장치가 들어 있고 사람 모양의 인형이 앉아 있지만 뒷면은 사람의 뒷모습이 아니며 사람의 앞모습, 그것도 상반신만 있는 인형이다.

켐펠렌이 만든 체스를 두는 기계인 터키인.
경기를 두기 전에 속이 비어 있음을 보여주었지만,
경기가 시작되면 숨어 있던 사람이 체스 말을 조작했다.

　　그런데 이 기계 상자의 문을 활짝 열어 이 안에 아무도 없다는 것을 확인한 뒤 문을 닫고 사람이 마주 앉아서 체스를 두면 이 기계는 생각을 하는듯 손을 움직여 자기 말을 잡고 응수했다. 이 기계는 체스를 꽤 잘 두었다. 당시 유럽의 체스 챔피언과 대결해도 밀리지 않을 정도였다.

이 체스 두는 기계가 유명해지면서 여러 나라에서 이 기계를 보고 싶어 하는 사람들이 속속 생겨나기 시작했다. 사람들의 요청이 많아지자 이 기계는 유럽을 순회하기도 했는데, 우리가 잘 아는 나폴레옹 보나파르트와도 대국을 했고, 피뢰침을 발명한 벤저민 프랭클린(Benjamin Franklin)과도 체스를 두었다. 또 미국에서는 작가 에드거 앨런 포(Edgar Allan Poe)와도 체스를 두었다.

사람들은 물론 이 기계가 진짜 사람이 아니라는 것도, 단지 눈속임에 불과하다는 것도 잘 알고 있었지만 무척 즐거워했다. 이 기계 안에는 사람이 숨을 수 있는 공간이라고는 없는데 대체 누가 어디에 숨어서 저렇게 훌륭한 체스 실력을 발휘하는 것일까 하는 의문은 상당히 오랫동안 풀리지 않은 채로 남아 있었다.

당시 유럽 사람들은 이 체스 기계에 왜 그렇게 열광했을까? 이 기계를 발명한 켐펠렌 또한 이것은 눈속임이라고 스스로 이야기하기도 했다. 그럼에도 이 기계에 열광했던 한 가지 이유는 단지 체스라는 경기 때문이었다. 17세기부터 유럽의 많은 철학자들이나 사상가들은 만약 기계가 체스를 둘 수 있다면 그 기계는 인간처럼 생각하는 것이라고 했다. 그래서 아마 이 기계가 등장했을 때 사람들이 깜짝 놀랐던 것으로 여겨진다. 이것은 비록 눈속임이지만 인간이 아닌 어떤 존재가 체스를 둔다는 것은 그 존재가 인간과 비슷한 존재라는 것이고, 그런 존재를 눈앞에서 보고 있다는 게 놀라운 일이었을 것이다. 어쨌건 이 기계에 대한 사람들의 관심과 흥미가 매우 높았던 것은 확실했다.

제2차 세계대전을 거치면서 컴퓨터는 급속한 발전을 이루었다. 처음에는 작은 계산기에 불과했던 기계는 전기를 이용하면서 점점 더 커졌고 급기야 거대한 계산기들이 등장하기 시작했다. 그리고 그 계산기가 수행할 수 있는 연산 능력도 점점 더 커지면서 하버드 마크 1과 같은 범용 컴퓨터들도 만들어졌다.

1946년에 모습을 드러낸 에니악(ENIAC)이라는 컴퓨터는 최초의 전자 컴퓨터로 평가받는다. 에니악은 큰 방 하나를 차지할 정도로 엄청나게 컸고, 무게만 해도 수 톤에 달했다. 한 도시가 사용하는 전력의 3분의 1을 이 에니악 컴퓨터가 사용할 정도였으니 전력 소비가 엄청난 컴퓨터임을 짐작할 수 있을 것이다. 그렇다면 이 컴퓨터는 얼마나 대단했을까? 연산 용량이나 계산 능력은 어느 정도였을까? 사실 당시로서는 어마어마한 것이었다. 사람은 도저히 할 수 없는 복잡한 계산도 순식간에 해냈기 때문이다. 그래서 이 에니악은 전쟁 무기 개발이나 유도탄, 대전차, 예측기 등에 두루 사용됐다. 물론 예산 또한 무척 많이 투입된 컴퓨터였다.

그렇다면 만약 지금 이 컴퓨터를 갖게 된다면 얼마나 많은 것을 할 수 있을까?

시중에 판매하는 크리스마스카드 중에는 카드를 열면 음악이 나오는 제품이 있다. 그 안을 들여다보면 조그만 칩이 하나 들어 있다. 그 작고 저렴한 칩 하나가 음악을 재생하는 것이다. 바로 이 칩 하나가 에니악 컴퓨터의 용량과 맞먹는다.

미 항공우주국 나사가 1960년대에 로켓을 쏘아 사람을 달에 보낼 때 계산해야 할 것은 상상하지 못할 정도로 많았을 것이다. 그때 계산을 했던 컴퓨터의 용량을 모두 합친 것이 지금 우리가 사용하는 휴대전화의 용량보다 작다. 지금 우리가 사용하는 휴대전화가 1960년대에 나사가 썼던 그 컴퓨터 용량보다 더 뛰어나다는 것이다. 이 때문에 우리가 쓰는 컴퓨터를 두고 낭비라고 생각하는 사람들도 있다.

에니악 뒤에는 에드박(EDVAC)이라는 컴퓨터가 등장했다. 이 컴퓨터는 역사적으로 유명한 프로그램 내장형 컴퓨터다. 컴퓨터 안에는 기본 프로그램이 모두 내장되어 있었다. 지금의 컴퓨터와 상당히 비슷하며, CPU(중앙처리장치), 메모리, 프로그램을 내장한 범용 컴퓨터라고 평가한다. 이 컴퓨터를 설계한 사람은 존 폰 노이만(John von Neumann)이라는 천재 수학자였다. 에드박은 1949년에 등장했고, 1950년대 초반에는 IBM이 상업용 컴퓨터를 만들어서 팔기 시작했다. 그것이 IBM 701이라는 컴퓨터다.

인공지능 연구의 선구자들

1950년대에는 덩치가 굉장히 크고 비싼 컴퓨터가 점점 발전하기 시작했고, 예산이 넉넉했던 대학들은 컴퓨터를 구입해서 본격적으로 사용하기 시작했다. 다트머스대학교의 존 매카시(John McCarthy)라는 젊은 수학자는 컴퓨터에 관심이 많았다. 그는 컴퓨터를 연구하던 중 당시의 컴퓨터가 계산을 빨리 하지만 사람처럼 생각하는 것 같지는 않다고 평가했다. 그리고 계산을 도와주는 보조 장치인 컴퓨터를 가지고 어떻게 하면 사람처럼 생각하는 기계를 만들 수 있을까, 그런 컴퓨터 프로그램 언어를 어떻게 만들까를 고민하기 시작했다. 그리고 자신과 비슷한 고민을 하는 사람들이 있다는 것을 알게 되었다. 그래서 그들을 만나 생각을 공유하며 친분을 쌓아갔다.

1955년 여름, 매카시는 사람처럼 생각하는 컴퓨터에 어떤 이름을 붙이면 좋을까 하고 고민하다가 '인공지능(Artificial Intelligence)'이라는 이름을 붙였다. 그러고는 인공지능을 다루는 학회를 열고자 한다며 록펠러 재단(Rockefeller Foundation)에 예산을 지원해달라는 내용의 제안서를 제출했다. 그리고 기다리던 끝에 드디어 승인을 받을 수 있었다. 1956년의 일이었다. 인공지능, AI라는 말이 처음으로 사용된 역사적인 순간이기도 했다. 매카시는 이렇게 투자를 얻어내는 데 성공하면서, 그해 여름 자신이 재직하고 있던 다트머스대학에서 첫 번째 인공지능 워크숍을 개최했다.

지금도 다트머스대학에는 "이 자리에서 최초의 인공지능 워크숍이 열렸다"는 내용이 적힌 기념판이 붙어 있다. 2006년 7월 13일이라는 날짜도 새겨져 있는데 워크숍이 열린 것이 1956년 7월이었으니, 정확히 50년이 되던 해에 만든 기념판이었다.

실제로 워크숍에 초대받아 참여한 사람은 단 열 명이었다. 그중 이워크숍을 주도했던 존 매카시, 친구였던 마빈 민스키(Marvin Minsky),

IN THIS BUILDING DURING THE SUMMER OF 1956

JOHN McCARTHY (DARTMOUTH COLLEGE), MARVIN L. MINSKY (MIT)
NATHANIEL ROCHESTER (IBM), AND CLAUDE SHANNON (BELL LABORATORIES)
CONDUCTED

THE DARTMOUTH SUMMER RESEARCH PROJECT
ON ARTIFICIAL INTELLIGENCE

FIRST USE OF THE TERM "ARTIFICIAL INTELLIGENCE"

FOUNDING OF ARTIFICIAL INTELLIGENCE AS A RESEARCH DISCIPLINE

"To proceed on the basis of the conjecture
that every aspect of learning or any other feature of intelligence
can in principle be so precisely described that a machine can be made to simulate it."

IN COMMEMORATION OF THE PROJECT'S 50th ANNIVERSARY
JULY 13, 2006

다트머스대학에 있는 다트머스 학회 50주년 기념판. "이 자리에서 최초의 인공지능 워크숍이 열렸다"는 내용이 적혀 있다.

카네기멜론대학교의 교수였던 허버트 사이먼(Herbert Simon), 그리고 사이먼과 공동 연구를 한 앨런 뉴얼(Allen Newell), 이 네 명이 미국 인공지능 연구를 처음으로 시작한 선구자들이었다.

특히 사이먼과 뉴얼은 한 해 전인 1955년에 논리이론가라는 인공지능 프로그램을 만들기도 했다. 이것은 최초의 인공지능 프로그램으로 평가받는다. 그 프로그램을 만든 후에 이들은 이를 어떻게 시험해볼지 고민했다. 그것은 이 프로그램이 단순한 계산만 하는 것이 아니라 인간처럼 사고한다는 것을 증명하는 방식의 문제였다. 그들은 인간이 할 수 있는 사고 중에 가장 분명한 것은 논리적 사고이기 때문에, 인공지능이 인간처럼 사고한다는 것을 논리 문제를 해결함으로써 증명할 수 있다는 생각에 도달했다.

약 50년 전인 20세기 초에 버트런드 러셀(Bertrand Russell)과 앨프리드 화이트헤드(Alfred Whitehead)라는 두 명의 수학자 겸 철학자가

10년가량 협력한 끝에『수학 원리(Principia mathematica)』라는 책을 펴낸 일이 있었다. 속설에 의하면 이 책을 다 읽은 사람은 세상에서 열 명도 안 된다고 할 정도로 난해한 책이었다. 이 책은 수학 명제를 철학적으로 증명하고 있는데, 예를 들어서 책에는 '1+1은 왜 2인가' 하는 문제를 증명하는 내용도 담겨 있다.

사이먼과 뉴얼은 책에 서술되어 있는 50여 개의 명제를 뽑아내 인공지능에게 이를 증명하도록 했다. 그러자 논리이론가 프로그램이 그중 38개의 명제를 순식간에 증명했다. 두 명의 천재가 몇 년 동안 끙끙거리며 증명한 명제들을 인공지능이 금방 증명해낸 것이다. 이들은 이렇게 해서 논리이론가라는 프로그램이 인간처럼 생각한다고 결론 내릴 수 있었다.

체스를 두는 컴퓨터의 등장

논리이론가 프로그램으로 명성을 얻은 사이먼과 뉴얼을 비롯해 인공지능 워크숍에 참여했던 사람들은 컴퓨터가 인간처럼 사고한다는 것을 보여주기 위해 체스 게임에 초점을 맞추기로 했다. 그러고는 체스를 두는 인공지능을 제작하기 시작했다. 하지만 인공지능의 체스 실력은 형편없었다. 1957년 사이먼은 앞으로 10년 안에 인공지능이 체스 챔피언을 이길 거라고 예언했지만 어림없는 일이었다.

그로부터 10년 뒤인 1967년, 체스의 주(state) 우승자를 뽑는 경기에서 프로그램이 인간을 이겼다. 이렇게 프로그램이 인간을 이기는 일이 벌어졌지만 최고가 되기에는 여전히 어림없는 실력이었다. 하지만 인공지능 연구자들은 이제 곧 컴퓨터가 체스 챔피언이 될 것이라고 했고, 이 말에 체스 챔피언들은 단단히 화가 나고 말았다. 1968년 데이비드 레비(David Levy)라는 체스 선수는 "10년 안에 체스 프로그램이 나를 이기면 3,000달러를 주겠다"고 공개적으로 이야기하기도 했다.

그리고 10년 후인 1978년, 실제로 그 당시에 가장 뛰어났던 프로그램과 레비가 대국을 펼쳤다. 결과는 레비의 가벼운 승리였다. 그래도 체스 프로그램은 계속 발전을 거듭했다. 그리고 1996년, IBM이 만든 딥블루(Deep Blue)라는 인공지능 프로그램이 세계 챔피언을 한 번 이기는 데 성공했다. 그리고 그다음 해 벌어진 대국에서는 딥블루가 챔피언을 이기고 결국 승리를 거두었다.

당시 세계 챔피언이었던 가리 카스파로프(Garry Kasparov)는 마지막 경기가 끝난 후 완전히 좌절해서 얼굴을 감쌌고, 관객들은 그 순간 벌어진 상황을 믿을 수 없다는 듯 하나같이 놀라운 표정을 지었다. 인간만이 둘 수 있다고 생각했고, 인간의 정신 능력을 가장 잘 보여준다고 생각했던 체스에서 컴퓨터가 인간을 이겼다는 사실에 충격을 받은 것이었다.

이 일이 있은 후에는 체스를 두는 컴퓨터에 대한 이야기는 뉴스거리도 되지 못했다. 2006년에는 세계 챔피언 블라디미르 크람니크(Vladimir Kramnik)가 딥프리츠(Deep Fritz)에 4무 2패로 패하면서 단 한 번도 승리하지 못했다. 이후 사람은 체스에서 컴퓨터의 적수가 되지 못했다.

하지만 사람들은 여전히 사람이 컴퓨터보다 잘하는 것이 남아 있다고 생각했다. 그중 하나는 운전이었다. 사람은 능숙하게 운전할 수 있지만 컴퓨터는 운전을 할 수 없다고 생각했다. 그런데 이 예상 또한 빗나가고 말았다. 2012년 구글사의 자율주행 자동차가 네바다에서 시험 운전면허를 취득하는 데 성공한 것이다. 이 자동차는 이제 길에 나가서 마음대로 시험을 해도 좋다는 허가를 받은 셈이다. 이 자동차는 사람처럼 물건을 인지하고, 장애물이 있으면 피하고, 신호가 빨간불일 때는 정지하고, 파란불일 때 주행하고, 보행자가 있거나 비상 상황에 맞닥뜨리면 재빨리 정지하고 앞차와 간격을 유지한다.

이 한 해 전인 2011년에는 IBM이 만든 왓슨(Watson)이라는 인공지능 컴퓨터가 미국 TV 프로그램인 〈제퍼디〉라는 인기 퀴즈 쇼에서 세계 챔피언 둘을 동시에 눌러버린 일도 있었다. 이 퀴즈 쇼에 출제되

2011년
인공지능 컴퓨터인
왓슨이 TV 퀴즈 쇼
〈제퍼디〉에서
세계 챔피언 둘을
제치고 승리했다.

는 문제들은 일반 사람들은 감도 잡을 수 없는 것들이 많았다. 그 때문에 이 퀴즈 쇼의 챔피언들은 명성이 대단히 높은 사람들이었다. 그런데 인공지능이 이 챔피언 둘을 가볍게 누르는 일이 벌어진 것이다.

이세돌 9단과 알파고의 대결

2016년에는 우리가 인공지능의 존재를 실감하는 일이 벌어졌다. 바로 이세돌 9단과 알파고(AlphaGo)의 바둑 대결이었다. 사실 이때만 해도 대부분의 전문가는 이세돌 9단이 가볍게 이길 거라고 생각했다. 그 전에 알파고의 실력은 불과 프로 1단 정도에 지나지 않았기 때문이다. 하지만 결과는 완패였다. 3 대 1 상황의 마지막 5국에서 이세돌 9단이 불계패하면서 사람들은 충격에 빠졌다.

인공지능이 체스에서는 이겼지만 바둑에서만큼은 승리하기 쉽지 않을 거라 여겼던 것이 사실이다. 바둑은 상당히 연습을 많이 하고 대단한 통찰력을 가진 인간의 수가 먹히는 게임이지, 계산을 빨리 한다고 해서 이길 수 있는 것은 아니라고 생각했는데 결국 바둑에서도 인간이 진 것이다. 사람들은 그렇다면 남아 있는 인간의 영역이 무엇인가에 대한 질문을 던지기 시작했다. 발맞춰 우리나라에서도 인공지능을 개발하고 투자해야 한다는 움직임이 생겨났다.

인공지능이 인간에게 체스와 바둑을 이겼고 자율주행 자동차가 네바다주에서 면허를 땄다는 것은 인공지능이 사람처럼 생각한다는

의미일까? 이런 현상들은 인공지능이 사람처럼 생각한다는 증명이
될 수 있을까?

처음에 체스 프로그램을 만드는 데는 두 가지 방법이 있었다. 하
나는 인간이 어떻게 체스를 두는가를 연구해서 인공지능으로 하여금
그와 같이 체스를 두게 하는 방법이었다. 그리고 두 번째는 계산을 하
게 하는 방법이었다. 컴퓨터는 계산을 빨리 할 수 있기 때문이다. 예
를 들어 어떤 수를 여기에 두었을 때 이길 확률과 저기에 두었을 때
이길 확률을 모두 계산하는 것이다. 그렇게 수만 가지의 수를 계산해

서 이길 확률이 가장 높은 곳으로 말을 옮기는 방법이었다. 그런데 사람은 이렇게 체스를 두지 않는데, 사람에게는 그렇게 계산할 능력이 없기 때문이다. 체스 세계 챔피언이라고 해도 모든 수를 다 계산해서 체스를 두는 건 아니다.

컴퓨터 프로그램에는 전자가 아닌 후자의 방법이 사용되었다. 인간의 방식대로 체스를 두는 것이 아니라 높은 확률을 계산해서 체스를 두는 방식을 선택했다. 그런데 이것은 인공지능이 인간이 사고하는 방식으로 작동하지 않는다는 것을 의미했다. 바둑도 마찬가지였다. 인간이 사고하는 방식대로 바둑을 두는 것이 아니었다.

어쨌건 알파고는 사람들이 깜짝 놀랄 만큼 어마어마한 능력을 보여주었다. 그런데 여기에는 흥미로운 사실이 하나 있다. 보통 바둑판은 가로와 세로가 19줄이다. 그런데 이 바둑판을 20줄로 바꾸면 알파고는 사람만큼 바둑을 두지 못한다는 것이다. 인공지능은 19줄 바둑판으로 바둑을 배웠기 때문에, 바둑판을 조금만 변형하면 사람에게 지고 만다. 바로 이것이 인공지능이다.

사람들은 인공지능이 정말로 뛰어나기 때문에 인간이 도저히 할 수 없는 어떤 일을 하는 것 같다고 말하기도 한다. 이는 맞는 말이다. 하지만 인공지능이 사람처럼 생각하는 능력이 더 발전해서 그런 일을 할 수 있는 것은 아니다. 이제 인공지능 시대에 살아가는 우리가 기술에 종속되지 않고 기술과 좋은 관계를 맺으면서 살아가려면 인공지능의 이런 속성을 정확히 알아야 한다.

2019년에 발행된 한 논문에 소개된 실험에 주목할 필요가 있다. 자율주행 자동차에 '멈춤(Stop)'이라는 표시를 인식하도록 했다. 이제 멈춤 표시를 발견하면 자동차는 무조건 정지해야 하는 것이다. 그런데 여기에 약간의 변형을 가했다. 멈춤 표시 위에 작은 스티커 몇 개를 붙여놓은 것이다. 그러자 자율주행 자동차는 이 표시를 제한속도 45마일이라고 인식했다. 그렇다면 멈춤 표시를 보고도 그냥 지나칠 수 있는 것이다.

우리나라에서는 멈춤 표시가 보편적이지 않지만 서양에서는 멈춤 표시가 중요한 교통 법규다. 교차로에서는 한쪽에만 멈춤 표시가 있고, 다른 쪽에는 멈춤 표시가 없다. 한국 사람들이 서양에서 운전면허를 딸 때 가장 많이 탈락하는 이유 중 하나가 바로 이 때문이다. 멈춤 표시가 없는 곳에서는 무조건 주행해야 한다. 교차로에서 자동차가 오는 것 같아도 멈춰서는 안 된다. 왜냐하면 반대쪽에 멈춤 표시가 있기 때문에 상대방 차가 멈출 것이기 때문이다. 만약에 멈춤 표지를 떼어 간다면 살인 행위로 간주할 정도로 멈춤 표지는 굉장히 중요하다. 그런데 자율주행 자동차가 이 같은 멈춤 표시를 단지 스티커 때문에 엉뚱하게 읽어버리는 것이다. 사람은 너무나 당연하게 멈춤이라고 읽는 것을 인공지능은 그렇게 이해하지 않는다.

사람이 보았을 때는 그다지 의미 없는 모호한 형태의 그림들을 인공지능은 황제펭귄이라고 읽고 불가사리로 읽기도 한다. 또 하나의 재미있는 실험도 있다. 평범한 돼지 사진에 아주 약간 잡티를 섞었더니 인공지능은 이를 여객기로 읽었다. 그러니까 인공지능은 인간처럼 사고하는 것이 아니라는 뜻이다. 기본적으로 인공지능은 계산기다. 모든 것을 계산하고 종합해서 결과를 내는 것인데 사람처럼 생각하지 않기 때문에 이 같은 결과가 나타나는 것이다.

이 같은 인공지능이 사용될 때 누군가 잡티를 넣는다면 큰 문제가 될 것이다. 인공지능을 이용해 중요한 결정을 내리려 하는데 만약 어떤 해커가 내 시스템에 침입해서 사람의 눈으로는 가늠할 수 없는 잡티를 집어넣는다면 인공지능은 엉뚱한 결론을 내리는 일이 발생할 것이다.

과연 인공지능이 인간보다 더 현명한가? 마이크로소프트사가 예전에 출시했던 테이(Tay)라는 프로그램이 있다. 이는 온라인상에서 사람과 채팅을 하는 인공지능으로 챗봇이라 불리는 것이다. 챗봇은 처음에 좋은 언어만을 사용하도록 훈련을 받았다. 그런데 세상에 나오자마자 사람이 사용하는 나쁜 말을 배우는 것이었다. 예를 들면 나치의 유대인 대학살이 있었는지 묻자 "그것은 모두 조작된 것"이라고 대답하는 식이다. 어떤 측면에서는 사람이 가지고 있는 데이터의 한계를 그대로 닮아가는 것이다.

우리는 흔히 인공지능이라고 하면 진정으로 자율적인 존재로 생각하는 경향이 있다. 과연 정말 그럴까? 자율주행 자동차는 여러 가지 장애물을 모두 자동으로 파악해서 운행한다. 그래서 이 장애물들이 무엇인지 먼저 인식하게 해줘야 한다. 멈춤 표시를 비롯해 자전거와 자전거를 타는 사람, 버스, 횡단보도와 같은 사물들을 모두 인식하게 해줘야 한다. 물론 그 사물에 태그를 달아주는 일은 모두 사람이 하게 된다. 그러니까 만약 이 태그가 불완전하다면 자율주행 자동차는 운전자에게 더 많이 의존해야 하는 것이다. 그리고 이 태그가 완벽하면 완벽할수록 자율주행 자동차는 더욱 자율적이 되는 것이다.

쉽게 말해서 더 많은 사람이 관여할수록 자동차는 더 자율적이 되는 듯 보이는 것이다. 그러니까 자동차는 혼자 운행을 하는 게 아니라 사실은 매우 많은 사람의 노력과 노동이 합쳐진 결과물인데 자동차가 자율적으로 운행하는 것처럼 보인다는 것이다. 인공지능은 인간이 운전하는 것과는 다른 방식으로 운전한다는 것을 이해해야 한다.

자율주행 자동차가 장애물을
인식하는 방식.

인간의 한계와 편견을 닮은 인공지능

최근 의료 인공지능이 빠르게 발달하고 있다. 이미 병원에서 사용되고 있는 인공지능도 있으며, 엑스레이나 CT 사진을 자동으로 판독해 폐결핵이나 암 등의 질병을 진단해내는 인공지능도 등장하고 있다. 그런데 조사 결과, 암을 진단하는 인공지능은 백인 남성의 경우 정확도가 상당히 높은 것으로 나타났다. 그 수치는 무려 85퍼센트에 달할 정도였다. 반면 유색인 여성의 경우에는 정확도가 20퍼센트 정도로 현저히 떨어졌다. 이유는 이들의 의료 데이터가 없기 때문이었다. 백인 남성의 경우는 병원에서 데이터가 많이 축적되어 있었고, 인공지능은 그 데이터에 입각해 훈련받았지만, 유색인 여성의 데이터는 적었던 것이다. 이렇게 인공지능이 제대로 훈련받지 못한 상태에서는 질병을 진단하는 능력 또한 뚝 떨어졌다.

어떻게 보면 인공지능의 능력은 우리가 가지고 있는 데이터에 의존하는 것이고, 우리가 가지고 있는 데이터가 편향적이면 인공지능도 편향된 결정을 내리게 된다.

그 하나의 사례는 미국 사법부에서 많이 사용하는 노스포인트사의 컴퍼스(COMPAS)라는 인공지능 프로그램이다. 어떤 사람이 범죄를 저질렀을 때 그 사람을 대상으로 설문조사를 해서 그 통계를 컴퍼스에게 맡기면 이 사람이 얼마나 위험한 범죄자인지 측정한다. 그러면 판사가 그 사람이 저지른 범죄에 대한 형을 정하거나 가석방을 결정할 때 컴퍼스의 데이터를 사용하게 되는데, 문제점은 이 컴퍼스가 백인들에게는 유리하지만 흑인들에게는 불리한 결정을 내린다는 것이다. 사법 시스템이 기존에 가지고 있는 데이터를 보면 흑인들 중에 범죄자가 많다고 나타나기 때문이다. 이것은 당연하게도 미국 사회의 특별한 구조를 반영한 것인데, 컴퍼스는 그 데이터만으로 판단하기 때문에 흑인들에게 불리하게 적용되는 것이다.

예를 들어 백인과 흑인이 비슷한 범죄를 저질렀는데 백인의 경우는 벌금을 내고 석방된다. 컴퍼스가 이 사람의 위험도가 낮다고 결론 내렸기 때문이다. 하지만 흑인의 경우에는 징역 3년 형이 내려진다. 위험도가 높으니 이 사람은 감옥에 오랫동안 수감되어야 한다는 식이다. 이것은 그 사람이 어떤 범죄를 저질렀느냐가 아니라 그 사람이 어떤 집단에 속해 있느냐에 따라 그 사람의 위험도를 결정하는 시스템이다. 컴퍼스는 이렇게 많은 문제를 안고 있지만 널리 사용되고 있는 인공지능 프로그램이다.

면접 인공지능 또한 최근 들어 점점 더 많이 사용되고 있다. 아마존에서 자체 개발한 면접 인공지능 프로그램을 실행해보니 이력서에 여성 테니스 동호회 회원이었다는 글자를 썼다고 해서 감점을 시킨 일이 있었다. 단지 여성이라는 단어가 들어갔다는 이유였다. 하지만 이 역시 인공지능이 아마존이 만든 데이터를 그대로 사용했기 때문에 벌어진 일로, 아마존의 성차별적인 체계를 그대로 반영한 결과였다. 인공지능은 어떤 특정 부류의 사람들, 예를 들어 근속 일수도 적고 승진이 느린 부류의 사람들이 원서를 내면 감점을 시켜야겠다고 인지한 것이다. 감정을 덜어냈기 때문에 인간보다 훨씬 더 객관적이고 투명할 것이라고 생각하지만 인공지능은 우리가 가지고 있는 데이터의 한계와 편견을 그대로 반영하는 것이다.

미국에는 범죄 예측 프로그램도 많이 사용되고 있다. 프레드폴 (PredPol)이라는 범죄 예측 프로그램 또한 백인보다는 유색 인종을 훨씬 더 많이 검거하고 구속시키는 방향으로 작동한다는 분석이 있다.

4차 산업혁명 시대, 인공지능에 대한 열풍이 불고 있고, 이것이 굉장히 중요한 기술인 것은 사실이다. 인공지능은 앞으로 더욱 발전할 것이고, 또 더욱 발전시켜야 하는 기술이다. 하지만 어떤 기술이 발전했을 때 인간이 얻는 것이 있지만 잃어버리는 것도 있다. 그렇다면 인공지능과 관련해 우리가 얻는 것은 무엇이고 잃어버리는 것은 무엇일까에 대해 고민해봐야 한다. 이 책의 첫머리에서 인간은 기술을 사용함으로써 새로운 존재로 거듭난다는 이야기를 했다. 그렇게 기술과 인간은 항상 함께 가는 것이다. 그런데 인공지능과 관련해서는 마치 기술이 독자적인 생명을 가진 것처럼, 독자적인 자율성을 가진 것처럼 생각하는 경향이 있다. 하지만 그렇지 않다. 인공지능 기술의 대표적인 예인 자율주행 자동차 또한 인간과 분리된 것이 아니라 인간과 같이 가는 존재라는 것을 생각해야 한다.

또 한 가지는 인공지능 기술이 예상하지 못했던 방식으로 사용될 수 있다는 것이다. 그리고 무엇보다도 기술은 중립적인 존재가 아니라 정치적인 존재일 수 있다는 것이다. 그것이 어떤 특정한 정치적인 목적으로 이용될 수 있는 가능성이 있다는 것을 항상 염두에 두어야 한다. 인공지능 기술은 현재보다 미래에 더 중요해질 기술이다. 이 기술에 대한 관심만큼 이를 예의주시하는 시선을 가지고, 이 기술과 함께 우리가 어떤 미래에 살 것인지를 고민하면서 기술의 발전을 꾀해야 할 것이다.

이 책을 전자시계, 컴퓨터 워드프로세서, 인터넷이라는 세 기술에 대한 이야기를 하면서 시작했다. 전자시계의 초침이 움직이는 걸 무서워했던 나는 한때 전자시계를 쓰지 않고 바늘 시계를 쓰기도 했다. 그렇지만 내가 어떤 시계를 쓰는지와는 무관하게 시간을 아끼는 것은 내 안에 미덕으로 남았다. 나중에 알고 보니 '시간은 금'이라는 미덕은 오래전에 시계에 맞춰 돌아가는 산업사회의 미덕으로 자리 잡았던 것이다.

워드프로세서의 경우에는 내가 조금 더 이를 통제할 수 있었다. 기술에 익숙해지면서 나는 빨리 초고를 쓰고 이를 여러 번 고쳤지만, 시간이 넉넉할 때는 일부러 예전처럼 오랜 시간에 걸쳐 초고를 쓰는 방식을 택하기도 했다. 새로운 기술의 장점과 단점을 골고루 누리면서, 기술에 종속되는 것을 내 나름대로 거부하기 위해서였다. 나는 요즘도 가끔 익숙한 기술을 사용하지 않는 날을 정해두고 지키곤 한다.

사이버공간은 조금 더 복잡한데, 이에 대해 나는 애증의 경험을 골고루 가지고 있다. 한때 SNS에서 많은 친구를 사귀었지만, 요즘은 연구를 위해 인터넷을 적극적으로 이용해도 SNS를 통해 새로운 친구를 사귀지는 않는다. 아마 내가 온라인에서 관계를 맺으면서 즐거움이나 실속보다 짜증과 허무함을 더 자주 느꼈기 때문일 것이다. 한 바퀴 돌아 원점으로 돌아왔지만, 이 과정에서 배우고 얻은 것 또한 많았기 때문에 시간을 낭비했다는 생각은 들지 않는다.

인간은 기술을 만들고, 기술은 인간을 만든다. 기술의 일부는 우리고, 우리의 일부는 기술이다. 기술은 내 정체성을 형성하고, 새로운 인간관계를 만들고, 새로운 권력관계를 낳는다. 기술은 내가 좋아하는 것과 내 여가 시간을 확장하고 또 동시에 이를 제한한다. 기술을 매개로 새로운 능력을 갖는 사람이 있고, 사회 속에서 힘을 쟁취하는 사람이 있다. 같은 기술 때문에 세상에 뒤처지고, 권력의 상층부에서 추락하는 사람도 있다.

기술이 예상대로 발명되고 발전하는 경우는 오히려 드물다. 나의 미래와 우리 사회의 미래가 열려 있는 것처럼, 기술의 미래도 열려 있다. 확실성보다 불확실성이 기술을 특징짓는다. 소비자가 없을 것 같은 기술도 크게 성공하고, 크게 기대를 걸었던 기술이 폭삭 망하는 경우도 많다. 기술을 가장 잘 알 것 같은 발명가나 기업가가 기술의 가능성과 한계를 제대로 가늠하지 못하는 경우도 드물지 않다.

기술이 인간과 맺는 접점은 계속 확장되고 있으며, 기술과 인간의 관계는 더 복잡해진다. 지금의 사회는 과거 어느 때보다도 기계의 인구가 많은 '기술 사회'다. 일부 기술은 인프라가 되어 우리 눈에 잘 보이지도 않는다. 우리는 그 속에서 기계를 사용하면서, 기술 인프라와 연결된 채로 살아가는 사이보그다. 심장제세동기를 사용하지 않더라도, '600만 불의 사나이'의 눈이나 손을 가지고 있지 않아도 나는, 여러분은 이미 사이보그다. 스마트폰은 내 심장의 일부를 가지고 있으며, 내 몸은 인터넷과 연결되어 있다. 이제 내가 타인과 맺는 관계는 '인간관계'가 아니라 '사이보그 관계'다.

이 책에서 나는 인간과 기술의 다양한 방식의 접합이 역사를 통해 어떻게 확장되어왔는지를 보이려 했다. 여기까지 읽은 여러분은 이제 사이보그 세상의 첫 '시민권'을 득한 셈이다. 새로운 세상에 온 것을 환영한다.

참고 문헌

아래 참고 문헌은 필자가 본문을 작성할 때 참고한 연구의 일부다. 여기서는 독자의 편의를 위해 각각의 주제에 대해 기술학(Technology Studies) 학계의 가장 대표적이거나 고전적인 연구들, 그리고 국내에서 저술되거나 번역되어 독자들이 참고할 수 있는 대중적인 책을 소개했다. 이 외에 유명한 발명가·엔지니어의 생애와 업적을 포함해서 기술의 역사를 개괄하는 책으로는 다음의 책을 추천한다.

- 송성수 지음,『사람의 역사, 기술의 역사』(부산대학교출판부, 2019).
- 김명진 지음,『세상을 바꾼 기술, 기술을 만든 사회』(궁리, 2019).
- 토머스 미사 지음, 소하영 옮김,『다빈치에서 인터넷까지』(글램북스, 2015).
- 다니엘 헤드릭 지음, 김영태 옮김,『문명을 읽는 새로운 코드 테크놀로지』(다른세상, 2016).

○ 프롤로그

기술과 인간에 대한 철학적, 사회학적 고찰은 이중원·홍성욱 외 지음,『필로 테크놀로지를 말한다』(해나무, 2008)를 추천한다. 특히 이중에서 하이데거와 엘륄의 기술비판론을 분석한 손화철의 글과 라투르의 기술철학을 소개한 홍성욱의 글을 참조할 것을 권한다. 라투르의 기술철학/기술사회학은 그의『판도라의 희망』(장하원·홍성욱 옮김, 휴머니스트, 2017)의 6장에 가장 잘 서술되어 있다. 하이데거와 엘륄의 전통을 이어서 기술에 대해 비판적인 분석을 제시한 철학자로는 랭던 위너가 있다. 그의 책『길을 묻는 테크놀로지』(손화철 옮김, CIR, 2010)의 2장「기술은 정치적인가?」라는 글은 기술에 대해서 고민했던 모든 이들이 읽어야 했던 고전적인 논문이다. 2010년 이후에 기술의 본질을 '관계'의 확장으로 보는 질베르 시몽동의 기술철학이 국내에 소개되기 시작했다. 이에 대해서는 조금 어려운 그의 책, 『기술적 대상들의 존재 양식에 대하여』 (김재희 옮김, 그린비, 2011)를 직접 읽는 것이 제일 좋다.

○ 1장 자전거

기술사 분야에서 자전거에 대한 가장 고전적인 분석은 Trevor J. Pinch and Wiebe E. Bijker, "The Social Construction of Facts and Artifacts; Or How the Sociology of Science and the Sociology of Technology Might Benefit Each Other" in Wiebe E. Bijker, Thoma s P. Hughes, and Trevor J. Pinch eds., *The Social Construction of Technological Systems: New Directions in the Sociology and History of Technology*(MIT Press, 1987), pp. 17~50이다. 이 논문은 여성의 요구가 어떻게 자전거의 디자인을 구성했는가를 논증했고, 지금까지 6,000회 이상 인용되었다. 그렇지만 이 연구에서는 자전거가 현대 여성의 정체성을 만든 부분은 빠져 있는데, 이에 대해서는 Sue Macy, *Wheels of Change: How Women Rode the Bicycle to Freedom*(National Geographic, 2011)을 보면 된다. 국내에 번역된 데이비드 헐리히 지음, 김인혜 옮김, 『세상에서 가장 우아한 두 바퀴 탈 것』(알마, 2008)도 많은 정보를 담고 있다.

○ 2장 총

우리나라는 총기 보급률이 전 세계에서 제일 낮은 나라 중 하나다. 그래서 그런지 총기에 대한 관심도 적고, 총기의 역사를 다루는 저작도 국내에서 출판되거나 번역된 것이 거의 없다. 본문에서 다루는 기관총에 대해서는 John Ellis, *The Social History of the Machine Gun*(Johns Hopkins University Press, 1986)이 간략하지만 좋은 역사를 제공한다. 기관총과 제국주의에 대해서는 대니얼 헤드릭 지음, 김우민 옮김, 『과학기술과 제국주의』(모티브북, 2013)를 보면 된다. 헤드릭의 책은 증기선, 총기(후장식 라이플과 기관총), 그리고 말라리아를 치료했던 키니네라는 세 가지를 19세기 후반의 유럽의 '신제국주의'를 가능하게 한 기술로 꼽고 있다.

○ 3장 증기기관

제임스 와트와 증기기관에 대한 간략하면서도 잘 정리된 비교적 최근의 연구는 Ben Marsden, *Watt's Perfect Engine: Steam and the Age of Invention*(Columbia University Press, 2004)이다. 이 책은 와트에 가려진 뉴커먼의 업적에 상당한 방점을 두고 있다. 필자는 최근 논문에서 와트와 마르코니나 벨 같은 다른 창의적인 엔지니어들의 창의성 사이의 공통점을 융합이라는 관점에서 파악했다. 홍성욱, 「인공지능 시대에 융합과 창의성에 대해서 다시 생각함」, 『문명과 경계』 제2호(2019), 15~46쪽 참고.

○ 4장 자동인형

보캉송의 오리를 비롯한 자동인형에 대한 간략한 역사로 게이비 우드 지음, 김정주 옮김, 『살아 있는 인형』(이제이북스, 2004)이 좋다. 번역은 안 됐지만 Minsoo Kang, *Subline Dreams of Living Machines: The Automation in the European Imagination*(Harvard University Press, 2011)은 자동인형이 유럽의 문학과 다른 대중문화에 광범위한 영향을 미쳤음을 잘 보여준다. Jessica Riskin, *The Restless Clock: A History of the Centuries-Long Argument over What Makes Living Things Tick*(University of Chicago Press, 2018)은 과학사의 맥락에서 자동인형을 통해 인공 생명을 탐구하려는 노력의 역사를 분석하고 있다.

○ 5장 인쇄술

인쇄술에 대해서는 엘리자베스 아이젠슈타인 지음, 전영표 옮김, 『근대 유럽의 인쇄 미디어 혁명』(커뮤니케이션북스, 2008)이 가장 풍부한 서사를 제공한다. 중국의 인쇄술에 대해서는 Joseph Needham and Tsien Tsuen-Hsuin, *Science and Civilisation in China: Volume 5, Chemistry and Chemical Technology, Part 1, Paper and Printing*(Cambridge University Press, 1985)을 참고하면 된다.

○ 6장 카메라

조지 이스트먼의 업적을 포함해 카메라 산업의 역사를 다룬 책 중에 가장 좋은 것은 Reese V. Jenkins, *Images and Enterprise. Technology and the American Photographic Industry, 1839-1925*(Johns Hopkins University Press, 1987)이다. 이스트먼의 성공과 실패는 젠킨스의 논문 "Technology and the Market: George Eastman and the Origins of Mass Amateur Photography", *Technology and Culture* 16(1975), pp. 1~19에 잘 요약되어 있다.

○ 7장 타자기

쿼티 타자기 자판에 대한 역사는 경제사가 폴 데이비드의 짧은 논문을 통해 세상에 알려졌다. Paul David, "Clio and the Economics of QWERTY", *American Economic Review* 75(1985), pp. 332~337 참고. 이 논문은 지금까지 1만 번 이상 인용되었다. 우리나라의 경우에 3벌식(공병우) 타자기가 시장의 대부분을 차지하고 있었지만, 1969년 정부에 의해 4벌식 타자기가 표준으로 제정되었고, 이후 컴퓨터가 도입되면서 2벌식이 표준이 되었다. 1969년 이전 한글 타자기의 역사에 대한 상세한 연구로는 김태호, 「'가장 과학적인 문자'와 근대 기술의 충돌: 초기 기계식 한글타자기 개발 과정의 문제들, 1914-1968」, 『한국과학사학회지』 제33권(2011), 395~436쪽이 있다.

○ 8장 전신

새뮤얼 모스를 포함한 미국의 전신 역사에 대해서는 기술사학자가 저술한 책으로, David Hochfelder, *The Telegraph in America, 1832-1920*(Johns Hopkins University Press, 2016)이 가장 표준적인 논의를 제공하지만, 호치펠더의 책보다 훨씬 더 대중적인 톰 스탠디지 지음, 조용철 옮김, 『19세기 인터넷 텔레그래프 이야기』(한울, 2001)도 추천할 만하다. 새뮤얼 모스에 대한 좋은 전기는 아직도 없다.

◦ 9장 전화

벨과 그레이의 비교에 대한 가장 고전적인 연구는 David A. Hounshell, "Elisha Gray and the Telephone: On the Disadvantages of Being an Expert", *Technology and Culture* 16(1975), pp. 133~161이다. 마이클 고먼은 벨과 그레이의 발명 과정을 인식적 요소로 분해해서 벨과 그레이가 전화의 발명에 이르게 된 긴 과정을 재해석했다. Michael E. Gorman et al., "Alexander Graham Bell, Elisha Gray and the Speaking Telegraph: A Cognitive Comparison", *History of Technology* 15(1993), pp. 1~56 참고.

◦ 10장 전기

기술을 낱개 인공물이 아니라 '시스템'으로, 에디슨을 발명가가 아니라 '시스템 창안자'로 해석할 것을 제창한 사람은 기술사가 토머스 휴즈다. Thomas P. Hughes, *Networks of Power: Electrification in Western Society, 1880-1930*(Johns Hopkins University Press, 1983)은 기술사학계에서 가장 널리 읽힌 책 중 하나다. 에디슨과 관련해서는 기술사학자들이 에디슨의 미출판사료(archives)를 모아 출판하는 에디슨 페이퍼스(Edison Papers) 프로젝트가 진행되었고, 이 과정에서 에디슨에 대해 좋은 연구가 여럿 출판되었다. 대표적인 연구로는 Paul Israel, *Edison: A Life of Invention*(John Wiley & Sons, 2000); Robert Friedel and Paul B. Israel, *Edison's Electric Light: The Art of Invention*(Johns Hopkins University Press, 2010)이 있다. 국내에는 아동용 도서를 제외하고는 에디슨에 대한 저술이나 번역서가 없다.

◦ 11장 비행기

라이트 형제의 비행기 발명에 대한 기록과 이미지는 스미스소니언의 항공우주박물관에서 제작한 'The Wright Brothers: The Invention of the Aerial Age'라는 웹사이트에 가장 잘 정리되어 있다. https://airandspace.si.edu/exhibitions/wright-brothers/online/index.cfm 참고. 국내에 번역된 책 중에서도 데이비드 매컬로 지음, 박중서 옮김, 『라이트 형제』(승산, 2017)는 훌륭하다. 나중에 비행기 발명의 우선권을 놓고 법정 싸움이 진행될 때 라이트 형제 본인들이 어떻게 비행기를 만들었는지를 진술했는데, 이 기록이 번역되어 나왔다. 월버 라이트·오빌 라이트 지음, 정병선 옮김, 『우리는 어떻게 비행기를 만들었나』(지호, 2003). 이 책은 오래전에 절판됐고 중고 서적도 구하기 힘들다.

○ 12장 인터넷

인터넷의 역사에 대한 가장 좋은 연구서는 Janet Abbate, *Inventing the Internet*(MIT Press, 1999)이다. 정지훈, 『거의 모든 인터넷의 역사』(메디치미디어, 2014)는 실리콘밸리의 초창기에서 구글과 페이스북까지의 역사를 다루는데, 중간에 TCP/IP 프로토콜과 월드와이드웹의 출범을 간략히 다루고 있다. 이 장의 상당 부분은 필자가 오래전에 쓴 「인터넷은 열린 세상을 만들어낼 것인가?」, 홍성욱·백욱인 편, 『2001 싸이버스페이스 오디쎄이』(창비, 2001), 14~46쪽에서 가지고 왔다.

○ 13장 자동차

자동차의 대량생산에 대해서는 헨리 포드가 쓴 글을 참고할 만하다. Henry Ford, "Mass Production", *Encyclopaedia Britannica* 13th ed(1926). 포드 자동차에서 일본 자동차의 수입까지 미국의 자동차의 역사를 다룬 책으로는 James J. Flink, *The Automobile Age*(MIT, 1990)를 추천하며, 포드의 기술적 혁신을 19세기 미국 기술의 발전사 속에서 고찰한 저술은 David Hounshell, *From the American System to Mass Production, 1800-1932*(Johns Hopkins University Press, 1984)가 있다.

○ 14장 컴퓨터

컴퓨터의 역사에 대한 좋은 연구서로는 Paul E. Ceruzzi and William Aspray, *A History of Modern Computing*(MIT Press, 2003); Paul E. Ceruzzi, *Computing: A Concise History*(MIT Press, 2012)가 있다. 국내에는 컴퓨터의 역사를 다룬 저술이나 번역서가 거의 없다. 백욱인, 『컴퓨터의 역사』(커뮤니케이션북스, 2013)는 고대부터 현대까지의 컴퓨터의 역사를 간략히 다루고 있다. 더멋 튜링 지음, 김의석 옮김, 『계산기는 어떻게 인공지능이 되었을까』(한빛미디어, 2019)는 전문 연구자가 쓴 책은 아니지만 일반 독자들이 컴퓨터의 역사를 개괄적으로 이해하는 목적으로는 참고할 만하다.

○ 15장 아이폰

21세기를 대표하는 기술인 아이폰의 역사에 대해서는 아직 좋은 연구가 없다. 애플이 역사학자나 경영사 연구자들에게 회사의 내부 자료 열람을 허락해주지 않기 때문이다. 브라이언 머천트 지음, 정미진 옮김, 『원 디바이스: 우리가 모르는 아이폰의 숨은 역사』(매일경제신문사, 2018)는 이런 상황에서 아이폰의 개발 과정에 대해 현재까지 나온 가장 괜찮은 서술이다. 월터 아이작슨 지음, 안진환 옮김, 『스티브 잡스』(민음사, 2011)에도 아이폰의 개발에 대한 서술이 있지만, 잡스의 역할에만 주목하고 있다.

○ 16장 인공지능

인공지능의 역사에 대한 가장 좋은 연구서는 Pamela McCorduck, *Machines Who Think*(Routledge, 2004)이다. George Zarkadakis, *In Our Own Image: Savior or Destroyer? The History and Future of Artificial Intelligence*(Pegasus Books, 2017)는 인공지능을 발전시킨 선구자들의 철학적 동기를 규명하려고 시도한다. 국내에서 출간된 책 중에서는 잭 코플랜드 지음, 박영대 옮김, 『계산하는 기계는 생각하는 기계가 될 수 있을까?』(에디토리얼, 2020)가 좋다. 이 책은 인공지능의 철학에 대한 책이지만, 인공지능이 어떻게 발전했는지를 파악하는 데도 도움이 된다.

이미지 출처

ㄹ

ㅁ

ㅂ

기타

EBS CLASS ⓔ 시리즈 006

모던 테크

1판 1쇄 발행 2020년 12월 11일
1판 2쇄 발행 2023년 3월 25일

지은이 홍성욱

펴낸이 김유열
지식콘텐츠센터장 이주희 | **지식출판부장** 박혜숙 | **북매니저** 박민주
지식출판부·기획 장효순 최재진 서정희 | **마케팅** 최은영 이정호 | **제작** 윤석원
클래스ⓔ 제작진 김형준 이규대 박태립 이예리 김양희 박한솔

책임편집 김지연 | **글 정리** 박민정 | **디자인** [★]규 | **인쇄** 우진코니티

펴낸곳 한국교육방송공사(EBS)
출판신고 2001년 1월 8일 제2017-000193호
주소 경기도 고양시 일산동구 한류월드로 281
대표전화 1588-1580
홈페이지 www.ebs.co.kr

ISBN 978-89-547-5604-4 04300
ISBN 978-89-547-5388-3 (세트)

ⓒ 2020, 홍성욱